Studien zu Literatur und Film der Gegenwart
Band **7**

Leben ist Kommunikation und Kommunikation ist Leben, Kommunikation macht den Menschen aus und begründet seine Freiheit. Wer wissen will, welche Möglichkeiten Kommunikation bereitstellt, der ist gut beraten, sich auch mit Literatur und Film zu beschäftigen. Literatur und Film konstruieren, reflektieren, kommentieren, verfremden, entwerfen Wirklichkeit(en), sie haben den Vorzug, dabei nicht an die Regeln der Realität gebunden zu sein.

Die Reihe konzentriert sich auf das, was uns heute am nächsten ist – die Literatur und den Film der Gegenwart. Sie bezieht dabei nicht nur als besonders künstlerisch geltende Arbeiten, sondern populäre Lese- und Filmstoffe, auf Spannung und Unterhaltung zielende Texte und Filme ebenso mit ein. Die von den Arbeiten der Reihe diskutierten Filme und Texte werden als einschlägig angesehen für den Literatur- und Filmbetrieb der Gegenwart und damit auch für die Gesellschaft und die Zeit, in der sie entstanden sind und rezipiert werden.

Vorschläge für die Reihe sind jederzeit gern willkommen.

Reihenherausgeber: Univ.-Prof. Dr. Stefan Neuhaus

Universität Koblenz-Landau, Standort Koblenz, Universitätstr. 1, 56070 Koblenz

neuhaus@uni-koblenz.de

Ostdeutsche Kriminalliteratur nach der Wende

Eine thematische und gattungsgeschichtliche Untersuchung

von

Gerhard Schilling

Tectum Verlag

Gerhard Schilling

Ostdeutsche Kriminalliteratur nach der Wende
Eine thematische und gattungsgeschichtliche Untersuchung

Studien zu Literatur und Film der Gegenwart, Band 7
Zugl.: Diss. Justus-Liebig-Universität Gießen, 2013, Fachbereich 05
ISBN: 978-3-8288-3206-0
ISSN: 2195-1314
Umschlagabbildung: © Abel Tumik | shutterstock.com

Besuchen Sie uns im Internet
www.tectum-verlag.de

Bibliografische Informationen der Deutschen Bibliothek
Die Deutsche Bibliothek verzeichnet diese Publikation in der Deutschen Nationalbibliografie; detaillierte bibliografische Angaben sind im Internet über http://dnb.ddb.de abrufbar.

Inhaltsverzeichnis

Anhang: Textkorpus – Übersicht und Kurzdarstellung der Kriminalromane

Ist die Freiheit des Menschen gleich null,
dann begeht er auch keine Verbrechen.
Das einzige Mittel, den Menschen vor
Verbrechen zu bewahren, ist also,
ihn vor der Freiheit zu bewahren.
(Evgenij Zamjatin in *Wir*)

Vorwort

Wilhelm Busch hat einmal gesagt:
„Es ist ein lobenswerter Brauch: Wer Gutes bekommt, der bedankt sich auch."

Das möchte ich hiermit tun und zwar ganz herzlich bei Prof. Dr. Gerhard Kurz und Prof. Dr. Stefan Neuhaus, die jederzeit ein offenes Ohr für mich hatten und mich immer wieder in die richtige Richtung geschickt haben.

Ein besonderer Dank geht auch an Thomas Przybilka vom „Bonner Krimi-Archiv Sekundärliteratur" und an die beiden Kriminalautoren Helmut Eikermann und Hartmut Mechtel für die Bereitschaft an einer Befragung teilzunehmen und zusätzliches Material zur Verfügung zu stellen.

Nicht zuletzt möchte ich mich auch bei der besten Ehefrau der Welt für die nie endende Geduld, die aufmunternden Worte zwischendurch und die guten und fruchtbaren Diskussionen bedanken. Das war schon ganz großes Kino, meine Liebe!

1 Einleitung

1.1 Der Kriminalroman als Wendeliteratur – Ziele, Analysekriterien und Textauswahl

Der Kriminalroman ist die Erfolgsgattung des 20. und bisher zweifelsohne auch des beginnenden 21. Jahrhunderts. Beschäftigt man sich mit dem heutigen Kriminalroman, so hat man den Eindruck, es mit einer „Übergattung" zu tun zu haben, also einem omnipräsenten Gattungsschema, in dem andere Gattungen ihren Platz erhalten haben. Das Grundschema des Kriminalromans scheint sich bestens für die Darstellung unterschiedlichster Inhalte zu eignen. Die Auflösung der einstmals vorgegebenen, sehr strengen Gattungsmerkmale unter Beibehaltung eines erkennbaren Grundgerüsts erlaubt die Infiltrierung völlig neuer Gegenstandsbereiche in dieses literarische Genre. Es gibt Kriminalromane für Kinder und Jugendliche; Comics und Mangas erzählen Kriminalgeschichten; Fremdsprachenlerner greifen auf Lernkrimis zurück – ob als Buch, Film oder Hörspiel, der Kriminalroman hat längst multimediale Dimensionen erreicht.

Die ungebrochene Popularität der Gattung lässt sich auf eine allgemeine aufklärerische Weisheit zurückführen, wonach das Nützliche mit dem Vergnüglichen zu verbinden sei, um einen nachhaltigen Eindruck zu erzielen. Der rasanten Entwicklung des Genres in den letzten zwanzig Jahren geht eine Periode voraus, in der Kriminalromane zwar regelmäßig auf den Bestsellerlisten zu finden waren, aber noch nicht die mediale Omnipräsenz und Anerkennung der heutigen Zeit erreicht hatten.

Dass der Kriminalroman mehr als eine triviale Literaturgattung ist und Authentizität zu entwickeln vermag, lässt sich an seiner Existenzweise in der DDR-Literatur sehr gut nachvollziehen. In der DDR galt der Kriminalroman als das literarische Medium, das den „Alltag" widerspiegelte. Wer etwas über die DDR-Wirklichkeit erfahren wollte, der sollte zum Kriminalroman greifen, so formulierte es Hartmut Mechtel in einem Interview.[1] Dass natürlich das Abbild der Realität nicht mit der Realität gleichzusetzen ist, versteht sich von selbst. Jeder Abbildungsprozess bleibt immer auch eine Konstruktion. Die fiktionale Rekonstruktion einer Handlung innerhalb der Gattung des Kriminalromans bot sich durch das spezifische Schema der Gattung an, Wirklichkeitsstrukturen nachzubilden. Gesellschaftliche Mechanismen, zeittypische Charaktere, spezifische Problemlagen und vor allem das Sprachkolorit einer mittlerweile nicht mehr

1 Vgl. Germer 1996, S. 91–105.

existenten Gesellschaft werden somit durch die fiktionale Brechung in den Kriminalromanen der DDR greifbar.

Der Gegenstand der vorliegenden Studie situiert sich in diesem widersprüchlichen Wirklichkeits- und Gattungsverständnis und setzt sich mit der Darstellung der Wende von 1989 und den mit der Wiedervereinigung verbundenen gesellschaftlichen Veränderungen in Deutschland auseinander. Welches Bild der DDR-Gesellschaft entwerfen die Autoren der Kriminalromane unmittelbar vor, während und nach der Wende? Welche Themen werden aufgegriffen, welche Figuren entworfen? Gelingt es den Krimiautoren – und wenn ja, wie – die gesellschaftliche Umbruchzeit von 1989 authentisch darzustellen?

Um diese Fragen beantworten zu können, sind an dieser Stelle einige Bemerkungen zum methodischen Vorgehen der Untersuchung angebracht. Eine reine Textanalyse der ausgewählten Kriminalromane ohne Verortung im sozialen Kontext würde an der Themenstellung vorbeigehen und ist auch nicht das Ziel der Studie. Daher bietet sich der literatursoziologische Ansatz an, um die hier aufgeworfene Fragestellung nach der Darstellung der Wende im Kriminalroman zu untersuchen.

Die literatursoziologische Betrachtung von literarischen Texten geht davon aus, dass es Texte gibt, die auf bestimmte sozialgeschichtliche Probleme antworten. Das soll nicht bedeuten, dass die ausgewählten Texte durch Rückschlüsse auf ihre soziale Bedingtheit besser verstanden werden. Keineswegs geht es um eine Widerspiegelung oder Wiedergabe sozialer Fakten, die ja aus einem literarischen Werk eine Quelle für die Sozialgeschichte machen würde und dem Kunstcharakter des literarischen Textes entgegensteht. Das Entscheidende besteht vielmehr darin, dass sich eine literatursoziologische Interpretation darauf konzentriert, wie ein literarischer Text sozialhistorische Probleme darzustellen vermag. Es geht um die spezifische Art und Weise der Darstellung, die nur im Medium der Literatur möglich ist.[2] Folglich soll gezeigt werden, welchen Beitrag die Literatur leisten kann, um sich gesellschaftlich über ein Problem zu verständigen. Dass die Beziehungen zwischen Literatur und sozialer Wirklichkeit nicht einfach abgestellt werden können, hat bereits Jauß schlüssig nachgewiesen. Literatur lässt sich nicht auf ihre Widerspiegelung einengen; würde man das tun, würde man auch ihre Wirkung beschränken. Das literarische Werk lebt erst durch die Interpretation und es wirkt durch die Vielgestaltigkeit seiner Bedeutungen.[3] Der Geschichtlichkeit literarischer Formen, wie sie Jauß postuliert, nähert sich

2 Vgl. Schön 2000, S. 606–618.

3 Vgl. Jauß 1970, S. 162–163.

Iser von der Rezeptionsseite her. Auch er stellt fest, dass die Grundstruktur eines Romans historisch immer unterschiedlich besetzt sein wird, eben durch den impliziten Leser, also den im Text vorgezeichneten Akt des Lesens.[4] Das Interesse von Jauß und Iser, beide Vertreter der Rezeptionsästhetik, liegt also nicht auf dem literarischen Werk als Produkt seines Autors, sondern auf dem Vorgang der Rezeption durch den Leser. Der jeweilige „Erwartungshorizont" des Rezipienten ist nach Jauß ausschlaggebend für die Wertung des Werks. Erst in der Überschreitung des Erwartungshorizonts liegt der Wert eines Werks.

Auf den ersten Blick scheint es – um mit Klussmann und Hoffmann zu sprechen – eine „Kühnheit" zu sein, „von der DDR-Literatur auf die DDR-Realität schließen zu wollen".[5] Die Gegenposition vertritt der Autor zahlreicher Kriminalromane Helmut Eikermann (Pseudonym Jan Eik), der in einem Interview äußerte: „Wir haben die Realität des Landes beschrieben."[6] Zwischen diesen beiden Positionen wird auszuloten sein, auf welche Art und Weise Wirklichkeit im Kriminalroman abgebildet werden konnte und wurde. Dabei geht es nicht um historische Fakten oder längst Bekanntes, sondern um das individuelle Erleben einer Umbruchzeit, um persönliche Widersprüche und Konflikte. In den Kriminalromanen wird ein letztlich historisch abstrakter Vorgang auf das persönliche Erleben und die damit einhergehende Ausschnitthaftigkeit der Wahrnehmung heruntergebrochen und gerade dadurch verstehbar und nachvollziehbar gemacht. Das Große im Kleinen, könnte man formelhaft resümieren. Mosaiksteinartig werden in den ostdeutschen Kriminalromanen der frühen 1990er Jahre die unterschiedlichen Dimensionen und Auswirkungen eines gesellschaftlichen Umbruchs deutlich. „Literatur" wird dabei als ein gesellschaftliches Handlungssystem verstanden und nicht als eine Menge von Texten.[7] Heydebrand und Winko konkretisieren diesen Begriff, indem sie vom „Sozialsystem Literatur" sprechen und damit ein theoretisches Konstrukt im Blick haben, das die literarischen und gesellschaftlichen Phänomene einer Epoche in ihren Zusammenhängen und Abhängigkeiten darstellt.[8]

Es schließt sich die Frage an, ob und inwieweit der Kriminalroman in der DDR bzw. der ostdeutsche Kriminalroman bereits zu diesem frühen Zeitpunkt zu jener „Übergattung" im Sinne Schulz-Buschhaus' werden konnte, die als flexibles Gattungsschema unterschiedlichen Darstellungsformen und Ausdruckswei-

4 Vgl. Iser 1972, S. 8–9.

5 Klussmann / Hoffmann 2007, S. 21.

6 Germer 1996, S. 95.

7 Vgl. Schmidt 1980, S. 2.

8 Vgl. Heydebrand / Winko 1996, S. 25–26.

sen Raum bietet, um Veränderungen, Problemlagen und Zusammenhänge zu spiegeln.

Im Anschluss an Schulz-Buschhaus, der eine Auflösung der strengen Gattungsgrenzen des Kriminalromans diagnostizierte, soll hinterfragt und herausgearbeitet werden, in welcher Dimension die Gattung tatsächlich eine neue Authentizität ermöglichte.[9] In diesem Zusammenhang ist auch eine – wie im zweiten Kapitel diskutiert werden wird – tiefergehende Analyse der theoretischen Reflexion über den Kriminalroman notwendig. Die Diskussion und Reflexion der Gattung verfügt über eine Tradition in der DDR, die von den 1950er Jahren bis zum Mauerfall reichte. Der Kriminalroman war ein besonders konträr diskutiertes Thema unter Autoren, Journalisten und Literaturwissenschaftlern.

Eine wichtige Frage, die die gesamte Diskussion um den Kriminalroman in der DDR begleitete, war die nach der Realismus-Fähigkeit und der gesellschaftlichen Funktion der Gattung. Der Realismus im Roman baut bekanntlich auf einer Illusion auf, die darauf beruht, die Romanwelt als Teil der realen Welt erscheinen zu lassen und nicht, wie gemeinhin angenommen wird, eine reale Welt im Roman abzubilden. Der realistische Roman ahmt die Wirklichkeit nicht nach, sondern er benennt bekannte Aspekte der Wirklichkeit, die der Leser als Teile eines Gesamtbildes rezipiert und dann mit der bekannten Welt bzw. seiner Erinnerung an die bekannte Welt verschmilzt. Es geht somit um die Evokation von Wiedererkennungspotenzial, das die Authentizität der Texte enorm steigert.[10]

Die hier vertretene These geht davon aus, dass der Kriminalroman die literarische Gattung ist, der es durch ihre Funktion innerhalb der DDR-Literatur und in gewisser Weise durch den Impetus des Trivialen gelingt, am nächsten am Puls der Zeit zu sein und die Veränderungen der Wendezeit authentisch darzustellen. Unter dem Vorzeichen der Unterhaltungsliteratur gelingt es den Autoren der Kriminalromane, gesellschaftliche Veränderungen abzubilden und somit eine Umfunktionalisierung der Gattung einzuleiten, die vom reinen Rätsellösen zur Gegenwartsreflexion im Kriminalroman übergeht und heute mehr oder weniger zum Markenzeichen eines guten Krimis geworden ist.

Der Kriminalroman der hier untersuchten Zeitspanne ist nicht nur in der Lage, die gesellschaftliche Umbruchsituation der späten 1980er und frühen 1990er Jahre darzustellen und zu reflektieren, sondern er leistet bereits in einem gewis-

9 Vgl. Schulz-Buschhaus 1997, S. 347.

10 Fludernik 2008, S. 68–69.

sen, sicherlich begrenzten Maße eine Form der Aufarbeitung dieser Veränderungen und neuen Entwicklungen. Vor allem aber gelingt es, im Kriminalroman die gesellschaftliche Atmosphäre der Veränderungen, die ganz konkreten Probleme und Ängste, aber auch die Hoffnungen und Freuden der Menschen herauszustellen. Wie diese Darstellung ausfällt, wird im Ergebnis der Interpretationen ausgewählter Kriminalromane aufzuzeigen sein.

Die Spezifika der Kriminalromane in den letzten Jahren der DDR werden im dritten Kapitel untersucht. Die im vierten Kapitel untersuchten Kriminalromane werden als genuiner Bestandteil der sogenannten „Wendeliteratur" betrachtet. Obwohl dieser Begriff mittlerweile ein *terminus technicus* in der umfangreichen literaturwissenschaftlichen Forschung geworden ist, bleibt seine begriffliche Ungenauigkeit dennoch bestehen.[11] Zum Wenderoman bzw. zur Wendeliteratur zählen wir daher die Texte, die die Ereignisse des Herbstes 1989, die Ursachen und Veränderungen dieses historischen Ereignisses literarisch darstellen. Dabei ist nicht ausschlaggebend, ob die Ereignisse der Wende den wiedergegebenen Kriminalfall grundlegend bestimmen oder erzählerischer Hintergrund bleiben. Entscheidend ist allein, dass die Ereignisse der Wende auf irgendeine Weise im Handlungsgeschehen oder in den Figurendarstellungen präsent sind. Damit ist die hier verwendete Definition der „Wendeliteratur" breiter angelegt als bei Skare, die unter Wendeliteratur nur Texte versteht, die direkt über die Gründe der Wende reflektieren und literarische Erklärungen der historischen Ereignisse des Jahres 1989 zu geben suchen.[12]

Damit sind wir bei den Analysekriterien, die die Textauswahl und den Aufbau der Arbeit im Wesentlichen bestimmt haben. Der Titel dieser Studie, „Ostdeutsche Kriminalliteratur nach der Wende", verweist bereits auf zwei wesentliche Textgruppen, die im Rahmen dieser Arbeit untersucht werden sollen. Vom DDR-Krimi spricht man bis 1989 und zwangsläufig auch noch für einige wenige Texte aus dem Jahr 1990 bzw. 1991, die aber noch zu Zeiten der Existenz der DDR verfasst wurden. Acht Kriminalromane von sechs Autoren aus dem Zeitraum 1987 bis 1990 wurden im Hinblick auf mögliche Anzeichen eines gesellschaftlichen Umbruchs, auf eine neue Offenheit bzw. neuartige Kritik an Staat und Führung der DDR untersucht. Dabei wurden Publikationen aus der DIE-Reihe und der Blaulicht-Reihe berücksichtigt.

Der Schwerpunkt des Textkorpus liegt jedoch auf der Zeit unmittelbar nach der Wende, also den frühen 1990er Jahren bis 1997. Hier wurden 19 Kriminal-

11 Vgl. Skare 2002, S. 82.

12 Vgl. Skare 2002, S. 83.

romane von elf Autoren ausgewählt und untersucht.[13] Für die Auswahl entscheidend waren in erster Linie das Publikationsjahr des Kriminalromans und die Sozialisation der Autoren in der DDR. Die Mehrzahl der vertretenen Autoren hat bereits zu DDR-Zeiten Kriminalromane publiziert. Aber auch die neue Generation von Krimiautoren, also die, die erst nach der Wende begannen, Kriminalromane zu veröffentlichen, ist mit zwei Autoren (Frank Goyke und Jörg Köhler) vertreten. Neben den im Anhang ausführlicher vorgestellten Kriminalromanen wurden flankierend weitere Kriminalromane in die Analyse einbezogen, die jedoch nur punktuell ausgewertet wurden. Zumeist handelt es sich um weitere Kriminalromane der im Textkorpus vertretenen Autoren. Beispielsweise konzentriert sich die Textanalyse bei Jan Eik auf seine Kriminalromane *Dann eben Mord* und *Der siebte Winter*, doch wird auch sein Kriminalroman *Wer nicht stirbt zur rechten Zeit* punktuell in der Untersuchung berücksichtigt. Gleiches gilt für die Autoren Frank Goyke und Hartmut Mechtel, die ein umfangreiches Oeuvre an Kriminalromanen vorzuweisen haben.

Den Textkorpus komplettieren drei Kriminalromane von zwei westdeutschen Autoren der frühen 1990er Jahre, um somit eine Vergleichsgruppe zu schaffen und die Besonderheiten des ostdeutschen Kriminalromans explizit herausstellen zu können.

Der Kriminalroman wird in dieser Arbeit als ein literarischer, fiktionaler und ästhetischer Text ernstgenommen. Das, was als Literatur verstanden wird, sollte das Ergebnis eines kontinuierlichen Diskurses um den gesellschaftlichen Nutzen bestimmter Themen und Schreibweisen sein. Gerade literarische Kanonisierungsprozesse müssen hierbei überdacht und dürfen nicht zu festen Entitäten werden. Der Kriminalroman der späten DDR und der Wendezeit wird daher als ein literarisches Produkt der sozialen Reflexion verstanden, in dem eine Auseinandersetzung mit den gesellschaftlichen Mechanismen seiner Zeit stattfindet.

Die zentrale Frage lautete daher: Auf welche Art und Weise ist eine fiktionale Textgattung wie der Kriminalroman in der Lage, Realität zu spiegeln? Im Vordergrund stehen folglich die Analysen der Texte und literatursoziologische Betrachtungen zur sozialen Struktur der Gesellschaft.

Die Kriterien der Textauswahl orientierten sich in erster Linie am Erscheinungsdatum der Kriminalromane. Es sollten die letzten Kriminalromane der DDR-Zeit intensiver unter der Fragestellung ausgewertet werden, ob und inwieweit

13 Im Anhang befindet sich eine Übersicht über die Kriminalromane, die hier genauer untersucht werden.

hier bereits eine besondere kritische Haltung erkennbar wird. Vorzugsweise wurden Autoren gewählt, die auch nach der Wende Kriminalromane verfasst haben. Aber nicht ausschließlich, denn es wurden ganz bewusst auch Autoren aufgenommen, die erst nach der Wende begonnen haben, Kriminalromane zu verfassen.

Bei den Publikationsreihen wurde darauf geachtet, dass insbesondere für den DDR-Krimi nicht nur Veröffentlichungen aus der DIE-Reihe vertreten sind, sondern dass auch Krimis aus der Heftreihe *Blaulicht* berücksichtigt werden.

In der Textinterpretation galt das Interesse natürlich den Verbrechen und ihren Motiven, der Sprache sowie der Erzählstruktur. Von Interesse waren aber auch die Figurencharakterisierungen, eventuell stereotype Personendarstellungen von Ostdeutschen und Westdeutschen sowie typische Lebenseinstellungen, die durch die erzählten Geschichten transportiert wurden.

Mit der Aufnahme von drei westdeutschen Krimis der 1990er Jahre, die explizit die Wende thematisierten, soll der Blick sozusagen „von außen" aufgefangen und geweitet werden. Bekanntlich waren in erster Linie die Ostdeutschen von den Veränderungen betroffen; für die westdeutsche Bevölkerung änderte sich nicht sehr viel. Daher ist es spannend, eine Außensicht auf die Ereignisse einzublenden. Wie verarbeiten westdeutsche Krimiautoren die Wendezeit in ihren Texten? Das fünfte Kapitel geht daher den Gemeinsamkeiten und Unterschieden nach, die sich insbesondere in der Figurendarstellung und der Sicht auf das historische Ereignis zwischen ostdeutschen und westdeutschen Krimis feststellen lassen.

Die Wende war natürlich nicht nur im Kriminalroman ein Thema, sondern andere Gattungen haben sich ebenfalls intensiv mit dieser Umbruchphase auseinandergesetzt. Stellvertretend wurde Thomas Brussigs Roman *Helden wie wir* als Kontrastfolie herangezogen, um Unterschiede oder Übereinstimmungen in der Darstellung der Wendezeit in Kriminalroman und Roman aufzeigen zu können. In dem sechsten Kapitel geht es vor allem darum, die Spezifik der Wendedarstellungen im Kriminalroman durch den Einbezug einer anderen Gattung zu konturieren.

1.2 Forschungslage zum Kriminalroman in der DDR und der Wendezeit

Mit der Akzeptanz der Gattung steigt natürlich auch die Zahl der literatur- und kulturwissenschaftlichen Studien zum Thema. Die Vorarbeiten von Hillich und Mittmann machen den Kriminalroman der DDR zu einem gut erschlossenen Forschungsgebiet.[14] Ihre Bibliographie verdeutlicht die überschaubare Produktion von DDR-Krimis nach Jahrgängen und erlaubt einen ersten Zugriff auf die Tätigkeit einzelner Autoren.

Eine der ersten literaturwissenschaftlichen Arbeiten, die den Kriminalroman der DDR in einen literaturwissenschaftlichen Fokus rückten, ist der Aufsatz von Manfred Jäger aus dem Jahr 1978. Jäger skizziert den schwierigen Weg, den die Kriminalliteratur in der DDR einschlagen musste, um sich etablieren zu können. Kurz benennt er die wichtigsten Fragestellungen wie die problematische Legitimierung der Spannung in den 1950er Jahren oder die generelle Diskussion über die Möglichkeiten von Unterhaltungsliteratur in der sozialistischen Literatur.[15] Prägnant schneidet er eine Vielzahl der Schwierigkeiten der Gattung innerhalb des sozialistischen Realismus an und stellt insbesondere den Widerspruch zwischen den Vorstellungen über die Entwicklung der Kriminalität im Sozialismus und den Stellenwert des Krimis im Literaturkanon heraus. Die Durchsetzung der Erkenntnis – so Jägers Schlussfolgerung –, dass die Kriminalliteratur keineswegs ein Spiegelbild der Kriminalität in der DDR ist, war ein langer Weg, der erst zu Beginn der 1970er Jahre mit der Emanzipation des Krimis von den moralischen und ideologischen Vorgaben an sein Ziel kam.

Von der literaturwissenschaftlichen Forschung bisher leider viel zu wenig beachtet, sicherlich weil nicht den allgemeinen wissenschaftlichen Kriterien genügend, ist das Buch *Phantasiemorde. Ein Streifzug durch den „DDR-Kriminalroman“* von Hans Pfeiffer, 1985 erstmals erschienen. Pfeiffer erweist sich als ein hervorragender Kenner des DDR-Kriminalromans und nimmt speziell den Kriminalroman seit 1970 in den Blick. Seine luziden Textanalysen zu einzelnen Kriminalromanen schließen mit globaleren Überlegungen zu Form, Funktion und Struktur des Kriminalromans. Sucht man kenntnisreiche Ausführungen über den Kriminalroman der DDR, so ist dieses Buch trotz des anfänglichen ideologischen Sprachduktus zweifelsohne die beste Einführung in die kriminelle Welt der DDR, weil Pfeiffer wie kein zweiter die Krimilandschaft der DDR kennt. Neben Pfeiffer ist die DDR-Germanistin Dorle Gelbhaar zu erwähnen,

14 Vgl. Hillich 1989a, Hillich / Mittmann 1991.

15 Vgl. Jäger 1978, S. 96–105.

die neben ihrer Dissertation aus dem Jahr 1984 wichtige, erste literaturwissenschaftliche Arbeiten zum Thema publiziert hat.[16]

Eine verdienstvolle Arbeit zum Kriminalroman in der DDR und während der Wendezeit hat Dorothea Germer 1998 vorgelegt. Die quellengesättigte Arbeit untersucht den Kriminalroman der DDR im Zeitraum von 1974 bis 1994 und bezieht bereits den ostdeutschen Kriminalroman nach der Wende mit ein. Auch wenn die Wahl des untersuchten Zeitraums wenig nachvollziehbar bleibt und der Schwerpunkt der analysierten Kriminalromane eindeutig auf den Veröffentlichungen zu DDR-Zeiten liegt, so vermittelt die Studie doch profunde Einblicke in Erzählstruktur, Sprache, Verbrechensarten, Motive, Opfer, Täterprofile, Ermittler und DDR-Alltag. Umfassend und systematisch hat Germer die einzelnen Bereiche analysiert. Ihr Hauptinteresse liegt dabei eindeutig auf der Textinterpretation; ihre theoretische Reflexion zur Entwicklung des Kriminalromans, insbesondere zum Diskurs über den Kriminalroman, bleibt auf das Wesentlichste beschränkt.[17]

Im gleichen Jahr wie Germers Untersuchung erschien eine weitere Studie zum DDR-Kriminalroman von Brigitte Kehrberg. Sie untersucht den Kriminalroman der DDR von 1970 bis 1990 und argumentiert gegen die These, dass der Kriminalroman den Alltag in der DDR darstelle.[18] Bei Kehrberg stimmen bereits die Grundvoraussetzungen nicht, denn die Autorin diskreditiert von vornherein ihren Untersuchungsgegenstand. Sie habe es bei den Kriminalromanen mit „extrem schlichten Texten“ zu tun, so dass sich eine „literaturwissenschaftlich-ästhetische Annäherung“ von Anfang an verbiete.[19] Neben dem kompletten Unverständnis, mit dem Kehrberg ihren Untersuchungsgegenstand behandelt, reizen insbesondere ihre unzeitgemäßen wie unwissenschaftlichen Betrachtungen zur Literarizität des Kriminalromans. Dem Kriminalroman und insbesondere dem DDR-Kriminalroman wird schlichtweg Literarizität wie auch ein literarischer Anspruch überhaupt abgesprochen. Dieses Vorurteil der ästhetischen Minderwertigkeit haftet dem Kriminalroman traditionell an und äußert sich in den Zuordnungen zur Unterhaltungs- oder sogenannten Trivialliteratur, aber auch in den theoretischen Diskussionen über die Gattung, wie an späterer Stelle zu sehen sein wird. Kehrberg übernimmt ein in erster Linie von individueller Geschmäcklerei bestimmtes Werturteil, das zum einen nicht mehr zeitgemäß ist

16 Vgl. Gelbhaar 1981, S. 175–180; Gelbhaar 1983, S. 274–280; Gelbhaar 1984; Gelbhaar 1989, S. 210–230.

17 Vgl. Germer 1998.

18 Vgl. Kehrberg 1998, S. 3.

19 Kehrberg 1998, S. 3–4.

und zum anderen den Text nicht in seinem Entstehungs- und Wirkungskontext begreift.[20] Der ästhetische Wert eines Werkes kann anhand der Innovation seiner formalen, sprachlichen oder inhaltlichen Kriterien bestimmt werden. Über diese Kriterien verfügt auch der Kriminalroman; sie ihm von vornherein abzusprechen, kommt dem Entzug seiner Literarizität gleich. Wie dieser ästhetische Wert der Kriminalromane gefasst werden kann, wird im Verlauf der Studie herausgearbeitet werden.

Schulz-Buschhaus definiert die fundamentale Funktion, die dem Kriminalroman in der neueren Literatur zukommt, als die Aufgabe der „Steigerung des romanesken Interesses".[21] Damit gemeint ist die Erhöhung der Attraktivität eines Prosatextes, in dem durch ein wiedererkennbares Schema, durch Geheimnisse und Spannungseffekte eine neue Aufmerksamkeit erzeugt werden soll. Es steht nicht mehr nur ein rätselhaftes Ereignis im Zentrum der Handlung wie noch in der klassischen Detektivliteratur, sondern die Erzählstruktur an sich trägt zur Verrätselung bei und unterminiert zugleich das Erzählte. Am Ende des Kriminalromans steht nämlich die Wiederherstellung der jeweiligen Ordnung, das bedeutet, dass der „Fehler" im System, eben das Verbrechen, aufgeklärt und beseitigt werden konnte und die Beteiligten geläutert aus dem „Fall" hervorgegangen sind. Der Gebrauch der Vernunft führt zu einem zufriedenstellenden Ergebnis und sanktioniert das Fehlerhafte, Unvernünftige bzw. nicht ins System Passende.

Dem Befund, den Schulz-Buschhaus dem Kriminalroman am Ende der 1990er Jahre ausstellt, nämlich als post-avantgardistische Gattung Referentialität und Lesbarkeit zurückzuerobern,[22] liegt eine Entwicklung der Gattung zugrunde, wie sie seit den 1970er Jahren für den DDR-Kriminalroman kennzeichnend ist und im ostdeutschen Kriminalroman wohl ihre offenkundigste Ausprägung gefunden hat. Der Kriminalroman ist zu einer über sich hinaus weisenden Gattungsform geworden, die die Aufklärung eines Verbrechens mehr oder weniger zum Anlass nimmt, um andere Themen im fiktionalen Text einbringen und diskutieren zu können.

Abgesehen von gattungstheoretischen Fragen und neuartigen Funktionen, die Schulz-Buschhaus dem Kriminalroman zuschreibt, wird der Kriminalroman gemeinhin der Trivialliteratur zugeordnet und damit einem literarischen Gebiet, auf das gerne mit einer gewissen Abwertung geblickt wird. Ästhetische Wertun-

20 Vgl. Kehrberg 1998, S. 7–9.

21 Schulz-Buschhaus 1997, S. 346.

22 Schulz-Buschhaus 1997, S. 341.

gen werden dabei häufig mit moralischen Urteilen verquickt. Allein die Massentauglichkeit vieler Kriminalromane macht die Gattung aus dem Blickwinkel einer kulturell privilegierten Minderheit suspekt.[23] Der Wertediskurs, in dem sich die Gattung des Kriminalromans quasi automatisch durch ihre Zuordnung zur Trivialliteratur befindet, muss daher an dieser Stelle kurz reflektiert werden.

Der Begriff der Trivialliteratur soll hier als eine wertungsästhetische Kategorie verstanden werden, die die literarischen Werke erfasst, die für den Massenkonsum bzw. eine leichte Lektüre bestimmt sind.[24] Innerhalb der Gattung des Kriminalromans gibt es zudem ein Gefälle, was die Zuordnung zur Trivialliteratur betrifft. Durch die literaturwissenschaftliche Beschäftigung mit der Gattung soll der Ruf des Trivialen natürlich genommen werden, um das Genre als eine legitime Literaturform zu rehabilitieren. Innerhalb des Genres trennt man daher sehr genau, indem man die Groschenkrimis wie z.B. die Jerry-Cotton-Serie aussortiert.[25]

Die Untersuchung einer konkreten historischen Erscheinungsweise der Gattung, wie sie mit dieser Studie angestrebt wird, zeigt dabei, dass es nicht um die ewige Variation eines immer gleichen Grundmusters geht. Betrachtet man beispielsweise die historischen Veränderungen, die der Held des Kriminalromans durchlaufen hat, so wird die Veränderung einer ganzen Gattung greifbar. War der Held des Kriminalromans im 19. Jahrhundert noch ein überdurchschnittlich begabter Kopf, so wurde in der ersten Hälfte des 20. Jahrhunderts der Held als Serienheld geboren und nach und nach als Hauptträger der Handlung abgelöst.[26]

Die im Zentrum stehende Frage dieser Arbeit befasst sich mit der Realismus-Fähigkeit des Kriminalromans und damit auch der Trivialliteratur. Wie kaum eine andere Literatur sind triviale Lesestoffe auf die Wünsche und Ängste ihrer Adressaten bezogen, und wie kaum eine andere Literaturgattung suchen triviale Lesestoffe das Harmoniebedürfnis ihrer Leser auch zu befriedigen. Die Werte einer Gesellschaft, die von vielen Menschen angestrebt werden, finden ihre Verwirklichung in der Trivialliteratur. Schaltet man Kanonisierungsprozesse und den Kriminalroman als Vertreter der Trivialliteratur zusammen, so wird man schnell feststellen, dass die Mechanismen der Kanonbildung kaum von der Rezeptionsseite, sondern in erster Linie institutionell (Forschung, Universitäten) gesteuert

23 Vgl. Rucktäschel / Zimmermann 1976, S. 7.

24 Vgl. Firle 1992, S. 12.

25 Vgl. Hickethier / Lützen 1976, S. 273.

26 Vgl. Hickethier / Lützen 1976, S. 292–293.

werden. Die Kanonisierungsinstanz wie die Universität postuliert Textqualitäten über literarische Normen. Der Kanon als historisch und kulturell variables Ergebnis entsteht aus diesen komplexen Selektions- und Deutungsprozessen. Wie die literarischen Selektionsprozesse indes zustande kommen, ist ein aktueller Forschungsschwerpunkt innerhalb der Germanistik.[27] Ästhetische Qualitäten allein führen nicht zur Kanonisierung, das haben die Arbeiten von Lüsebrink und Berger gezeigt.[28] Kanones sind immer auch das Resultat von aktuellen Machtkonstellationen.[29] So kann man davon ausgehen, dass ein Mischungsverhältnis von ästhetischen und sozialen Faktoren für die Kanonbildung und Kanonentwicklung ausschlaggebend ist.[30] Der Aufstieg des Kriminalromans in den letzten Jahrzehnten in allen Medien ist ein ganz offenkundiger Beweis für diese Prozesse.

1.3 Detektivgeschichte versus Kriminalroman

Unbestritten ist die Gattungsvielfalt des Kriminalromans, die von literaturwissenschaftlicher Seite verschiedene Einteilungen erfahren hat,[31] die an dieser Stelle nicht diskutiert werden sollen. Nichtsdestotrotz bleibt für die vorliegende Studie eine begrenzte Gattungsreflexion unabdingbar, und zwar bezogen auf die intensive theoretische Debatte über den Kriminalroman in der DDR und auf die eigentliche Tradition des DDR-Krimis sowie seiner Entwicklung in der Nachwendezeit.

Für das Verständnis und die Beurteilung der Rolle des Kriminalromans innerhalb des literarischen Systems der DDR ist die Unterscheidung zwischen Detektivgeschichte und Kriminalroman als zwei Gattungsformen der Kriminalliteratur notwendig und maßgebend.

Literaturhistorisch gesehen ist die Detektivgeschichte ein Produkt der Romantik, obwohl auch in viel älteren Texten bereits Strukturen zu erkennen sind, die dem Kriminalroman ähneln. Bei Sophokles wird in *König Ödipus* im 5. Jahrhundert v. Chr. ein Vatermord aufgeklärt. Allerdings dominieren die damaligen, teilweise noch mythischen Denkstrukturen. Als die Geburtsstunde der Detektivliteratur gilt Edgar Allan Poes Erzählung *Der Doppelmord in der Rue Morgue* von 1841, in dessen Mittelpunkt die besonderen analytischen Fähigkeiten Au-

27 Vgl. Beilein, Stockinger, Winko 2012, S. 2–3.

28 Vgl. Lüsebrink, Berger 1987, S. 3–32.

29 Vgl. Heydebrand 1998.

30 Vgl. Beilein, Stockinger, Winko 2012, S. 5.

31 Vgl. vor allem Nusser 2003, aber auch Suerbaum 1984.

guste Dupins stehen. Im Mittelpunkt steht nicht das Erzählen einer Detektivgeschichte, sondern die Demonstration einer außergewöhnlichen Begabung. In diesem Sinne hat Poe seine Figur nach dem Muster des romantischen Künstlers angelegt, der sich von der Gesellschaft und ihren Normen abwendet.[32] Es steht nicht die Tat und ihr Täter im Mittelpunkt, sondern der Fokus liegt eindeutig auf der Aufklärung des Falls und den Fähigkeiten des Ermittlers. Nicht das Verbrechen an sich wird dargestellt, sondern die Vorgehensweise des Ermittlers, die letztlich zur Ergreifung des Täters führt.[33] Diese Figurenkonzeption des Ermittlers wird sich später als ein sehr kontrovers diskutiertes Thema innerhalb der Debatte um den DDR-Kriminalroman erweisen.

Dupin ist der Analytiker und somit dominiert auch eine analytische Vorgehensweise die Detektivgeschichten. Das bedeutet, dass die Handlung von Untersuchungen, Verhören und Reflexionen über das Ermittelte geprägt ist. Auslösendes Moment der Handlung ist ein unerhörtes Ereignis, in der Regel ein Mord. Zumeist ist das Verbrechen von einem Geheimnis umgeben und der Handlungsort ist relativ abgegrenzt (z.B. ein Schloss oder ein Zug), wodurch auch die Anzahl der Verdächtigen überschaubar bleibt. Als Prototyp des Detektivromans können die Romane von Agatha Christie angesehen werden, die sich ihrerseits an den Sherlock-Holmes-Geschichten von Arthur Conan Doyle orientierte und dieses Muster in einen größeren Rahmen transferierte. In den Geschichten um Sherlock Holmes ist das Figurenensemble sehr begrenzt und umfasst oft außer Holmes und Watson nur noch den Klienten und den Täter. Agatha Christie entwickelt eine umfangreichere Gesellschaft, in der in der Regel etwa zehn Personen auftreten. Nach der Vorstellung der einzelnen Personen geschieht in der Regel der Mord, dessen Aufklärung im weiteren Verlauf des Romans dargestellt wird. Dabei wird das Rätsel auf drei Ebenen angesiedelt: auf der Ebene des Täters, des Mordhergangs und der Enthüllung.[34] Weder die Tat noch der Täter steht im Mittelpunkt des Interesses, sondern die Aufklärung durch den Ermittler bzw. den Detektiv werden fokussiert.

Im deutschen Sprachraum sind vor allem Friedrich Schillers Fragment *Der Geisterseher* aus dem Jahre 1789 und noch deutlicher E.T.A. Hoffmanns *Das Fräulein von Scuderi* (1819) als frühe Vorläufer der klassischen Detektivgeschichte zu nennen, die aber noch der wesentlichen Merkmale der Kriminal- und Detektivliteratur entbehren. Ernst Kaemmel sieht als die Vorläufer des Kriminalromans die Abenteuerromane des 18. sowie die romantischen Sensations- und Schau-

32 Vgl. Suerbaum 1984, S. 35.

33 Vgl. Nusser 2003, S. 1.

34 Vgl. Suerbaum 1984, S. 74–81.

erromane des 19. Jahrhunderts, verwahrt sich aber gegen die These, der Kriminalroman sei aus der Rätselliteratur entstanden, da diese „ganz andere, jenseits der Schönen Literatur gelegene Bereiche des menschlichen Lebens anspricht.“[35]

Einen Meilenstein setzte Arthur Conan Doyle, als er am 6. Januar 1887 seine erste Detektivgeschichte mit Sherlock Holmes verfasste und damit den berühmtesten Detektiv überhaupt schuf. Typisch an diesem klassischen Detektivroman ist die geringe körperliche Aktion. Das kluge Kombinieren, also die mentale Leistung, steht auch hier immer noch im Vordergrund. Erst die *hard-boiled-school* um Dashiell Hammett und Raymond Chandler schuf die ganz neuen Helden, die „nicht mehr die Meisterhirne der analytischen Rätselklassiker des Genres waren, sondern die hartgesottenen Großstadt-Privatdetektive“[36]. Das Verbrechen ist in diesen Kriminalromanen ein immanentes Phänomen der Gesellschaft, d.h., Kriminalität ist nicht mehr auf einzelne Individuen und kleine Kollektive begrenzt, sondern sie gehört zur Gesellschaft und kann jedes Individuum erfassen. Die Ordnung wird am Ende auch nur scheinbar wiederhergestellt.[37] Kennzeichnend für die *hard boiled school* ist jedoch nicht mehr die Analyse, sondern die Aktion. Ein rasanter, häufig gewalttätiger Handlungsablauf ist weit wichtiger als die Kombination oder die Spurensuche. Erkenntnisse werden nicht mehr durch Gedankenarbeit erschlossen, sondern durch Gewalt oder Androhung von Gewalt. Die moralische Integrität der Detektive scheint dabei dieses Vorgehen stets zu legitimieren.

Im vorliegenden Zusammenhang erscheint die Abgrenzung des Kriminalromans vom Detektivroman, die Richard Alewyn unternimmt, als sinnvoll und begrifflich praktikabel. Nach Alewyn behandelt der Kriminalroman „die Geschichte eines Verbrechens, der Detektivroman die Geschichte der Aufklärung eines Verbrechens“.[38] Kriminalromane sind daher nicht nur auf Morde beschränkt, wie das bei Detektivromanen in der Regel der Fall ist. Im Mittelpunkt stehen neben dem Ermittler und seiner Arbeit auch die Darstellung der Täter und Opfer sowie des Umfeldes der jeweiligen kriminellen Handlungen. Durch diese Anlage kann der Kriminalroman ein genaueres gesellschaftliches Abbild transportieren und psychologische Facetten einzelner Figuren darstellen. Nach Alewyn wird der Täter im Kriminalroman bereits frühzeitig im Handlungsablauf iden-

35 Kaemmel 1962, S. 93.

36 Karsunke 1978, S. 115.

37 Vgl. Roth 1978, S. 80.

38 Alewyn 1974, S. 364.

tifiziert, denn die Spannung resultiere hauptsächlich aus der Art und Weise, wie der Täter gefasst wird.[39]

Zwischen diesen beiden Gattungsformen spielen sich im Wesentlichen der DDR-Krimi und teilweise auch der ostdeutsche Kriminalroman ab. Während der Detektivroman in der theoretischen Debatte aufgrund der dominanten Ermittler-Figur überwiegend abgelehnt wird, ist diese Spielart des Krimis in den praktischen Ausführungen durchaus präsent. Wie an späterer Stelle zu sehen sein wird, dominieren die Texte, die sowohl auf den Detektivroman als auch auf den Kriminalroman, wie ihn Alewyn beschreibt, zurückgreifen.

Ein wichtiges Verbindungselement zwischen dem klassischen Detektivroman und dem Kriminalroman ist die *hard boiled school* um Dashiell Hammett und Raymond Chandler. Hier treten „hartgesottene Großstadt-Privatdetektive"[40] auf, die nichts mehr gemein haben mit den Meisterdetektiven à la Doyle oder Christie. Der gesellschaftliche Bezug dieser Kriminalromane ist offensichtlich, denn die Kriminalität ist nicht mehr auf einen kleinen Kreis von Individuen begrenzt, sondern Ausdruck der bestehenden gesellschaftlichen Ordnung. Die Darstellung von Gewalt erreicht in diesen Kriminalromanen eine neue Qualität und ist sehr viel vordergründiger als das Kombinieren von Indizien und die Suche nach dem Täter. Durch Gewalt bzw. die Androhung von Gewalt werden Informationen gesammelt, die letztlich zur Überführung des Täters beitragen. Die Vorgehensweise des zwar moralisch integer agierenden Privatdetektivs ist jedoch nicht kompatibel mit den Ermittlungsmethoden der Polizei, die die Aufklärung des Verbrechens eher behindern oder für komische Akzente sorgen. Zwar erfährt diese Form des Kriminalromans in der DDR ihre Würdigung, weil die menschenfeindliche Funktionsweise der kapitalistischen Gesellschaft offen gelegt wird. Für den DDR-Krimi war diese Gattungsform jedoch nicht geeignet und wurde strikt abgelehnt, denn ein Detektiv wie Philipp Marlowe wird als eine singuläre Gestalt gezeichnet, die sich einer gesellschaftlich-ideologischen Integration permanent entzieht und die es sich praktisch zum Programm macht, gegen die gesellschaftlichen Strukturen zu opponieren.

Mit dem Thriller definiert Todorov eine weitere Gattungsvariante des Kriminalromans, die in unserem Untersuchungszusammenhang beim ostdeutschen Kriminalroman zum Tragen kommen wird. Der Thriller zeichnet sich vor allem durch eine höhere Handlungs- und Aktionsdichte aus und erzeugt seine Spannung durch Anspielungen auf zukünftige Ereignisse. Im Mittelpunkt steht die

39 Vgl. Alewyn 1974, S. 370.

40 Karsunke 1978, S. 115.

Gefährdung des Helden und weniger die Suche eines Täters. Der Ermittler ist keine separate, unantastbare Person, sondern er ist auf sehr unterschiedliche Art und Weise in die Verbrechensgeschichte involviert und muss diese aufklären, um sein Leben zu retten.[41]

Im Vergleich zum DDR-Krimi entwickelt der ostdeutsche Kriminalroman eine sehr viel größere Gattungsvielfalt, die auch die Gattung des Thrillers mit einbezieht. Nichtsdestotrotz war der DDR-Krimi häufig ein gut gemachter literarischer Text, der mit den erzählerischen Möglichkeiten, die ihm zur Verfügung standen, arbeitete. Von offizieller Seite wurde eine „analytische Form" des Kriminalromans gefordert, das bedeutet eine Form, die im Wesentlichen mit der Definition des Kriminalromans von Richard Alewyn übereinstimmt und die wir hier ebenfalls als „Kriminalroman" bezeichnen. Mit der synthetischen Form ist die Gattung des Detektivromans à la Agatha Christie gemeint, die in der Regel von offizieller Seite eher abgelehnt wurde.[42]

Tatsächlich finden sich zahlreiche Kriminalromane, die sowohl mit synthetischen als auch analytischen Elementen arbeiten. Diese Breite an sogenannten „Mischformen", wie Dehmelt sie nachweist,[43] spricht für die besondere Innovationskraft des DDR-Krimis, die sich dann im ostdeutschen Krimi fortsetzt.

---

41 Vgl. Todorov 1977, S. 42.

42 Vgl. Germer 1998, S. 89–90.

43 Vgl. Dehmelt 1975, S. 146–147.

Zur Theorie des Kriminalromans

2 Kriminalroman und gesellschaftliche Wirklichkeit – die theoretische Debatte über den Kriminalroman in der DDR

Die besondere Rolle des Kriminalromans in der DDR und folglich während der Wendezeit ist nur zu verstehen, wenn man sich mit dem Stellenwert des Kriminalromans und der Debatte, die während der gesamten Existenz der DDR geführt wurde, auseinandersetzt. Hillich hat diesbezüglich gute Vorarbeit geleistet, denn er hat die wichtigsten Texte zur Kriminalliteratur und ihrer Rolle in der DDR-Literatur zusammengestellt und veröffentlicht.[44]

2.1 Der Kriminalroman in der DDR zwischen Politik, Literatur und Zensur

Die strukturellen Voraussetzungen für eine Kontrolle und Instrumentalisierung der Kunst waren bereits 1924 auf dem V. Weltkongress der Kommunistischen Internationale in den Blick genommen worden. Ziel war eine – wie bereits bei Stalin nachzulesen – völlige und unbedingte Einheit des Handelns aller Parteimitglieder[45], die in der KPD bis 1929 im Wesentlichen auch durchgesetzt wurde. Die späteren Funktionäre der SED Walter Ulbricht und Erich Honecker sind in dieser Periode der rigiden Vereinheitlichung zugelassener Anschauungen politisch sozialisiert worden.[46] Der enge Zusammenhang von Politik, Kultur, Zensur und entsprechenden Kanonisierungsvorgängen verwundert daher nicht. Neue, ungewohnte Ideen waren für die SED-Funktionäre stets verdächtig und wurden nicht als Bereicherung, sondern als Abweichung und Opposition gegen die ‚richtige Linie' der Partei empfunden. Da die Kulturpolitik in der DDR als eine „moralisch definierte Erziehungskultur" ein wichtiges Herrschaftsinstrument war, ist sie auch stets Gegenstand von Diskussionen und Prozessen gewesen, in die verschiedene Instanzen und Akteure eingegriffen haben.

Nach 1945 etablierte die sowjetische Militäradministration die sozialen und politischen Strukturen in ihrer Besatzungszone auf der Grundlage von Demokratie und Humanismus in einem marxistisch-leninistischen Verständnis. Es ging nicht um den Aufbau des Sozialismus oder um direkte ideologische Beeinflussung. Die Hauptlinie der verfolgten Politik bestand in dem Ziel, eine antifa-

44 Hillich 1989a.

45 Stalin 1924.

46 Vgl. Kaiser 1997, S. 168.

schistische Volksfront zu bilden, die erst in einem nächsten Schritt zum Sozialismus voranschreiten sollte. Die eigene Macht sollte auf eine möglichst breite Grundlage gestellt werden, um auch die Menschen einzubeziehen, die dem sowjetischen System kritisch gegenüberstanden.

Die SED mit Wilhelm Pieck an der Spitze wollte das kulturelle Erbe mit den von den „Klassikern aufgerichteten Ideale[n] der Freiheit und der Humanität“[47] bewahren. Die Neuauflagen der Werke von Goethe, Schiller, Lessing und Heine in der SBZ verweisen auf die traditionell-bildungsbürgerliche Grundlage, auf der der Literaturkanon neu formuliert wurde.

Das zunächst vergleichsweise offene kulturpolitische Konzept wollte möglichst viele Exilschriftsteller zurück ins Land holen. Der sozialistische Realismus spielte daher auch offiziell kaum eine Rolle. Vielmehr stellte man die humanistische Tradition heraus, die als Vorläufer der sozialistischen Kulturpolitik angesehen wurde.

Unter dem Deckmantel der Erziehung des Menschen zur sozialistischen Persönlichkeit war es das Grundanliegen der SED und der ihr verbundenen Schriftsteller, die Leserschaft zu beeinflussen. So verlangte Otto Gotsche, SED-Funktionär und Sekretär des Staatsrats der DDR, dass Kunst und Literatur direkt in die politischen Auseinandersetzungen intervenieren müssten. Nicht die feinsinnige, hintergründige Anspielung, die die Menschen zum Nachdenken bringt, sei ausschlaggebend, sondern die unmissverständliche Parteinahme. Kunst heiße in seinem Verständnis „künden“, der Künstler soll „von etwas künden bzw. eine Kunde verbreiten“.[48]

Mit der Gründung der DDR am 7. Oktober 1949 wurde auch die Politik der antifaschistischen und vorgeblich demokratischen Volksfront aufgegeben. Der Aufbau eines sozialistischen Staates in der sowjetischen Besatzungszone wurde nun als Ziel ausgegeben. Auch auf dem Gebiet der Kulturpolitik und der Literatur zeigten sich die Konsequenzen dieser neuen Richtung. Die sowjetische Literatur wurde zum Vorbild und ihre ästhetischen und ideologischen Normen sollten als Leitbild popularisiert werden. Die Hinwendung zum sozialistischen Realismus war damit vollzogen.

47 Pieck 1946, S. 34.

48 Vgl. Gotsche 1949, S. 128–129.

Der Literatur wurde eine erzieherische Funktion zugesprochen, wie bereits auf der I. Parteikonferenz der SED im Jahr 1949 deutlich wurde. Für Künstler und Schriftsteller galt nun die „kulturelle Aufgabe, Menschen mit einer neuen gesellschaftlichen Erkenntnis und einer neuen Einstellung zur Arbeit zu erziehen".[49] Es sollte eine neuartige Literatur entstehen, die Ausdruck der neuen gesellschaftlichen Verhältnisse war.

Da die neue sozialistische Gesellschaft frei sein sollte, wurde auch die Zensur ausgeschlossen. Im Artikel 9 der DDR-Verfassung vom 7. Oktober 1949 hieß es im Absatz 1: „Alle Bürger haben das Recht, innerhalb der für alle geltenden Gesetze ihre Meinung frei und öffentlich zu äußern." Im Absatz 2: „Eine Pressezensur gibt es nicht."[50] Natürlich gab es eine Zensur, auch wenn sie von offizieller Seite ausgeschlossen wurde. Diese „verdeckte" Form der Zensur nennt Glucksmann ‚Metazensur'.[51] Die Meta-Zensur fand auf allen Ebenen der Literaturproduktion statt, in ihrer ersten und wohl auch extremsten Stufe als Selbstzensur, häufig verstärkt durch wiederholte persönliche Erfahrungen mit dem Kontrollapparat. Die Mechanismen griffen bereits im privaten Umfeld und gerieten somit nicht in den Blick der Öffentlichkeit. Sie bedurften keines offiziellen Erlasses, keines schriftlichen Befehls und wirkten doch weit zuverlässiger als vieles, was tatsächlich verpflichtend verordnet worden war. Diese inoffizielle Zensur wirkte zudem viel tiefer in das Denken der Menschen hinein, weil sie die Zensur als zentralen Aspekt ihrer Umwelt verinnerlichten. Nicht nur bestimmte Reizwörter galt es zu vermeiden, die Selbstzensur war vielmehr, wie der Schriftsteller Jan Faktor es darlegte, ausschlaggebend, um „ganze Haltungen, um die Auswahl von Themen, Brisanz der Urteile, um grundsätzliche Loyalität dem Staat gegenüber" herzustellen.[52]

Dass dieser Ausrichtung an den Anforderungen der Partei und des Staates nicht nur die Autoren selbst, sondern auch die Lektoren und die Angestellten der Verlage unterlagen, wird in Karl Heinz Bergers Kriminalroman *Was ich weiss, macht mich heiss* von 1992 deutlich. Der Lektor Fabricius wirft seinem Autor Bernhard Kummer eine mangelhafte Selbstzensur vor. Schließlich gebe es, so Fabrici-

49 Kulturelle Aufgaben im Rahmen des Zweijahresplanes. Entschließung der I. Parteikonferenz der SED (1949), zit. n. Jarmatz 1978, S. 80.

50 Verfassung der Deutschen Demokratischen Republik von 1949, S. 11.

51 Vgl. Glucksmann 1967.

52 Faktor 1995, S. 126.

us, eine Tabu-Liste mit Wörtern, „die je nach Erfordernis verändert und ergänzt wird" (Berger, S. 30)[53] und ganz oben auf dieser Liste stünde das Wort „Mauer".

Mit der Ablösung des „Kulturbundes zur demokratischen Erneuerung Deutschlands" durch den Deutschen Schriftstellerverband (DSV) im Jahr 1950 wurde das vorgeblich überparteiliche Konzept des Kulturbundes durch eine immer engere Anbindung an die SED außer Kraft gesetzt. Der DSV verlangte von seinen Mitgliedern die Anerkennung der führenden Rolle der Partei und des sozialistischen Realismus. Wer sich diesen Vorgaben anschloss, der konnte in den Genuss einer vergleichsweise großzügigen Autorenförderung gelangen.[54]

Im Gefolge des 17. Juni 1953 wurden zwar Forderungen nach einer größeren Freiheit in der Kultur laut, doch bewirkte die Politik des „Neuen Kurses" kaum Lockerungen auf dem Gebiet der Literatur. Die zunehmende Unfreiheit, die die gesamte Gesellschaft prägte, konnte auch in diesem Bereich nicht überwunden werden. Eine engmaschige, zentralisierte Kontrolle der Kultur entstand in den 1950er Jahren mit dem Ministerium für Kultur und dem Ministerium für Staatssicherheit.[55]

Die härtesten Unterdrückungsmaßnahmen gegen Künstler und Autoren in der Frühphase der DDR wurden durch die Volksaufstände in Polen und Ungarn 1956/57 ausgelöst. Erich Loest und Wolfgang Harich wurden zu Haftstrafen verurteilt, Alfred Kantorowicz und Hans Mayer wurden zur Auswanderung bewogen. Ernst Bloch und Georg Lukács rückten ebenfalls ins Zentrum der Kritik. Es waren die wichtigen Denker einer sozialistischen Theorie und Literatur, die angegriffen wurden, womit die SED ihren ideologischen Alleinanspruch zu untermauern suchte.[56]

Die ideologischen Vorgaben verfestigten sich in den nachfolgenden Jahren spürbar. Die Kunst musste der politischen Agitation als direktes Instrument dienen und wurde den Anforderungen der aktuellen Politik unterworfen. Die SED forderte eine parteiliche, volkstümliche und zugleich proletarische Literatur, die für die Ziele des Sozialismus und für den Aufbau der sozialistischen Produktion Partei ergreift. Diese Literatur sollte weder modernistische noch formalistische Ex-

53 Die Zitatverweise aus den Kriminalromanen des Textkorpus werden mittels Siglen verkürzt, vgl. Siglenverzeichnis.

54 Vgl. Allkemper / Eke 2010, S. 273.

55 Vgl. Borgwardt 2002, S. 98.

56 Vgl. Rossade 1982, S. 153; Saadhoff 2007, S. 10–12.

perimente durchführen und auch vom Aufbau und Inhalt nicht verwirren, sondern dem Leser klare Strukturen und Identifikationsfiguren bieten.[57]

Die Zensurpraxis wurde 1960 durch die Erarbeitung von ‚Richtlinien für die Begutachtung', in denen auch die Erteilung von Druckgenehmigungen geregelt wurde, weiter verfestigt. Diese Richtlinien behielten einen inoffiziellen Charakter und wurden auch nur mündlich und in Auszügen an die Verlagsmitarbeiter weitergegeben.[58] Das Ziel war klar: Es sollten systemkritische Äußerungen vermieden werden. Gleichzeitig kristallisierte sich die Belieferung der Verlage mit Papier als ein Druckmittel heraus, das zur Durchsetzung der ideologischen Vorgaben angewendet wurde.[59]

Der literarische Text unterlag somit von der ersten Konzeption und Niederschrift bis zur Veröffentlichung einem ständigen kontrollierenden Zugriff. Auf diese Weise wurden Themen und Inhalte verhindert, die auch für den Kriminalroman von Bedeutung waren.

Zu den wichtigsten Tabus zählten die Vorgaben, dass Partei- und Staatsfunktionäre nicht als Täter auftreten dürfen, dass es grundsätzlich keine Zweifel oder Kritik an der Arbeit der Sicherheitsbehörden und der Justiz gibt und dass Geiselnahmen zur Erzwingung der Ausreise nicht zulässig sind.[60]

Die Literatur wurde ihrer künstlerischen Autonomie beraubt und nicht mehr in ihrer ästhetischen Dimension wahrgenommen. Vielmehr wurde sie politisch auf ihre konkreten Wirkungen hin analysiert und mitverantwortlich gemacht für gesellschaftliche Missstände, Fehlentwicklungen oder einen allgemeinen Werteverfall. Die Basis für diesen Umgang mit Kunst und Literatur waren die sogenannten „Leninschen Normen" aus dem Jahr 1905.[61] Sie hatten zur Konsequenz, dass individuelle Aspekte in der Literatur abgelehnt wurden und jede Publikation im Dienst der Partei zu stehen habe. Lenin hatte hierbei allerdings nur die Parteimitglieder und ihre möglichen literarischen Tätigkeiten im Blick. Die SED weitete diese Forderung nach Einbindung des literarischen Schaffens in die Interessen der Partei auf die gesamte Gesellschaft aus. Somit wurden alle Schriftsteller dieser Doktrin unterworfen, denn jeder Künstler und jeder Literat

57 Vgl. Rossade 1982, S. 184.

58 Vgl. Lokatis 1997a, S. 191.

59 Vgl. Lokatis 1997a, S. 222.

60 Vgl. Mittmann 2003.

61 Vgl. Lenin 1958, S. 29, Koch 1960, S. 669–706.

war schließlich ein Teil der sozialistischen Gemeinschaft und hatte folglich auch seinen individuellen Beitrag zu leisten.[62]

Die Konsequenz ist ein einheitliches Literaturkonzept, das den Widerspruch zwischen unterhaltender und sogenannter ‚hoher' Literatur aufheben sollte. Als problematisch erwies sich dabei die Tatsache, dass das dogmatische Literaturkonzept den Grundbedingungen literarischen Schaffens zuwiderlief.[63] Denn dem ehrgeizigen Streben der Autoren nach Ruhm, Ansehen und Erfolg stand die Vorgabe entgegen, nach welcher die Literaturproduktion monolithisch zu erscheinen habe und aus einer „kollektiven literarischen Leistung erwachsen" sollte, wie es Willi Bredel formulierte.[64]

Mit der ersten Bitterfelder Konferenz 1959, ursprünglich als eine Form der Autorenberatung durch den Mitteldeutschen Verlag Halle geplant, wurde der sogenannte „Bitterfelder Weg" beschritten, der in der engen Verbindung von Kunst und Arbeiterklasse bestand und eben jener Überwindung der „Kluft zwischen Kunst und Leben"[65] Abhilfe schaffen sollte.

Die Autoren der verschiedenen Genres wurden aufgefordert, in die Betriebe zu gehen, um dort die Situation der Arbeiterklasse aus erster Hand kennenzulernen und ihren Alltag besser, also realistischer, beschreiben zu können. So sollte eine ganz neue Form der Literatur entstehen, die auch die Bereiche der Unterhaltung und Entspannung mit abzudecken hatte. Kennzeichen der sozialistischen Literatur war also nicht nur der Klassenstandpunkt, sondern vor allem der enge Bezug zur Realität bzw. zu dem, was die Partei als Realität ansah.

Der Bau der Berliner Mauer am 13. August 1961 war eine tiefe Zäsur in der DDR-Geschichte, die sich unmittelbar auf die Kultur- und Zensurpolitik auswirkte. Neue Aufgaben wurden formuliert und die Schriftsteller wurden aufgefordert, „den großen ideologischen Umschwung sichtbar zu machen".[66]

Kulturpolitisch erfolgte eine stärkere Betonung der „sozialistischen Nationalkultur". Damit zielte man auf die Schaffung „sozialistischer Kunstwerke von natio-

62 Vgl. Koch 1960, S. 700.

63 Vgl. Borgwardt 2002, S. 97.

64 Bredel 1952, S. 26.

65 Vgl. Aust 2009, S. 41.

66 Zit. n. Dworak 1974, S. 249.

naler Bedeutung und Wirksamkeit [...], die das geistige und ästhetische Niveau unseres Volkes weiter erhöhen [...].“[67]

1963 wurde die zentrale literaturpolitische Kontroll- und Steuerungsinstanz, die „Hauptverwaltung (HV) Verlage und Buchhandel“, im Ministerium für Kultur gegründet. Wie zuvor die „Abteilung Literatur und Buchwesen“ war auch diese Verwaltung dem MfS unterstellt. Die Funktion dieser Verwaltungseinheit bestand in der Planung, Leitung und Kontrolle des Verlagswesens und des Buchhandels. Sie erteilte die Druckgenehmigungen, setzte die Auflagenhöhe fest und übernahm die Zensur.[68] Der Erteilung einer Druckgenehmigung gingen die Vorlage des Manuskripts sowie ein bis zwei Gutachten bei der „Hauptverwaltung“ voraus. Für Kriminalromane wurden die Gutachten aus der Abteilung Öffentlichkeitsarbeit im Führungsstab der Kriminalpolizei der DDR eingeholt. Bei Spionagesujets wurde das Manuskript dem Geheimdienst, also dem MfS, vorgelegt.[69]

Die von Lektoren und Literaturwissenschaftlern verfassten Einschätzungen der vorgelegten Manuskripte spielten eine entscheidende Rolle für die Publikation.[70] Welche tiefgreifenden Konsequenzen und Auswirkungen die Zensur auf die Autoren gehabt hat, lässt sich nur erahnen. Eine Vorstellung vermittelt immerhin Jurek Beckers Aussage, dass die Zahl der nicht genehmigten Bücher gering sei im Vergleich zu der Zahl jener Bücher, die aufgrund der Selbstzensur gar nicht erst geschrieben worden sind.[71]

Ein Jahr nach der Gründung der „Hauptverwaltung“ entstand 1964 die „Hauptabteilung XX“ beim Ministerium für Staatsicherheit und damit eine weitere Kontrollinstanz, die mit der Überwachung des kulturellen und literarischen Bereichs beauftragt wurde. Hier fand in der Folgezeit auch die Kontrolle der Kriminalromane statt.

Auch wenn die „Tauwetterperiode“ in der Sowjetunion kaum Auswirkungen auf die DDR-Politik hatte, so kann man doch für den Zeitraum von 1963 bis Ende 1965 von einer gewissen Liberalisierung in der Kulturpolitik sprechen.[72] Die-

67 *Protokoll der Verhandlungen des VI. Parteitages* von 1963, S. 218.

68 Vgl. Borgwardt 2002, S. 99.

69 Vgl. Mittmann 2003.

70 Vgl. Walenski 2008, S. 245.

71 Vgl. Becker, J. 1990, S. 30.

72 Vgl. Westdickenberg 2004, S. 11–12.

se Periode der relativen Freiheit, die als solche erst aus dem Rückblick wahrgenommen werden konnte, endete mit dem 11. Plenum des Zentralkomitees der SED im Jahr 1965, dem sogenannten „Kahlschlag-Plenum“. Für den Kriminalroman hieß das: keine weiteren Experimente und Rückkehr zu den bereits praktizierten Verfahren.

Der Anpassungsdruck auf die Autoren war zwar stets vorhanden, doch nun veränderten sich erneut die Vorgaben für bestimmte Inhalte und Stoffe. Die späten 1960er Jahre waren daher von der Suche nach Selbstverwirklichung und einem wachsenden Selbstbewusstsein der DDR-Schriftsteller geprägt. Die offizielle Literaturproduktion der DDR – und das war eine neue Eigenwahrnehmung – begriff sich zunehmend als das Sprachrohr einer Gesellschaft.

Mit dem Amtsantritt Erich Honeckers 1971 vollzog sich in der DDR eine kulturpolitische Wende, die auch Auswirkungen auf den Stellenwert der Kriminalliteratur hatte. Auf dem VIII. Parteitag im Juni 1971 eröffnete man den neuen Strömungen und Richtungen in der Literatur die Möglichkeit einer unabhängigeren Weiterentwicklung als in den letzten Regierungsjahren Ulbrichts.

Honecker strebte bewusst eine Lockerung der kulturpolitischen Vorgaben an, denn er sah auf diesem Weg die Möglichkeit einer effektiveren Indienstnahme der Literatur für politische Zielsetzungen: Er formulierte diese neue Öffnung auf der 4. Tagung des ZK der SED vom 16. und 17. Dezember 1971: es solle „[...] auf dem Gebiet der Kunst und Literatur keine Tabus geben. Das betrifft sowohl die Fragen der inhaltlichen Gestaltung als auch des Stils – kurz gesagt: die Fragen dessen, was man die künstlerische Meisterschaft nennt.“[73] Somit brachten die frühen siebziger Jahre einen Durchbruch für die ostdeutsche Kriminalliteratur, denn sie wurde nun offiziell vom Staat als ernstzunehmende Unterhaltungsliteratur anerkannt und dadurch auch der Öffentlichkeit näher gebracht.

Das Beziehungsgeflecht zwischen Politik, Literatur und Zensur war sowohl von Restriktions- als auch von Ermöglichungsbedingungen gekennzeichnet. Die Kontrolle des literarischen Systems setzte sich fort und der politische Machtapparat beanspruchte weiterhin das maßgebliche Handlungspotential, sowohl in der Produktion und Distribution als auch in der Rezeptionslenkung der Veröffentlichungen.

73 Zit. n. Jäger 1982, S. 136.

Die Tendenzen der Liberalisierung, die 1971 vom VIII. Parteitag der SED ausgingen, waren Bestandteil eines ideologischen Systems, das sich nach wie vor der Literatur für seine machtsichernden und propagandistischen Ziele möglichst effektiv zu bedienen suchte. Insofern war die größere literarische Freiheit, die unter Honecker zu herrschen schien, eine scheinbare, denn sie führte auch durch ein ausgeklügeltes Privilegiensystem zu einer größeren Abhängigkeit der Schriftsteller.[74]

Eine öffentliche Debatte über den Kurswechsel hat man nicht geführt. Vielmehr wurde diese neue Richtung in der Kulturpolitik stillschweigend eingeführt. Es ging Honecker in erster Linie darum, die kulturpolitischen Spannungen, wie sie in der Ulbricht-Ära auftraten, zu vermeiden und durch die Zulassung unterschiedlicher literarischer Bedürfnisse und Genres die Literatur noch besser in den Dienst der Partei zu stellen. In die gleiche Richtung geht auch die kulturpolitische Grundsatzrede von Kurt Hager, die dieser 1972 auf dem 6. Plenum des ZK der SED gehalten hat. Darin postulierte er die grundsätzliche Änderung der Einschätzung von gesellschaftlichen Widersprüchen. Während in den fünfziger und sechziger Jahren die inneren, also die nicht aus dem kapitalistischen Ausland importierten, Widersprüche prinzipiell als überwindbare und nicht antagonistische Widersprüche betrachtet wurden, räumte Hager nun ein, dass diese nicht-antagonistischen Widersprüche nicht so schnell zu überwinden seien wie angenommen, sondern dass sie sogar „ein Motor jeder gesellschaftlichen Vorwärtsbewegung" sein könnten. Konfliktlosigkeit sei demnach „ein Verstoß gegen die Lebenswahrheit in unserer Kunst."[75]

Für den Kriminalroman hatte diese neue Sichtweise tiefgreifende Konsequenzen: Zum einen wird das Verschwinden des Kriminalromans entgegen den Prognosen einiger Kritiker und Autoren noch auf sich warten lassen, da Widersprüche immer auch Kriminalität legitimieren. Zum anderen findet eine positive Aufwertung des Konflikts und des Widerspruchs statt. Damit bestand nun die Möglichkeit, am Beispiel eines Verbrechens gesellschaftliche Widersprüche zu schildern, die in einer positiven Richtung als Beitrag zur weiteren Vervollkommnung der sozialistischen Gesellschaft interpretiert werden können.

An der erzieherischen Funktion der Literatur sollte sich allerdings ebenso wenig ändern wie an der Einheit und Geschlossenheit der Partei gegen abweichende Anschauungen.[76]

74 Vgl. Mann 1996, S. 61.

75 Hager 1982, S. 42.

76 Vgl. Honecker 1976, S. 102.

Eine erste Zäsur der Honecker-Ära war 1976 die Ausbürgerung Wolf Biermanns, die den Protest vieler Schriftsteller nach sich zog. Durch diese Form des Aufbegehrens gegen die Parteiführung gewann die DDR-Literatur moralisch an Gewicht. Gerade das DDR-Publikum brachte der Literatur in der Folgezeit ein verstärktes Interesse entgegen, denn hier schien sich eine gesellschaftliche Opposition zu formieren.[77] Die Freiheiten, die seit den frühen siebziger Jahren zwar gewährt, aber doch sukzessive wieder eingeschränkt wurden, erlebten nun eine nachhaltigere Restriktion. So hatte die SED in ihrem Grußschreiben an den VIII. Schriftstellerkongress 1978 betont, dass vor allem jene Werke

> große Beachtung und Verbreitung [finden], die gesellschaftlich bedeutsame Vorgänge der Geschichte und der Gegenwart erfassen, dem Schöpfertum der aktiven Erbauer des Sozialismus künstlerischen Ausdruck verleihen und sich durch Parteilichkeit, Volksverbundenheit und hohen sozialistischen Ideengehalt auszeichnen.[78]

Das Ministerium für Staatssicherheit organisierte nun eine systematische Kontrolle der Literatur- und Kunstszene, die die früheren Bemühungen in den Schatten stellte. Allein in den Jahren 1968 bis 1989 vervierfachte sich die Zahl der informellen Mitarbeiter in der zuständigen Hauptabteilung XX.[79]

Der X. Parteitag der SED beschloss im April 1981, die „entwickelte sozialistische Gesellschaft" aufzubauen und dadurch die Voraussetzungen für den allmählichen Übergang zum Kommunismus zu schaffen. Innerhalb dieses Prozesses galt es, die Erziehung und Kulturpolitik noch bewusster auf die sozialistischen Werte auszurichten.[80] Kunst und Literatur wurden als Vermittlerinnen der Parteiideologie verstanden und in einem dialektischen Verhältnis zur Gesellschaft gesehen.

Als Michail Gorbatschow im März 1985 Generalsekretär der KPdSU wurde, begann der Prozess der Liberalisierung der sowjetischen Wirtschaft, der bald auf den gesamten Ostblock übergriff und für die DDR mit dem Fall der Mauer und der Wiedervereinigung endete. Die SED hat sich dieser Entwicklung der *Perestroika* und *Glasnost* lange verweigert und gerade auf dem Gebiet der Kulturpolitik Maßnahmen ergriffen. So gelangten sowjetische Presse-Erzeugnisse wie der *Sputnik* oder die *Iswestija* nicht mehr in den freien Verkauf. Den freiheitlichen

77 Vgl. Emmerich 2000, S. 12.

78 Deutscher Schriftstellerverband 1979, S. 13.

79 Vgl. Klussmann / Hoffmann 2007, S. 13.

80 Vgl. Honecker 1981, S. 107.

Entwicklungen der späten achtziger Jahre hat das keinen Abbruch getan. Auch der späte DDR-Kriminalroman hat ein besonderes Gespür für die gesellschaftlichen Problemlagen dieser Zeit entwickelt und in seiner gattungsimmanenten Weise den „eisernen Vorhang" bereits ein Stück zur Seite geschoben.

Aufschluss über das besondere Verhältnis von Zensur und Kriminalroman geben einige Äußerungen von Autoren nach der Wende. Dorothea Kleine – in unserem Textkorpus vertreten mit dem Kriminalroman *Rendezvous mit einem Mörder* – äußerte sich sehr deutlich über die Zensurpraktiken in der DDR. Sie bestätigt, dass alle ihre Bücher zensiert wurden und zwar vom Ministerium für Kultur, das über eine spezielle Abteilung für die Durchsicht von Manuskripten verfügte. Kleine publizierte hauptsächlich bei dem Verlag Hinstorff in Rostock und dort machten Lektoren und Autoren gemeinsame Sache. So war die Vorgabe ihres Lektors: „Geh bis zur äußersten Grenze, tue dir keinen Zwang an, streichen können wir dann immer noch."[81] Sie arbeitete daraufhin Stellen in ihre Romane ein, die zum Streichen vorgesehen waren. Letztlich blieben immer noch genügend Textstellen erhalten, die der Leser als Kritik an den Verhältnissen deuten konnte. Ihr Kriminalroman *Mord am See* von 1966 erschien offensichtlich nur durch ein Missverständnis im Ministerium, er wurde sofort verboten und konnte erst sechs Jahre später erscheinen. Kleine zeigt sich als eine Autorin, die mit den Abläufen der Zensurbehörde genau vertraut war. So schildert sie, dass sie sich einen einflussreichen Kollegen als Gutachter ihrer Manuskripte suchte, dem die Mitarbeiter der Zensurbehörde, die ihr persönlich bekannt waren, nur ungern widersprachen. Die Autorin versuchte also, die Entscheidungsprozesse direkt in der Behörde zu behindern bzw. zu unterlaufen.[82]

Wolfgang Schreyer hebt hervor, dass die Zensur bei der Gestaltung von Auslandsstoffen relativ unkompliziert war. Hier wurde nur geprüft, ob nicht Interessen der diplomatischen Vertreter bzw. der sozialistischen Bruderstaaten verletzt wurden. Sehr viel schwieriger sei die Gestaltung von Themen und Stoffen gewesen, die in der DDR spielten. Schreyer hat versucht, auf historische Stoffe auszuweichen oder die Handlungsorte geographisch zu verfremden. Interessant ist vor allem Schreyers Stellung zur Zensur in der DDR, denn er hat die Existenz der Staatszensur nachdrücklich beklagt, aber zugleich aus ihrem Vorhandensein einen wichtigen Schaffensimpuls gezogen. Damit verweist er auf eine viel effektivere Zensur, die nach der Wende einsetzte, nämlich auf den Verdrängungswettbewerb innerhalb des Verlagssektors, der um 1990 die ostdeutsche Verlagslandschaft nachhaltig umgestaltete. Ehemalige DDR-Autoren konnten sich auf

81 Kleine 1995, S. 219.

82 Vgl. Kleine 1995, S. 220.

diesem Markt kaum etablieren und Schreyer macht dafür auch einen konkreten Grund aus: Für den Unterhaltungsbereich schrieben die ehemaligen Autoren der DDR zu anspruchsvoll. Einer seiner Kriminalromane der Nachwendezeit wurde mit der Begründung abgelehnt: „Die gesellschaftliche Wirklichkeit der ehemaligen DDR ist in allem präsent, was unsere Leser nicht erfreuen würde.“[83] Ein zu starker Realitätsbezug schien also einer guten Vermarktung entgegenzustehen und wirkte letztlich wie eine sehr effektive Zensurmaßnahme. Schreyer nennt auch Zahlen. Er spricht von 99% der ca. 500 ehemaligen DDR-Autoren, die fast nichts mehr publizieren können.[84]

2.2 Kriminalroman und sozialistischer Realismus?

Der sozialistische Realismus ist das wichtigste Normierungssystem der Gegenwartsliteratur in der DDR und gründete sich auf zentral festgelegte Ideologeme. Ein zentraler Aspekt war die Orientierung an einer „richtige[n], historisch konkrete[n] Darstellung der Wirklichkeit in ihrer revolutionären Entwicklung.“[85] In den 1930er Jahren wurde der sozialistische Realismus vom sowjetischen Schriftstellerverband als literarische Doktrin festgeschrieben. Der Künstler muss „die Aufgaben der ideologischen Umgestaltung und Erziehung der Werktätigen im Geiste des Sozialismus“[86] in seinen Werken darstellen.

Ein zentrales Element war der positive Held, der ein idealisiertes Vorbild sein und zur Nachahmung reizen soll. Was ein Werk des sozialistischen Realismus ausmachen sollte, waren „Lebensechtheit“, „Volksverbundenheit“, sozialer Optimismus und Hoffnung auf eine bessere Zukunft. Es ging um nichts Geringeres als um die Darstellung der „Wahrheit“.[87]

Dieser engen Bindung an das wirklich Überprüfbare und an die reinen Fakten hat Hans Günther 1936 widersprochen. Als undialektisch und statisch kritisierte er das „Kleben am *unmittelbar Seienden*, das es nur zu photographischen Nachahmungen bringt.“[88] Die künstlerische Freiheit, so Günther, könne nur bewahrt werden, wenn die Künstler nicht an den einzelnen unmittelbaren Tatsachen, Dingen, Erscheinungen und Figuren stehen blieben, sondern diese so

83 Schreyer 1995, S. 296.

84 Vgl. Schreyer 1995, S. 296.

85 Fadeev 1934, S. 125.

86 Zit. n. Schmitt /Schramm 1974, S. 390.

87 Vgl. Scharsich 2003, S. 52.

88 Günther 1936, S. 85.

gestalteten, dass sie „mit den in der Wirklichkeit *unmittelbar* beobachteten *Einzelheiten nicht* übereinstimmt.“[89] Der Unterschied zur bürgerlichen Kunst bestehe darin, dass diese die Wirklichkeit nur auf der Grundlage der subjektiven Phantasie abbilde, aber nicht aktiv auf die Wirklichkeit einwirken und diese bewusst verändern wolle. An die Tradition der bürgerlich-demokratischen Kunst wurde vor und nach dem Zweiten Weltkrieg von KPD und SED-Kreisen angeknüpft. Johannes R. Becher betonte 1938 die „Verbindung des Humanistischen mit dem Volkstümlichen, des Freiheitlichen mit dem Heimatlichen“,[90] und auch Bertolt Brecht äußerte im gleichen Jahr den Wunsch, „von der Literatur wirklichkeitsgetreue Abbildungen des Lebens zu bekommen“.[91] Brecht hob insbesondere hervor, dass die „Volkstümlichkeit“ darin bestehe, dass Literatur für die arbeitende Masse verständlich sein solle.[92]

Diese Vorgaben fanden nach dem Ende des Zweiten Weltkrieges in der DDR-Literatur ihre Anwendung, nicht zuletzt bedingt durch die personelle Präsenz der zwei genannten wichtigen Ideengeber.

Johannes R. Becher als Präsident des *Kulturbundes zur demokratischen Erneuerung Deutschlands* und als Kulturminister der DDR von 1954–58 hatte natürlich seinen maßgeblichen Einfluss auf die literarische Entwicklung in den Anfangsjahren der DDR.

Der sozialistische Realismus wurde keineswegs als etwas Fremdartiges angesehen, sondern er wurde als die Möglichkeit zur Wiedergabe der unverfälschten, echten Wahrheit begriffen – ganz im Sinne der Zielsetzungen des „Bitterfelder Weges“. Diesem Wahrheitsanspruch entsprach die Gattung des Romans am besten und so wurde diese Gattung eine der wichtigsten literarischen Gattungen des sozialistischen Realismus.

Arnold Zweig hat sich 1949 mit der Darstellung der gesellschaftlichen Realität im Roman beschäftigt und verwies auf die Umsetzung einer Struktur des Seins in die Struktur der Handlung. Je großartiger der Roman sei, desto nachhaltiger und unmerklicher gehe von der Struktur des Seins aus eine Beeinflussung des

89 Günther 1936, S. 85.

90 Becher 1938, S. 159.

91 Brecht 1938, S. 167.

92 Vgl. Brecht 1938, S. 167.

Lesers vor sich.[93] Der Roman bot sich damit als nützliches Instrument der ideologischen Erziehung an.

Mit dem 5. Plenum des Zentralkomitees der SED vom Frühjahr 1951 wurden die Grundsätze einer stalinistischen Ästhetik zum allgemein verbindlichen Prinzip erklärt und somit avancierte der sozialistische Realismus zur festen Basis der Kunst.[94] Insbesondere der Kriminalroman machte sich schnell eines Formalismus und jener *l'art pour l'art*-Attitüde verdächtig, die nicht toleriert wurden. Die Auflösung eines Kriminalfalls durch die beeindruckenden kombinatorischen Fähigkeiten eines Meisterdetektivs erweckten nur zu schnell den Eindruck, der Kriminalroman sei ausschließlich um seiner selbst willen geschrieben worden, aber nicht, um ein realistisches Abbild der Umwelt zu liefern.[95] Es blieb daher schwierig, den Kriminalroman als eine Gattung des sozialistischen Realismus zu legitimieren. Zum einen, weil es keine überzeugenden Leitbilder gab, und zum anderen, weil die typische Leserschaft des Detektivromans traditionell dem Bildungsbürgertum entstammte, also diejenigen waren, die Muße zum Lesen hatten und Spaß an intellektueller Unterhaltung empfanden.[96]

Die Auseinandersetzung mit den ästhetischen Vorgaben kennzeichnet die Diskussion um den Kriminalroman in besonderer Weise, denn hier wird eine Form der Diskussion sichtbar, die nicht nur auf die Gattung fokussiert stattfand, sondern stets auch um die Einordnung dieser Gattung in den Kanon einer sozialistischen Literatur rang.

So brachte Manfred Graupner die *hard-boiled school* als eine Bezugsbasis für sozialistische Kriminalliteratur ins Spiel, denn die Autoren dieser amerikanischen Spielart des Krimis bemühten sich um eine milieugerechte Situierung der Handlung. Die Verbrechen wurden weder romantisiert noch verherrlicht.[97] Diese Diskussionen, die sich um einzelne literarische Elemente wie die Figuren oder das Setting drehen, müssen daher immer auch im größeren Zusammenhang des sozialistischen Realismus gesehen werden. Die von Graupner gestellte Forderung, dass der Leser den gesellschaftlichen Kontext der Tat verstehen und somit auch über den Täter besser informiert werden müsse, führte dazu, dass die Autorität

93 Vgl. Zweig 1949, S. 111–113.

94 Der Kampf gegen den Formalismus in Kunst und Literatur, Entschließung des ZK der SED vom 17.3.1951, zit. n. Jarmatz 1978, S. 152–157.

95 Vgl. Hillich 1989b, S. 16–17.

96 Vgl. Nusser 2003, S. 158.

97 Vgl. Graupner 1957, S. 55.

des Ermittlers oder des ermittelnden Teams in den Hintergrund gedrängt wurde.

Klaus Walther, der Mitte der sechziger Jahre als einer der wenigen keine Probleme damit hat, den Kriminalroman im Spektrum der sozialistischen Literaturgattungen zu verorten, machte das insbesondere an der Figur des Ermittlers fest. Die Wahl eines Ermittlers, der dem Leser in mehreren Handlungsplots entgegentritt, sei das Erfolgsgeheimnis westlicher Krimiautoren. Da diese Vorgehensweise in den DDR-Kriminalromanen so gut wie gar nicht praktiziert wurde, ist davon auszugehen, dass das von politischer Seite auch nicht gewollt wurde. Walther führte indes – quasi als Gegenbeispiel – Fritz Erpenbeck mit seinem Ermittler Peter Brückner an, also Kriminalromane, in denen derselbe Detektiv auftritt und die somit eine Serie darstellen. Nur zwischen den Zeilen kann man bei Walther herauslesen, dass er dieses Verfahren als positiv betrachtet, da auf diese Weise ein höheres Identifikationspotential mit der Figur und vor allem über die erzählte Geschichte hinaus geschaffen werden kann.[98]

Aus erzählperspektivischer Sicht finden sich in den DDR-Krimis häufiger Perspektivwechsel zwischen dem Vorgehen der Täter, den letzten Stunden des Opfers und den Ermittlungen der Polizei.[99] Gerade die Krimianfänge arbeiten häufig mit externen Fokalisierungen, in denen die Protagonisten vor den Augen des Lesers handeln, aber ohne dass Einblicke in die Gefühle oder Gedanken gegeben werden.[100] Auf diese Weise wird Neugierde und Spannung erzeugt: Es muss weitergelesen werden.

Seit den siebziger Jahren konnte man einen Rückgang des Einflusses des sozialistischen Realismus beobachten. Realistisch sollten die Darstellungen trotzdem bleiben.[101] Man setzte stärker auf die Erforschung der Einzelgattung. So wies der Schriftsteller Gert Prokop in einem Interview darauf hin, dass es zwar einen Arbeitskreis für utopische Literatur gäbe, aber keinen für Kriminalliteratur. Durch die Erhebung der Gattung zum Gegenstand literaturwissenschaftlicher Forschung könne der allgemeinen Missachtung, die der Krimiautor häufig erfahre, entgegnet werden.[102] Zu dieser Zeit waren bereits literaturwissenschaftli-

98 Vgl. Walther 1968, S. 109–110.

99 Vgl. Nusser 2003, S. 136.

100 Zur Beschreibung der narrativen Struktur der Kriminalromane wird in erster Linie auf die poetologischen Arbeiten von Gerard Genette zur Erzähltheorie zurückgegriffen, vgl. Genette 1998.

101 Vgl. Germer 1998, S. 14.

102 Vgl. Meier 1976, S. 173.

che Forschungen im Gange, wie der Aufsatz von Norbert Dehmelt aus dem Jahr 1975 zeigen wird.[103]

Kriminalroman und sozialistischer Realismus schlossen sich nicht aus, doch war ihr Verhältnis eine ständige Verhandlungssache. Die Wahrnehmung des Kriminalromans als eine genuin bürgerliche literarische Gattung machte es schwer, ihn in das Spektrum des sozialistischen Realismus zu integrieren. Wie diese Diskussion konkret geführt wurde, wird nachfolgend untersucht, denn es ist zweifelsohne eine bisher noch nicht genügend beachtete Tatsache, dass der Kriminalroman der DDR von einer ständigen theoretischen Diskussion begleitet wurde.

2.3 Vom schweren Weg zur Akzeptanz einer Gattung

Die besondere Rolle, die der Kriminalroman in der DDR-Literatur gespielt hat, wird am besten nachvollziehbar, wenn man die Diskussionen um dieses Genre, die während der gesamten Existenz der DDR stattfanden, verfolgt. Kaum ein anderes Genre dürfte kontroverser diskutiert worden sein als die Gattung des Kriminalromans. Aus diesem zutiefst ambivalenten Sonderstatus heraus lässt sich seine Rolle während der Wendezeit ableiten und verstehen.

2.3.1 Erste Phase: Zwischen Schund- und Unterhaltungsliteratur: der Kriminalroman in der SBZ (1945–1949)

Die Diskussion, die zunächst in der sowjetischen Besatzungszone geführt wurde, drehte sich um die Darstellung von Gewalt und Verbrechen im Kriminalroman und der Unvereinbarkeit dieses Gegenstandes mit der sozialistischen wie auch humanistischen Weltanschauung. Nicht nur der Kriminalroman wurde daraufhin abgelehnt, z.B. wurde auch vielen der Grimmschen Märchen eine gewaltverherrlichende Funktion zugeschrieben.

Der Kriminalroman zählte zur sogenannten „Schmutz- und Schundliteratur", deren Machart bereits durch die typische Begriffswahl aus jener Zeit anschaulich illustriert wird. Dabei handele es sich um eine Art von Literatur, die auf billige Emotionen und platte Unterhaltung setze, aber auch zur Verrohung der Sitten und zur Enthemmung von Verhaltensweisen beitrage.[104]

103 Vgl. dazu Kapitel 2.3.4.

104 Vgl. Bock 1980, S. 45.

Einen ersten Versuch, die Existenz des Kriminalromans zu rechtfertigen und ihm einen legitimen Platz in der literarischen Produktion zuzuweisen, unternahm 1946 Klaus Ziegler in einem Aufsatz mit dem Titel „Vom Recht und Unrecht der Unterhaltungs- und Schundliteratur".[105] Ziegler schlägt ein literarisches Dreistufenmodell vor, das aus „Kunstliteratur", „Unterhaltungsliteratur" und „Schundliteratur" besteht. Bereits die wertende Wortwahl verdeutlicht die Reihenfolge der einzelnen Stufen. Auf der untersten Stufe, der „Schundliteratur", ist auch der Kriminalroman anzusiedeln, allerdings als Vertreter der „guten Schundliteratur". Ziegler hat, darauf sei hier explizit verwiesen, bei seinen Überlegungen den klassischen Detektivroman nach englischem Muster im Blick, denn dieser war in seiner Zeit die vorherrschende Form. Die „Schundliteratur" – wir würden heute neutraler von Trivialliteratur sprechen – zeichnet sich nach Ziegler durch Problemlosigkeit und Wirklichkeitsferne aus, Eigenschaften, denen der Kriminalroman mit seinen strengen Bauprinzipien und der daraus resultierenden Künstlichkeit entspreche. Die Darstellung von Verbrechen finde auf eine so vereinfachte Art und Weise statt, dass man nicht mehr von einem wirklichen Verbrechen sprechen könne.[106] Das Neue an Zieglers Ausführungen ist, dass er ein Verständnis von Fiktionalität entwickelt. Durch die Darstellungsweise des Verbrechens im Text hat das Verbrechen nichts mehr mit dem wirklichen Leben zu tun. Damit entkräftet er den Generalvorwurf an den Kriminalroman, er würde durch die Darstellung von Verbrechen zur Nachahmung animieren.

Zwei Auffassungen kristallisierten sich in der Diskussion um Zieglers Ausführungen heraus: Zum einen die Auffassung vom Kriminalroman als Ventil, durch das der Mensch seine Urinstinkte abreagieren könne, und zum anderen die Auffassung von der destruktiven Wirkung des Kriminalromans. Demzufolge erzeugt der Kriminalroman erst Ideen und Phantasien, die für die Gesellschaft gefährlich werden könnten.[107] Vor allem die zweite Auffassung erfasst nicht die fiktionale Darstellungsebene des Kriminalromans und suggeriert die reine Abbildfunktion des Genres.

Auf das erzieherische Potential der Unterhaltungsliteratur und im Besonderen des Kriminalromans verwies 1947 Hans Friedrich Lange in einem Beitrag des Börsenblatts für den deutschen Buchhandel.[108] Der große Vorzug des Unterhaltungsromans sei eben nicht, dass er ausschließlich „unterhält", sondern dass er

105 Vgl. Ziegler 1946/47, S. 568.

106 Vgl. Ziegler 1946/47, S. 568.

107 Vgl. Hillich 1989b, S. 13.

108 Vgl. Lange 1947, S. 234–235.

Ansichten und Meinungen transportiere, die in einer pädagogischen oder politischen Schrift niemals die Wirkung entfalten könnten, wie sie ein leicht lesbarer, spannender Text zu erzeugen vermag. Lange rückt den großen Vorteil der Unterhaltungsliteratur in den Fokus: mit ihr könne man breite Bevölkerungsschichten erreichen und ein Erziehungsprogramm der Humanität und des Fortschritts vermitteln. Als Beispiel und Vorbild führt er die englische Unterhaltungsliteratur an mit Chesterton und den Kriminalromanen um Pater Brown, die letztlich im Dienst der katholischen Propaganda stehen.[109] Dieser Bereich der deutschen Unterhaltungsliteratur ist nach Lange ausbaufähig: „Es ist vom Standpunkt einer Volkserziehung, die in die Breite zu gehen hat, unverzeihlich, daß dieses unersetzliche Propagandamittel ungenutzt bleibt".[110] Allerdings blieben Langes Überlegungen ohne größere Resonanz. Erst in den fünfziger Jahren wird Langes „Damm-Konzept" (Begriff nach Hillich) zum Gegenstand der Überlegungen innerhalb des zu entwickelnden DDR-Krimis.

2.3.2 Zweite Phase: Von der schwierigen Rechtfertigung einer nonkonformen Gattung (1949–1961)

In den 1950er Jahren dominierten die Kriminalromane in der DDR, die sich mit Verbrechen auseinandersetzten, die fast ausschließlich von westdeutschen Agenten und Saboteuren verübt wurden. Durch das vorbildliche Handeln der DDR-Bürger, der Volkspolizei und der NVA konnten diese Verbrechen aufgeklärt und die eigene sozialistische Ordnung gestärkt werden. Man war bestrebt, ein wirkungsvolles Gegengewicht zur westdeutschen Kriminalliteratur zu schaffen. Doch waren weder Verlage noch literarische Institutionen in der Lage, eine Massenproduktion an Kriminalromanen zu entfalten. Daher konzentrierte man sich auf den Inhalt und die Machart der Kriminalromane, wie die theoretischen Diskussionen dieser Zeit deutlich machen.

Der Kriminalroman in der DDR zählte zur Unterhaltungsliteratur und sollte ursprünglich auch Anforderungen erfüllen, die jenseits der ursprünglichen Unterhaltungsfunktion angesiedelt waren. Um aber eine weitere Distribution und Rezeption der Titel zu gewährleisten, fand eine stillschweigende Abkoppelung des Kontrollsystems der Schriftsteller von den offiziellen Vorgaben der Literaturpolitik statt. Gerade im Vorfeld des 17. Juni 1953 konnte man bei den zuständigen Stellen im Staatsapparat eine Meinungsveränderung dahingehend konstatieren, dass die Bedürfnisse der Leser stärker berücksichtigt werden müssten.[111]

109 Vgl. Lange 1947, S. 41.

110 Lange 1947, S. 41.

111 Vgl. Lokatis 1997b, S. 38.

In der Folge konnten auch unpolitische Kriminalromane erscheinen und überhaupt schien der Kriminalroman nicht der ideologischen Indoktrination zu dienen, sondern vielmehr der Ablenkung vom sozialistischen Alltag. Offensichtlich haben aktuelle Notwendigkeiten die politischen Vorgaben in Frage gestellt. Zwar wurden die Richtlinien und Anweisungen des Systems nicht obsolet, doch gab es immerhin einen größeren Gestaltungsspielraum.

Auf diesen verwies auch Wolfgang Schreyer, als er sich 1953 für eine fesselnde und spannende Unterhaltungsliteratur aussprach, die die Bedürfnisse der Leser befriedigen, diese aber nicht der imperialistischen Indoktrination aussetzen sollte.[112] Es seien nun mal, so Schreyer in einem späteren Aufsatz, nicht alle Leser mit großer Literatur zu gewinnen, daher sei eine Trennung zwischen Trivialem und Höherem legitim. Doch das Triviale müsse einer engen Bindung an die Realität unterliegen, Tatsachen müssten im Vordergrund stehen und keine reinen Phantasiewelten.[113] Dem Trivialen wird durch diese Argumentation seine Existenzberechtigung zugesprochen, die mit einer Reform des Trivialen und einer Hebung des Niveaus einhergeht. Eine Romangattung, die offiziell als rückschrittlich und verderblich betrachtet wurde, aber trotzdem ein Massenpublikum anzog, konnte nicht einfach ignoriert werden.

In der *Weltbühne* forderte 1956 der Schriftsteller Lothar Kusche ein Umdenken, um „das allgemeine Vorurteil gegen Kriminalromane, von dem sicher auch ein Teil der Leute beherrscht ist, die bei uns das Papier verwalten“,[114] abzubauen. Kusche verweist darauf, dass der gute Kriminalroman stets moralisch und geistvoll gewesen sei und das Verbrechen eindeutig verurteilt habe. Auch er spricht sich wie Schreyer und bereits Lange in den späten 1940er Jahren für eine Verbindung einer Darstellung des Verbrechens mit einer Schilderung der sozialen Umstände aus.

In den 1950er Jahren dominierte, wie an diesen Positionen deutlich werden dürfte, die Reflexion darüber, inwieweit der Kriminalroman mit seinen spezifischen Konstruktionsprinzipien und seinem besonderen Wirkungspotential auf die neue literarische Situation angewendet werden könne.

Manfred Graupner plädiert 1957 für einen Verzicht auf die Gattung des Kriminalromans, denn das Realismusproblem der Gattung sei formal nicht zu lö-

112 Vgl. Schreyer 1953, S. 1075.

113 Vgl. Schreyer 1954, S. 8; Schreyer 1966, S. 65–88.

114 Kusche 1956, S. 1030.

sen. Er hat dabei vor allem die Detektivgeschichte nach Agatha Christie im Blick, jenen, wie er es benennt, „Kriminalroman alten Stils".[115] Inhalt und literarische Form seien eine unlösbare Einheit, daher lasse sich der wirklichkeitsferne kapitalistische Kriminalroman auch nicht in einen sozialistischen, realistischen Kriminalroman umfunktionieren: „Vom Kriminalroman alten Stils führt kein Weg zum realistischen Roman, auch nicht zum realistischen Kriminalroman."[116] Nach Graupners Ansicht kann die Form des kapitalistischen Kriminalromans nicht weiterentwickelt werden; man benötige einen ganz neuen Ansatz:

> Das Kriterium für den realistischen Roman ist, daß er die kriminellen Konflikte als menschliche Konflikte gestalten muß, daß seine echte Spannung nicht aus formalen Situationen und unrealen Bedingungen hervorgehen kann wie in der Kriminalliteratur des Kapitalismus, sondern daß sie sich aus menschlichen Spannungen ergeben.[117]

Den Kriminalroman, den Graupner überhaupt gelten ließ, war der „wirklichkeitsgebundene Kriminalroman"[118], der von einem realen Verbrechen ausging und auf Tatsachen beruhte.

Graupners Reflexion krankt an der bereits in der Einleitung erwähnten Auffassung, dass die reale Welt im Roman abbildbar sei. Jeder noch so realistische Roman ist in letzter Konsequenz ein fiktionales Konstrukt. Es mutet aus unserer heutigen Sicht naiv an, wenn man davon ausgeht, Geschichte und Fakten existierten und müssten vom Historiker nur aufgeschrieben werden.[119] Diese generelle Einsicht in die Konstruiertheit jedes Plots, auch der historischen Abläufe, ist eine spätere erzähltheoretische Erkenntnis. Was an Graupners Diskurs indes greifbar wird, ist der Wunsch nach einer realistischen Darstellung bei gleichzeitiger Einsicht in die Unmöglichkeit dieses Unterfangens.

Einen weiteren wichtigen Aspekt rückt Graupner noch in den Fokus der Diskussion, indem er eine psychologische Darstellung der Personen fordert und damit eine Analyse des gesellschaftlichen Hintergrunds verbunden sehen will.

115 Graupner 1957, S. 57.
116 Graupner 1957, S. 57.
117 Graupner 1957, S. 54.
118 Graupner 1957, S. 55.
119 Vgl. White 1978.

Beim Verhältnis von Kriminalliteratur und Wirklichkeit setzt auch Hans Pfeiffers *Beitrag zur Geschichte der Kriminalliteratur* aus dem Jahr 1959 an. Er sieht die Aufgabe des Kriminalromans darin, „die gesellschaftlichen Triebkräfte des großen Verbrechens zu enthüllen",[120] und diese Verbrechen kann es natürlich nur im Kapitalismus geben. Die Folge davon sind Kriminalromane, die im Westen spielen oder in denen Westagenten in der DDR agieren. Tatsächlich ist die Krimiproduktion der 1950er Jahre von diesen Spionage- und Agentenkrimis geprägt.

Pfeiffer entwickelt in seinen Ausführungen zur Geschichte der Kriminalliteratur unter dem Titel *Die Mumie im Glassarg* die Begriffsopposition von „innerer" und „äußerer" Spannung. Er sieht dabei eine durchaus kritisch zu hinterfragende Fortentwicklung von einer inneren, künstlerisch gestalteten und in der Wahl der Motive liegenden Spannung hin zu einer äußeren, hauptsächlich auf Gewalt und Brutalität basierenden Spannung. Der klassische Detektivroman lebe von seiner inneren Spannung, und obwohl Pfeiffer ihn aus ideologischen Gründen ablehnt: „In diesen Romanen leben keine Menschen, sondern zeigen abstrakte Mumien für Augenblicke ihre gespenstischen Reflexe"[121], so kann er sich doch nicht der Faszination entziehen: „Diese Romane, wie sie Christie, van Dine, Sayers, Queen schreiben, sind – trotz ihres sichtbaren Vergnügens am Außergewöhnlichen [...] noch keine Schundliteratur [...]".[122] Vielmehr lobt er „die Meisterschaft im Erfinden und Darstellen von kausalen Zusammenhängen"[123] und favorisiert somit die „innere" Spannung für den Kriminalroman, die sich auf die Interaktion der Menschen untereinander und ihrer Konflikte beziehen sollte und nicht allein auf den Fortgang des Handlungsgeschehens.

Pfeiffer hat mit dem Begriffspaar der „inneren" und „äußeren" Spannung ein wertendes Unterscheidungskriterium geschaffen, das in den darauffolgenden Jahren häufiger herangezogen wurde, wobei mit der äußeren Spannung die Aktionsdichte des Handlungsgeschehens bezeichnet wurde.[124] Die Beschäftigung mit der Erzeugung von Spannungsmomenten kam nicht von ungefähr, denn die strengen Reglements, denen der sozialistische Kriminalroman in diesem Jahrzehnt unterlag, führten dazu, dass die Leser den potentiellen Täter schnell enttarnt hatten, dem Tathergang folgen und möglicherweise auch über die Tatmotive erste Vermutungen anstellen konnten.

120 Pfeiffer 1960, S. 78.

121 Pfeiffer 1960, S. 75.

122 Pfeiffer 1960, S. 74.

123 Pfeiffer 1960, S. 75.

124 Vgl. Hillich 1989b, S. 24.

Darüber hinaus versucht Pfeiffer, der Kriminalliteratur mit den Gewaltverbrechen der Nationalsozialisten neue Themen zu erschließen. Auf diesem Weg soll die eigene historische Tradition kritisch reflektiert und das „romantische Geschichtsbewußtsein des Kleinbürgers“ sowie seine „Ehrfurcht vor dem Massenmord“[125] zerstört werden. Zum literarischen Tenor des Kriminalromans der fünfziger Jahre gehörten daher auch die Agenten, Saboteure, Spione, Mörder oder frühere NS-Chargen.[126]

Mit Günter Eberts Replik auf Hans Pfeiffers Text setzte die in den sechziger Jahren besonders lebhaft geführte und im nächsten Kapitel genauer untersuchte Diskussion über den Kriminalroman ein, die nachhaltig die Entwicklung dieser Gattung beeinflusste. Ebert übt eine Form der Fundamentalkritik, denn er wirft Pfeiffer vor, den Kriminalroman stärker unter strafrechtstheoretischen Kriterien zu sehen als unter ästhetischen.[127] Pfeiffer stelle nicht die Literatur, sondern das Verbrechen in den Mittelpunkt. Dabei, so suggeriert Ebert, sind es gerade die literarischen Verfahren, die dem Kriminalroman viele Leser zuführen. Er sieht den Weg zu einem realistischen Kriminalroman daher in der guten literarischen Ausarbeitung der Handlung und der Romanstruktur. Dazu gehören für Ebert die Gestaltung einer plausiblen Fabel und Erzählperspektive, die Darstellung eines Konflikts und Sachkenntnis in den gewählten Gebieten. Er spricht sich gegen eine plakative Ausstellung ideologischer Inhalte aus. Ebert begreift den sozialistischen Realismus als eine Form der Literatur, die auch dem Kriminalroman Platz bietet, allerdings – so lautet seine Voraussetzung – müsse die Gattung endlich ans Tageslicht und die Autoren dürften nicht mehr unter dem Vorzeichen der minderwertigen Literatur „im Keller husten“.[128]

Eine für die DDR-Kriminalliteratur während ihrer gesamten Existenz beliebte Gattung war der sogenannte dokumentarische Kriminalroman, dessen Tradition bis ins 18. Jahrhundert zu den *Causes célèbres* von Pitaval zurückreicht. Diese Sammlungen interessanter Rechtsfälle waren schon immer gern- und vielgelesene Werke, die den Leser überdies mit juristischen und kriminalistischen Verfahren bekannt machten. Gerhard Scheuffler gab 1959 *Die gute Kriminalgeschichte* heraus, einen Band, in dem er Dokumente wie Polizei- und Prozessberichte, Akten, Urkunden, Reportagen oder dokumentarische Kriminalerzählungen zu

125 Pfeiffer 1960, S. 80.

126 Ein Krimiautor ganz im Sinne Pfeiffers war Werner Steinberg, der Kriegsverbrechen in seine Krimis mit innerer Spannung einbaute und sie vorzugsweise in der Bundesrepublik spielen ließ, z.B. *Und nebenbei: ein Mord*, Verlag Das Neue Berlin, Berlin 1969.

127 Vgl. Ebert 1961, S. 81–82.

128 Ebert 1961, S. 89

konkreten Fällen der Vergangenheit versammelte.[129] In seinem Nachwort machte er den Anspruch dieser Form von Kriminalliteratur, ebenfalls zum Bereich der Literatur zu gehören, geltend: „Wir wehren uns gegen jene Theorien, die den literarischen Bericht, die literarisch gestaltete Dokumentation aus der Literatur ausklammern wollen."[130] Durch das Postulat der Darstellung gesellschaftlicher Wirklichkeit gehören beide Teile der Kriminalliteratur – die dokumentarische und die fiktive Literatur – zusammen.

Die theoretischen Bemühungen zielten in den 1950er Jahren, wie deutlich geworden sein dürfte, auf eine Rehabilitierung des Genres und auf eine Etablierung der Gattung im Kanon der sozialistischen Literatur. Die Kritik richtet sich grundsätzlich gegen den Detektivroman, der nur an einer Auflösung des jeweiligen Falls interessiert ist, aber nicht an dem Verbrecher und seiner Bestrafung sowie dem sozialen Kontext der Beteiligten. Es gehe nur darum, die Kombinationsfähigkeit und den Scharfsinn des Detektivs vorzuführen. Daher sei auch der Vorwurf, der Detektivroman praktiziere eine Form des „L'art pour l'art", berechtigt.[131] Zwei Aspekte in dieser theoretischen Diskussion sind von besonderer Bedeutung, die nicht nur von den hier genauer betrachteten Autoren vorgebracht werden, sondern auch von anderen Autoren, die sich zum Kriminalroman äußerten. Das sind zum einen die notwendige Anbindung der jeweiligen Tat an ihren sozialen Hintergrund und zum anderen der Abschied von der Charakterisierung des Detektivs als Übermensch. Nicht der Detektiv soll das Zentrum der Handlung sein, sondern das Verbrechen als Ausdruck der gesellschaftlichen Verhältnisse.[132] Der sozialistische Kriminalroman war nicht allein der realistischen Darstellung gesellschaftlicher Verhältnisse verpflichtet, sondern wie Hans Pfeiffer deutlich machte, wurde ihm auch die Aufgabe übertragen, die kapitalistische Gesellschaft zu entlarven und sie in ihrer Gewalttätigkeit und Verderbtheit darzustellen.

Zu den wichtigsten Autoren dieser Phase zählen Hannes Elmen[133] und Wolfgang Schreyer. Elmen kann als der Pionier des DDR-Krimis gelten, denn er hat einige Prototypen der Gattung geschaffen. Seine Kriminalnovelle *Was geschah im D 121* erschien 1949 in der Eisenbahnerzeitschrift *Freie Fahrt* und zählt zu seinen bekanntesten Werken der Gattung.[134] Als der erste Kriminalroman der DDR gilt

129 Scheuffler 1959.

130 Scheuffler 1959a, S. 63.

131 Kaul 1955, S. 45 bringt diese Kritik am prägnantesten auf den Punkt.

132 Vgl. Könner 1954, S. 143.

133 Ein bis heute nicht entschlüsseltes Autorenpseudonym.

134 Germer 1998, S. 39, Mittmann 2003.

Großgarage Südwest von Wolfgang Schreyer, der 1952 in der Taschenbuchreihe des Verlags Das Neue Berlin – nach den Schutzumschlägen auch „Gelbe Reihe" genannt – publiziert wurde. In diesen Krimis waren vorzugsweise westliche Saboteure die Verbrecher und wurden von der Polizei, aber auch durch einfache Bürger überführt.

2.3.3 Dritte Phase: Der Kriminalroman im literarischen Abseits (1961–1971)

Nach dem Mauerbau setzte, wie bereits gezeigt, eine zaghafte Liberalisierung im kulturpolitischen Bereich ein, die sich in erster Linie in der Veränderung der Sujets, die in den Kriminalromanen behandelt wurden, zeigte. Zwar hatte der in der Bundesrepublik spielende Krimiplot nach wie vor seine Berechtigung, doch rückte die Alltagskriminalität stärker in den Fokus des Handlungsgeschehens. Die realsozialistische Gesellschaft durfte als Grundlage des Verbrechens dargestellt werden, wenn auch mit Einschränkungen. In den 1950er Jahren durften Verbrechen nur vom Westen ausgehen; jetzt war es auch möglich, dass ein Verbrechen aus der sozialistischen Gesellschaft heraus entstand. Damit zielte man auf die Störfaktoren innerhalb der sozialistischen Gesellschaft. Bei den Verbrechen handelte es sich zumeist um kleinkriminelle Delikte wie Laubeneinbrüche, Taschendiebstähle, Diebstahlserien um Kfz-Ersatzteile, Rowdytum, Unterschlagung in volkseigenen Betrieben oder Briefmarken- und Goldschmuggel.[135]

In der Zeit nach dem Mauerbau konnten eigene, von westlichen Einflüssen nicht mehr berührte Formen und Themen entwickelt werden.[136] Der von der Partei geforderte Realismus konnte weniger plakativ, dafür mit mehr Gespür für die gesellschaftliche Wirklichkeit umgesetzt werden. Auch in dieser Periode wähnten sich viele Autoren auf sicherem Terrain, wenn sie von tatsächlichen Vorfällen ausgingen. Das war ein offensichtlich beliebtes Verfahren, dass dem Ruf des Kriminalschriftstellers eher abträglich war. Ebert hatte auf diese Erscheinung hingewiesen: „Wer sonst nichts kann, schreibt einen Kriminalroman."[137] Dabei hatte er die sogenannten literarischen Amateurdetektive im Blick, die zur Volkspolizei gingen, dort Akten einsahen und dann einen Kriminalroman darüber schrieben. Seine Bemerkung war natürlich auch ein Seitenhieb auf eine der zentralen Forderungen des „Bitterfelder Weges".

135 Vgl. Mittmann 2003.

136 Vgl. Germer 1998, S. 43.

137 Ebert 1961, S. 83.

Mitte der sechziger Jahre kam es zu einer Neuformulierung der Anforderungen an Kriminalromanautoren und damit verbunden um eine Einengung des Handlungsspielraums für diese Autoren.

Fünfzig Kriminalautoren wurden 1964 zu einer Arbeitstagung eingeladen, die dazu diente, die verschärften Vorgaben zu vermitteln. Demnach sollten die Ursachen und Bedingungen, die zu Straftaten führten, aufgedeckt werden.[138] Mensch und Gesellschaft waren dabei in einer Wechselwirkung zu betrachten: Warum ist ein Mitglied der Gesellschaft zum Täter geworden und warum konnte die Gesellschaft die Straffälligkeit nicht verhindern? Kriminalität als eine Schattenseite der Gesellschaft sollte nicht offensiv dargestellt werden. Zwar war das Kriminelle als *conditio sine qua non* des Kriminalromans nicht zu umgehen, doch galt es, mit einer gewissen Behutsamkeit vorzugehen, um weder die Parteilinie noch das Ansehen der DDR zu beschädigen.

Trotzdem reichte dieses kleine Einfallstor aus, um die Schere der Zensoren zu umgehen – es konnte ja mit gattungsimmanenten Erfordernissen argumentiert werden – und somit den Kriminalroman zu einem Stück Ersatzöffentlichkeit des Sozialismus werden zu lassen. Im Kriminalroman konnte in gewissen Grenzen das zum Ausdruck gebracht werden, was in den anderen Medien verschwiegen werden musste.

Neben der Analyse der eigenen Gesellschaft sollte aber auch die Anklage des Gegners weiterhin ein bevorzugtes Thema bleiben. So wurde vorgegeben, dass Kriminalfälle, die den westdeutschen Polizeiapparat entlarvten, weiterhin aufgegriffen werden sollten. Diese Aufforderung war notwendig geworden, weil die Attraktivität des Agententhrillers deutlich nachgelassen hatte. Das Schema schien ausgereizt und die Propaganda allzu offensichtlich. Zu klischeehaft sei die Konstruktion dieser Romane, kritisierte Klaus Walther und warnte vor einem Abgleiten in die Trivialität.[139] In seinem späteren Aufsatz *Der Krimi lebt!* aus dem Jahr 1968 geht Walther noch weiter, denn er macht auf die „vielfältigen Variationsmöglichkeiten" der Gattung, insbesondere in Bezug auf die Grundstruktur und den Lösungsweg, aufmerksam.[140] Damit postuliert Walther die Fähigkeit des sozialistischen Kriminalromans, die Gattung als solche erweitern zu können, indem in die Darstellung von Ursache und Wirkung von Verbrechen zugleich ein Bild der Zeit und der Gesellschaft integriert werden könne. Aus diesen Prämissen leitet Walther auch die Aufgabe des Kriminalromans ab: „Diese

138 Vgl. Kü 1964, S. 4.

139 Vgl. Walther 1963, S. 13.

140 Walther 1968, S. 109.

Literatur soll mithelfen, und sie kann mithelfen, das Verbrechen zu beseitigen, sie kann bei der Herausbildung neuer ethischer und moralischer Normen eine wichtige Hilfe bieten."[141]

In diesem Aufsatz von Klaus Walther wird die zentrale Frage greifbar, um die sich die unterschiedlichen Positionen zum Kriminalroman in den sechziger Jahren drehten: die Frage nach den Adaptionsmöglichkeiten moderner erzählerischer Bauformen im Kriminalroman zur Darstellung gesellschaftlicher Realität. Die bürgerliche Tradition der Gattung war dabei allerdings nach wie vor ein weiterer Diskussionsgegenstand, der der sozialistischen Kriminalliteratur offenbar noch immer im Wege stand.

Die Ansätze zur Bestimmung der Gattung innerhalb des sozialistischen Realismus und die diskutierten erzählerischen Mittel waren sehr unterschiedlich. Obwohl es auch noch in den sechziger Jahren immer wieder Abgesänge auf die Gattung gab, so überwog doch die Faszination und Zustimmung für diese Gattung, allerdings stets begleitet von einschränkenden Kommentaren. Der Kriminalroman war ins literarische Abseits geraten.

Wolfgang Schreyer unternahm den Versuch einer neuen Gattungsdefinition, indem er den Begriff der „Kriminalliteratur" durch „Spannungsliteratur" ersetzen wollte und somit eine Sammelbezeichnung für Gattungen wie Abenteuererzählung, Kriminalgeschichte, utopische Romane, zeitgeschichtliche Reportagen und dokumentarische Darstellungen schuf. Die allgemeinen Merkmale dieser populären Gattungen der Unterhaltungsliteratur, die sich zudem gegenseitig beeinflussten, legten diesen Oberbegriff nahe, argumentierte Schreyer.[142]

Deutlich wird bei den verschiedenen Beiträgen zum Kriminalroman, dass eine primär ideologische Herangehensweise wie bei Ernst Kaemmel[143] oder Hasso Mager[144] zur Vorhersage der baldigen Agonie des Kriminalromans führte. Steht indes das vorhandene Leserbedürfnis im Vordergrund sowie der Genuss und die Freude an einem gutgeschriebenen Kriminalroman, dann rückt die unbedingte Notwendigkeit dieser Gattung in den Fokus, z.B. bei Jürgen Kuczynski. Er ar-

141 Walther 1968, S. 109.

142 Vgl. Schreyer 1966, S. 85.

143 Vgl. Kaemmel 1962.

144 Vgl. Mager 1968a.

gumentiert mit dem Recht eines jeden Menschen in jeder Gesellschaftsordnung „auf Lyrik, auf Beschaulichkeit und auch auf Spannung."[145]

Ernst Kaemmel nahm die Gegenposition zu Kuczynski ein, denn er sah für den sozialistischen Kriminalroman nur Entwicklungsmöglichkeiten, wenn Zeitvertreib und Nervenkitzel nicht mehr im Mittelpunkt der Werke stünden. Ebenfalls entspreche es nicht dem kollektiven Gedanken der sozialistischen Gesellschaft, dass die Ermittlungen und die Aufklärung eines Verbrechens die Alleintat eines Einzelnen, mitunter eines Außenseiters, seien.[146]

Hasso Mager argumentiert historisch, wenn er auf die Entwicklungen des Verbrechens und der Verbrechensverfolgung in den Detektivromanen eingeht und diese Konstellation letztlich als einen Ausdruck des Vergeltungsprinzips des bürgerlichen Strafrechts versteht.[147] Der Kriminalroman kann daher im sozialistischen Realismus nur die „Parodie" eines längst überholten gesellschaftlichen Zustandes sein. Anachronistisch und wirklichkeitsfern müsse der Kriminalroman bleiben, denn jede „literarische Widerspiegelung", so Mager, sei zutiefst manipulierbar. Die Literatur mache „das Lächeln eines Mädchens interessant und das Lächeln eines Mörders, und sie kann selbstverständlich ein schönes Mädchenantlitz häßlich und ein häßliches Mördergesicht schön machen."[148] Hinter dieser Aussage steht die Verurteilung fiktionaler Literatur im Allgemeinen. Krude Widerspiegelungstheorien werden bei Mager ständig mit ideologischen Argumenten vermengt, z.B. wenn er davon spricht, dass der Kriminalroman 95% der bundesrepublikanischen Leser von der hohen Kunst abhalte.[149] Darin könnte Magers Ansicht nach auch die einzige Funktion des Kriminalromans liegen: nämlich den Leser an die *hohe* Literatur heranzuführen.

Die Beiträge von Kaemmel und Mager verdeutlichen letztendlich, dass der Kriminalroman als eine Gattung wahrgenommen wurde, von der eine besondere Gefahr auszugehen schien, die aber aufgrund ihrer enormen Popularität nicht einfach aus den Verlagsprogrammen genommen werden konnte. Nicht zuletzt, weil der ideologiefreie Wunsch nach Unterhaltung zwar ein allgemeinmenschlicher Wunsch war, von der Parteiführung aber als Kontrolllücke und Möglichkeit der Einflussnahme verstanden wurde.

145 Kuczynski 1961, S. 91.

146 Vgl. Kaemmel 1962, S. 97.

147 Vgl. Mager 1968a.

148 Mager 1968a, S. 107.

149 Vgl. Mager 1968a, S. 100.

Fritz Erpenbeck gehörte zu den wenigen Krimiautoren, die in der zweiten Hälfte der 1960er Jahre den Schauplatz ihrer Bücher nicht ins Ausland verlegten oder Bagatelldelikte behandelten. In seiner Antwort auf Magers Ausführungen bringt er das Grundproblem des sozialistischen Kriminalromans auf den Punkt: Da die Kriminalität in der DDR bereits stark abgenommen habe und weiter abnehme, entziehe sich der Kriminalroman seiner Legitimationsgrundlage. Was bleibt, wenn „im Westen grassierende Verbrechen" wie Waffen- und Mädchenhandel, Rauschgiftdelikte, Geldfälschung und Bankraub nicht mehr existieren?[150] Auch Erpenbecks Antwort ist klar, denn die Motive für Verbrechen gehen „auf Reste bürgerlichen Bewusstseins" zurück.[151] Das, was den sozialistischen Aufbau hindere, seien in erster Linie die materiellen, geistigen und emotionalen Einstellungen, die nicht dem sozialistischen Wertekanon entsprechen. Zwischen Vergangenheitsaufarbeitung und Zukunftsprognose verortet Erpenbeck die Aufgabe des Kriminalromans nachdrücklich im *hier und heute*:

> [...] daß es nämlich nicht die Aufgabe des Romanschriftstellers ist, vergangene, gegenwärtige oder künftige Zustände zu fixieren, sondern die Gegenwart aus der Vergangenheit kommend und in die Zukunft weisend als Prozeß zu erkennen und zu gestalten.[152]

Die Betonung dieser Prozesshaftigkeit der geschichtlichen Entwicklung beinhaltet schon eine tendenziell subversive Haltung Erpenbecks, denn damit wird dem Leser eine eigenständige Interpretation zugemutet und keine doktrinäre Lesart vorgegeben. Erpenbeck setzte noch hinzu: „Wir Schriftsteller lieben keine Tabus. Wir lassen uns unsere Themen nicht vorschreiben."[153] Dieser nahezu ketzerische Verteidigungsschlag war gegen Kritiker wie Mager gerichtet, die den sozialistischen Kriminalroman am liebsten abschaffen wollten. Mager antwortete Erpenbeck mit einer erneuten Reflexion über den Kriminalroman und unterstrich: „Das Verbrechen ist dem Kapitalismus immanent, dem Sozialismus jedoch wesensfremd."[154]

Der Schlagabtausch zwischen den beiden Krimi-Autoren geht sicherlich, wie Hillich feststellt, auf die unterschiedlichen literarischen Konzepte der Autoren

150 Erpenbeck 1968, S. 117.

151 Erpenbeck 1968, S. 117.

152 Erpenbeck 1968, S. 117.

153 Erpenbeck 1968, S. 118.

154 Mager 1968b, S. 120.

zurück.[155] Erpenbecks Damm-Konzept und Magers Brücken-Konzept kollidieren allerdings auch, weil ihre Positionen in einem ganz bestimmten Aspekt nicht vermittelbar sind. Das ist ihre Auffassung und Wahrnehmung von Wirklichkeit, speziell von der sozialistischen Gesellschaft. Das Verbrechen mag dem Sozialismus „wesensfremd" sein, doch ist es nach wie vor vorhanden und damit als Gegenstand der literarischen Darstellung legitimiert.

Mit der „historischen Prozeßhaftigkeit" hat Erpenbeck stärker die Gegenwart im Blick als Mager, der bereits ideale Zukunftsvorstellungen auf die Gegenwart appliziert. Hinter dieser Auseinandersetzung steht die Frage nach den Aufgaben und Möglichkeiten der Literatur als bewusstseinsverändernder Faktor innerhalb der sozialistischen Gesellschaft. Wie ist die realistische Methode anzuwenden, um die Lebenswahrheit abbilden zu können? Durch ideologische Vorgaben oder durch erzieherische Anleitung zu eigenständigen Schlussfolgerungen?

Magers Brücken-Konzept des Kriminalromans hatte den Nachteil, dass die für den Kriminalroman typische Erzählstruktur zu einem Propagandamedium sozialistischen Ideenguts umfunktioniert werden sollte. In diesem Sinne ist auch Magers Ablehnung des herkömmlichen Settings „Verfolger-Täter-Opfer" zu verstehen.[156] Mit der zeitgenössischen Kriminalität haben diese Kriminalromane letztlich nicht mehr viel zu tun.

Peter Przybylski rieb sich ebenfalls an der Position Hasso Magers und argumentiert in eine völlige neue Richtung. Die sozialistische Gesellschaft brauche den Kriminalroman gerade aus dem Grund, weil es keine Kriminalität mehr gebe. Durch den Kriminalroman könne den Menschen der Blick geschärft werden für falsche Verhaltensweisen und mögliche menschliche Schwächen. Auf diese Art und Weise könnten sich die Schriftsteller gemäß den Vorgaben des sozialistischen Realismus direkt am Aufbau der neuen Gesellschaft beteiligen, indem sie das Bewusstsein an längst überholte Gesellschaftszustände wach hielten.[157]

Für die sechziger Jahre lassen sich somit einige markante Veränderungen in der Krimilandschaft der DDR zusammenfassen: Durch den Mauerbau 1961 war es schwieriger geworden, das Verbrechen ständig zu „importieren". Es war nun notwendig, die eigenen gesellschaftlichen Strukturen in den Blick zu nehmen und folglich eine eigene Kriminalliteratur zu schaffen. Dadurch entstand ein

155 Hillich 1989b, S. 28.

156 Vgl. Mager 1968b, S. 121–122.

157 Przybylski 1970, S. 128.

neuer theoretischer Diskussionsbedarf, der sich in dem sogenannten *Brücken-Konzept* artikulierte und darauf hinauslief, dass Kriminalliteratur den Lesern den Zugang zur hohen Literatur ermöglichen sollte.

Mit dem erwähnten 11. Plenum des ZK der SED von 1965 fanden die vorsichtigen Neuerungen und Lockerungen unmittelbar nach dem Mauerbau auch im Kriminalroman ein Ende. Sicherlich sind Magers Ausführungen auch vor diesem verstärkten ideologischen Druck zu lesen. Die Konsequenz für die Krimiplots bestand vorrangig in einer Abkehr von der sozialistischen Gesellschaft und einer Konzentration auf die schädlichen westlichen Einflüsse und die direkte Propaganda, die das Verbrechen in die sozialistische DDR trugen.

In der zweiten Hälfte der 1960er Jahre entstanden zudem die ersten massenwirksamen Fernsehformate, die u.a. durch Krimiserien in Konkurrenz zum Kriminalroman traten. Hier eröffnete sich ein neues, eigenes Feld der Unterhaltung wie auch der kulturpolitischen Einflussnahme, das zwar nicht Gegenstand dieser Arbeit ist, aber trotzdem als Hintergrundfolie präsent sein muss.

Betrachtet man den Kriminalroman der sechziger Jahre, so kann man feststellen, dass die Variationsbreite nicht nur im Hinblick auf die thematische Vielfalt, sondern auch hinsichtlich der Schauplätze zugenommen hat. Strengere Anweisungen aus den oberen Etagen der Parteielite führten dazu, dass viele Autoren ihre Handlung lieber jenseits der DDR ansiedelten. Die Bundesrepublik als Schauplatz einer Krimihandlung war nach wie vor sehr beliebt, da dies einer der besten Wege war, die vielfältigen Probleme bei der Darstellung von Verbrechen im Sozialismus zu umschiffen. Gerhard Harkenthal (1914–1985) siedelte die Handlungen seiner Romane in Afrika, speziell in Mozambique und Tansania an.[158] Der unter dem Pseudonym Peter Addams publizierende Autor Boris Djacenko (1917–1975) schrieb Kriminalromane, die in Irland oder Schottland spielten.[159] Die Handlung an einen fremden Ort zu verlegen, versprach einige Erleichterungen. Zum einen ging man dem Problem der heimischen Sozialismusdarstellung aus dem Weg, zum anderen war die Recherche nicht sehr aufwendig, da die Leser Unstimmigkeiten im Detail aus eigener Anschauung nicht nachprüfen oder in Zweifel ziehen konnten. Die Autoren waren also sehr viel freier im Umgang mit ihrem Material.[160]

158 Vgl. Gerhard Harkenthal: *Dschungel*, Halle 1979; Gerhard Harkenthal: *Hochgericht in Toulouse*, Berlin 1984.

159 Vgl. Peter Addams: *Engel für zehn Shilling*, Berlin 1967; Peter Addams: *Mord im Schloß*, Berlin 1974.

160 Vgl. Jäger 1978, S. 98.

Im Westen oder in anderen, noch weiter entfernten Gegenden durfte auch Gewalt und Brutalität schonungsloser dargestellt werden. Kritik am Kapitalismus war erlaubt und erwünscht. In der sozialistischen Gesellschaft hingegen gab es zahlreiche Bereiche, die in den Kriminalromanen wie auch in anderen literarischen Gattungen unerwünscht waren. Als Dorothea Kleine 1966 ihren Kriminalroman *Mord im Haus am See* publizierte und als Mörderin eine Vorsitzende der Betriebsgewerkschaftsleitung (BGL) auftreten ließ, kam es zu heftigen Angriffen aus dem Freien Deutschen Gewerkschaftsbund (FDGB). In einer Kritik von Bruno Rothe wurde der Autorin vorgeworfen, nichts von dem gewerkschaftlichen Engagement vieler Frauen in den Betrieben zu verstehen und die Zustände, wie auch die Konflikte und Verhältnisse keineswegs typisch, sondern völlig verzerrt dargestellt zu haben. Von einem singulären Fall schließt Rothe damit direkt auf eine ganze Funktionärsebene. Eine fiktionale Handlung wird – das sieht man an diesem Beispiel geradezu exemplarisch – nicht als solche gelesen, sondern direkt in die Realität übertragen und mit dieser abgeglichen. Das Bewusstsein, dass es bei einem Kriminalroman um einen fiktionalen Text geht, war ganz offensichtlich kaum bis gar nicht vorhanden. Der gesellschaftliche Bezug bleibt das oberste Kriterium des realistisch-sozialistischen Kriminalromans.

Nichtsdestotrotz wurde der Kriminalroman auch zu einer Nische für die Autoren, die anderweitig kaum noch Texte veröffentlichen konnten. Etwa Heiner Müller, der 1962 unter dem Pseudonym Max Messer den Kriminalroman *Der Tod ist kein Geschäft* publiziert hat. Oder Erich Loest, der nach seiner Entlassung aus dem Bautzener Gefängnis den Kriminalroman *Der Mörder saß im Wembley-Stadion* (1967) veröffentlichte.

2.3.4 Vierte Phase: Akzeptanz erreicht – der Kriminalroman als Unterhaltungsliteratur und Spiegel der Gesellschaft (1971–1989)

Die bereits erwähnte kulturpolitische Wende zu Beginn der siebziger Jahre äußerte sich in der Entwicklung des DDR-Kriminalromans ganz konkret: In diesem Zusammenhang ist die Gründung der bekanntesten Kriminalromanreihe der DDR zu sehen; die *DIE-Reihe* wurde 1970 ins Leben gerufen und entwickelte sich mit ihren Publikationen zur auflagenstärksten Sparte des Kriminalromans. Diese Entwicklung ist nach Hartmut Mechtel auf die besondere Realitätsnähe der Publikationen zurückzuführen.[161]

161 Vgl. Mechtel 1979, S. 187.

Indem der Kriminalroman von nun an der Unterhaltung dienen durfte, konnte er zum Aufbau des Sozialismus beitragen, denn von den ideologischen Intentionen rückte man keineswegs ab. Vielmehr wurden diese noch betont, indem z.B. Bouvier feststellte, dass das Ziel der Unterhaltungsliteratur darin bestehe, „mit unterhaltsamen, also spezifischen Mitteln [zu] zeigen, wie die Bürger des Staates sich weiterentwickeln und schließlich als Sieger der Geschichte hervorgehen."[162]

Offiziell war man von dem „Damm-Konzept", welches den Einfluss der Trivialliteratur eindämmen sollte, abgerückt und hatte sich stärker dem „Brücken-Konzept" zugewandt, das den Lesern mit leichteren Lesestoffen den Weg in die schöngeistige Literatur ebnen sollte. Die Potenziale von Unterhaltungsliteratur für den Aufbau des Sozialismus und die Beeinflussung des Bewusstseins der breiten Volksmassen sollten nach den Anregungen des Krimiautors Hans Schneider genauer erforscht werden, um vor allem als ideologisch-propagandistisches Instrument effektiver wirken zu können.[163]

Die teils heftigen Diskussionen der sechziger Jahre hatten ganz offensichtlich zu einer größeren Wahrnehmung der Gattung geführt, mit der zunehmend pragmatisch verfahren wurde. Unterhaltung als solche wurde nicht mehr abgelehnt, sondern als durchaus legitim und auch notwendig erachtet. Unterhaltung und Erholung steigerten schließlich die Lebenszufriedenheit und indirekt auch die Arbeitsproduktivität.[164]

In diesem Zusammenhang wurde auch der Vorsatz, Kriminalromane mit „propagandistisch-didaktischer Intention" zu schreiben, gelockert. Bemerkenswert sind Erpenbecks „Zehn Rezepte" in der *Weltbühne* von 1970, in denen er in erster Linie die Literaturkritik in Gestalt von Hasso Mager auf eine satirische Art und Weise kritisiert und ganz nebenbei seine wichtigsten Kriterien eines guten Kriminalromans mitliefert. Erpenbeck wehrt sich in erster Linie gegen die Vorgehensweise Magers, eine Literaturgeschichte und damit auch eine Geschichte des Kriminalromans vorzugeben, die ausschließlich ins eigene Konzept passt: „Man biege die Literaturgeschichte so zurecht, wie sie >uns< paßt."[165] Damit werde eine Literaturgeschichte wie auch eine Kriminalgeschichte postuliert, die sich ihrer Reichhaltigkeit und Vielgestaltigkeit selbst beschneidet. Erpenbeck sieht hier natürlich auch die Gefahr, dass ein rigider Kanon etabliert wird, der seine eigenen Kriminalromane ins Abseits drängen könnte.

162 Bouvier 1970, S. 7.

163 Deutscher Schriftstellerverband 1969, S. 319–322.

164 Vgl. Jäger 1978, S. 99.

165 Erpenbeck 1970, S. 130.

Bei dem Disput der beiden Autoren wird sehr deutlich, dass Erpenbeck die ästhetischen Möglichkeiten der Gattung des Kriminalromans unter Anlehnung an den sozialistischen Realismus, aber mit eindeutiger Priorität auf den gattungsimmanenten Merkmalen ausloten will, während Mager aus dem „spätbürgerlichen" Kriminalroman im Endeffekt eine neue Gattung entwickeln will, die die sozialistische Gesellschaft widerspiegeln soll.

In seinem Aufsatz „Sozialismus im Krimi" benennt Mager drei wesentliche Merkmale des sozialistischen Kriminalromans.[166] Zum einen soll das herkömmliche Detektivschema aufgegeben werden. Der neue Typ des Kriminalisten begründet seinen Erfolg nicht nur auf modernen technischen und wissenschaftlichen Hilfsmethoden, sondern auf der kollektiven Zusammenarbeit und dem gesellschaftlich bewussten Umgang mit dem „Rechtsbrecher". Hier kommt das zweite Hauptanliegen Magers zum Tragen: die gesellschaftliche Erziehung des Täters muss einbezogen werden. Als drittes Hauptanliegen werden die Bemühungen des Kriminalisten in der vorbeugenden, aufklärenden und verhütenden Verbrechensbekämpfung benannt. Mager macht sehr deutlich, dass nicht allein die Tatsache, dass Kriminalromane gern geschrieben und gelesen werden, eine Existenzberechtigung für die Gattung sei, sondern dass der gesellschaftliche Auftrag, eben der Einsatz für den Fortschritt und den Sozialismus ausschlaggebend seien.[167]

Eine neue Qualität erreichte die Auseinandersetzung mit der Kriminalliteratur durch die wissenschaftliche Beschäftigung mit dem Thema. An der Pädagogischen Hochschule Potsdam war 1968 ein Arbeitskreis zur Unterhaltungsliteratur gegründet worden, der Mitte der siebziger Jahre seine Forschungsergebnisse zur Kriminalliteratur vorlegte. Norbert Dehmelt hat 1975 einen grundlegenden Aufsatz zur Kriminalliteratur vorgelegt, in dem er eine sachliche, literaturwissenschaftlich begründete Gegenstandsbeschreibung vornimmt und auch jede polemische Positionsbestimmung, wie sie typisch für die Mager-Erpenbeck-Debatte war, vermeidet.[168]

Als sozialistische Kriminalliteratur definiert Dehmelt alle Werke, deren zentraler Handlungsgegenstand ein Verbrechen und dessen Aufklärung ist, „unter besonderer Betonung der mit ihr verfolgten Unterhaltungsabsichten".[169] In dieser Definition werden zwei Aspekte miteinander verbunden, die in den vorangegan-

166 Vgl. Mager 1970, S. 133–136, hier S. 136.

167 Vgl. Mager 1970, S. 136.

168 Vgl. Dehmelt 1975, S. 137–154.

169 Dehmelt 1975, S. 138.

genen Diskussionen oft nicht zusammengedacht werden konnten: Die beiden Pfeiler dieser Definition sind die Aufklärung eines Verbrechens und die dadurch erlangte Unterhaltung des Lesers. In dieser positiven Aufwertung des Unterhaltungsaspekts ist die neue Qualität der Diskussion um den Kriminalroman greifbar: Es kann nun um die Gattung des Kriminalromans selbst gehen und nicht mehr um die Legitimation der Gattung bzw. um ihr baldiges Verschwinden.

Bewusst greift Dehmelt auf den Begriff der „Kriminalliteratur" zurück und setzt diesen vom Begriff der „Detektivliteratur" ab. Kriminalliteratur ist demnach der weitere Begriff, während in der Detektivliteratur das Verbrechen nur ein auslösendes Moment, einen Stimulus darstellt, aber nicht – und das ist der wesentliche Unterschied zur Kriminalliteratur – „innere und äußere Kämpfe eines Menschen oder einer Gruppe von Menschen".[170] Der Detektivroman ist somit ein Genre der Kriminalliteratur.

Das Geheimnis, das Rätselhafte und die Tätersuche stehen in der Detektivliteratur im Vordergrund, wobei der Detektiv zur zentralen Gestalt des Aufklärungsprozesses wird. Dehmelt räumt zudem mit dem Vorurteil auf, der Detektivroman sei „minderwertige Literatur", weil eine schematisierte Bauform der Handlung vorgegeben ist, die mit gewissen Spielräumen eingehalten werden muss. Der besondere Reiz des Detektivromans bestünde nämlich gerade darin, das vorgegebene Schema immer wieder auf eine neuartige Weise zu variieren.

Den Detektivroman beschreibt Dehmelt als die Form des Kriminalromans, die eine offenere Darstellung des Verbrechens, aber auch der Täter und deren Motive zulässt. Komplexe Beziehungen zwischen Individuen und gesellschaftlichen Verhältnissen wie auch die psychologische Auslotung der Charaktere sind im Kriminalroman möglich. In dieser Offenheit sieht er auch die Zukunft des Genres und seine Legitimationsbasis: Es müsse dem Autor gelingen, innerhalb des vorgegebenen Gattungsschemas nach neuen Möglichkeiten der inhaltlichen Gestaltung zu suchen. Der große Vorzug des Kriminalromans sei nämlich seine „Unterhaltsamkeit", die durch eine Verbesserung der künstlerischen Qualität noch gesteigert werden könne.[171]

Während für die Detektivliteratur eine rekonstruierende, analytische Bauform charakteristisch sei, so dominiere in dem Kriminalroman mit offener Handlung die synthetische Bauform. Natürlich gibt es zwischen diesen beiden Grundtypen eine Fülle von Variationsmöglichkeiten, die Dehmelt als Mischformen bezeich-

170 Dehmelt 1975, S. 138.

171 Dehmelt 1975, S. 143.

net und in denen er das hauptsächliche Entwicklungspotential der Gattung erkennt. Dehmelt argumentiert, dass gerade in den Mischformen durch formale Innovationen die interessantesten Kriminalromane zu finden seien.[172]

Je nach Darstellung des jeweiligen Gesellschaftssystems gibt Dehmelt die Kriterien der literarischen Darstellung vor. Dem Kriminalisten in einem Kriminalroman, der seinen Schauplatz in der DDR oder in einem anderen sozialistischen Staat hat, steht die Bevölkerung helfend zur Seite, da er ja in ihrem Auftrag handelt. Spielt die Handlung allerdings im westlichen Ausland, so sind die politischen Anforderungen an den Autor komplexer, denn es müssen die ursächlichen Zusammenhänge zwischen der sozialen Ordnung des Kapitalismus und der ständig steigenden Kriminalitätsrate am Beispiel des jeweiligen Verbrechens dargestellt werden.[173] Dehmelt geht dabei von einer Interdependenz von Kriminalität und sozialem System des Westens aus. Als entscheidendes Kriterium führt er die künstlerische Ausgestaltung der Motive, des Denkens und Fühlens der beteiligten Personen an. Auch auf diesem Weg könnten traditionelle Formen überwunden und neue Aussagen postuliert werden.[174]

Dehmelt widmet sich in seinem Aufsatz ebenfalls der Frage, ob es einen realistischen Kriminalroman gibt, den Graupner seiner Zeit als „ein Unding" abgelehnt hatte. Auch hier bezieht Dehmelt eine literaturwissenschaftlich fundierte Position. Natürlich könne kein Kriminalroman die gesellschaftliche Wirklichkeit in seiner Gesamtheit und Vielfalt darstellen, doch bedeute das keineswegs, dass der sozialistische Kriminalroman nicht „im Rahmen seiner Möglichkeiten künstlerisch überzeugende Einblicke" in die gesellschaftliche Realität zu geben vermag.[175] Oberstes Kriterium ist die Glaubhaftigkeit: „glaubhafte Charaktere, glaubhafte Motive, glaubhafte Erfolge und glaubhaftes Scheitern"[176] – wenn diese Voraussetzungen erfüllt sind, dann könne man von einer sozialistisch-realistischen Gestaltung im Kriminalroman sprechen.

Diese beiden Kriterien, die Dehmelt hier benennt – nämlich die Ausschnitthaftigkeit und die Plausibilität der Darstellung – verleihen dem DDR- und dem in dieser Tradition stehenden ostdeutschen Kriminalroman seine ganz besondere Realismus-Fähigkeit, wie im Analysekapitel zu zeigen sein wird.

172 Vgl. Dehmelt 1975, S. 146–147.

173 Vgl. Dehmelt 1975, S. 140.

174 Vgl. Dehmelt 1975, S. 146.

175 Dehmelt 1975, S. 148.

176 Dehmelt 1975, S. 148.

Diesem Aspekt der Realitätsdarstellung im Kriminalroman widmet sich auch Hartmut Mechtel in seinem Aufsatz „Die Märchenwelt der Moralisten". Mechtel ist einer der ersten, die das in den Jahrzehnten zuvor häufig polemisch inszenierte Spannungsverhältnis von Kriminalroman und sozialistischer Wirklichkeit auszuhebeln vermögen. Er geht statistisch vor und weist nach, dass die Kriminalitätsstatistik der Kriminalromane mit fast einem Mord pro Roman keinem Vergleich mit der DDR-Realität, die hauptsächlich von Bagatellfällen und Eigentumsdelikten geprägt ist, standhält.[177] Das sei auch nicht weiter verwunderlich, denn jeder Kriminalroman habe einen „Märchenaspekt" und stelle eine „fiktive Welt" dar.[178]

Diese Fiktion im Kriminalroman ist durch die gattungsimmanente Struktur schnell erkennbar und so kann der erzählerische Stoff realistisch präsentiert werden. Allein die Realitätsdarstellungen, so Mechtel, höben den Kriminalroman über „das Kreuzworträtselniveau".[179] Die Realität komme in der psychologischen Darstellung der Personen zum Ausdruck wie auch in der Schilderung politischer Ereignisse und sozialer Milieus. Als störend weist Mechtel auf vordergründige Agitationsversuche in den Kriminalromanen hin, denn diese widersprechen einer plausiblen Realitätsdarstellung. Dass es nicht die positiven Entwicklungen der DDR-Realität sind, die in den Kriminalromanen im Vordergrund stehen, sei gattungsimmanent. Natürlich, so Mechtel, setze sich die Polizei nicht mit den Helden der Arbeit auseinander. Den Stoff für einen Krimi bieten die Bummelanten, die Störer und Gesetzesbrecher, insofern geraten völlig gattungsimmanent die Schattenseiten der Realität in den Blickpunkt.

Lag bei Mechtel der Ansatzpunkt bei den Möglichkeiten der Realitätsdarstellung im Kriminalroman, so geht Gelbhaar wenige Jahre später einen Schritt weiter und fragt nach der „Qualität des Wirklichkeitsbildes", das in der Kriminalliteratur gezeichnet wird. Welche „allgemeinen Wirkungsbedingungen" kann der Kriminalroman überhaupt entfalten?[180] Um hier zu einer Einschätzung zu gelangen, stellt die Verfasserin drei aus ihrer Sicht grundlegende Kriterien auf: und zwar die Wirklichkeitserkundung, die Unterhaltung und die Wertorientierung. Je nachdem, wie diese drei Kriterien als Einheit in einem Roman realisiert worden sind, könne man von seinem Wirkungspotential sprechen.

177 Vgl. Mechtel 1979, S. 174–175.

178 Mechtel 1979, S. 179.

179 Mechtel 1979, S. 181.

180 Gelbhaar 1986, S. 213.

Welche Wirkungsmöglichkeiten entstehen können, welche Fragen, Diskussionen und Probleme thematisiert werden, zeichnet Gelbhaar an einem Einzelfall nach. Sie wertet die Leserbriefe und Lesermeinungen zu dem Kriminalroman *Ich bitte nicht um Verzeihung* von Barbara Neuhaus (Berlin 1984, DIE-Reihe) aus und legt damit das damalige Bewusstsein des Lesepublikums für rechtlich-moralische Fragen, individuelle Probleme und gesellschaftliche Rollen offen.[181]

Zu Beginn der achtziger Jahre nahm sich auch der Kriminalroman zunehmend der Krise an, in der sich die DDR befand. Der Blick der Autoren wurde kritischer und die vorgegebenen Freiräume wurden immer weiter ausgelotet, so dass neue Themen literarisch gestaltet werden konnten: Mangelwirtschaft, zunehmender Konsum oder Vereinsamung des Individuums.[182]

Die reale Kriminalität wurde in dieser letzten Phase nicht mehr als Überrest des Kapitalismus betrachtet, sondern als ein Phänomen, das durch Widersprüche innerhalb der sozialistischen Gesellschaft hervorgebracht wurde. Die Darstellung dieser Widersprüche und die Erzeugung des Bewusstseins dafür gehörten zu den Aufgaben der Kriminalliteratur. Das war neuartig. Damit mussten die Krimiautoren nicht weiter mit ihren Schauplätzen in den Westen flüchten, auch mussten sie nicht mehr Zuflucht bei Tatsachendokumentationen suchen.[183] Ebenso werden die Unterhaltungsfunktion und das natürliche Bedürfnis nach Entspannung wieder rehabilitiert.[184]

In dieser vierten Phase des DDR-Kriminalromans kann man das Ergebnis einer Entwicklung beobachten, die bereits in der Mitte der sechziger Jahre und zu Beginn der siebziger Jahre einsetzte, aber durch kulturpolitische Direktiven immer wieder unterbunden oder marginalisiert wurde: die Anerkennung einer Gattung, die endlich ihre eigenen Stärken nutzen darf, die da sind: Darstellung der Wirklichkeit in der sozialistischen Gesellschaft, insbesondere des alltäglichen Lebens und Unterhaltung auf einem hohen Niveau.

Karl Heinz Berger bringt in seinem unmittelbar nach der Wende erschienenen und die Entwicklung des Kriminalromans in der DDR reflektierenden Kriminalroman, also im wahrsten Sinne des Wortes einem „Meta-Krimi“, die Entwicklung der Gattung in einem Absatz auf den Punkt:

181 Vgl. Gelbhaar 1986, S. 214–218.

182 Vgl. Mittmann 2003.

183 Vgl. Germer 1998, S. 14; vgl. Jäger 1978, S. 100.

184 Vgl. Meier 1976, S. 166.

> [...] Ende der fünfziger Jahre [...] – damals, als von Partei und Amts wegen diese Art von Literatur (gemeint ist die Kriminalliteratur – Anm. d. Verf.) noch als verrohend und einer sozialistischen Gesellschaft, in der das Verbrechen allmählich absterbe, nicht angemessen abqualifiziert worden war und als in Diskussionen noch gefordert wurde, dergleichen Geschichten sollten, wenn sie denn schon geschrieben würden, in Gegenden spielen, in denen der Klassenfeind noch das Sagen hat, zum Beispiel in der westdeutschen Bundesrepublik. (Berger, S. 63–64).

2.4 Verlags- und Produktionsbedingungen des Kriminalromans

Die besonderen Umstände einer sozialistischen Planwirtschaft und Kulturpolitik wirkten sich auch auf die Verlage und ihre Programme aus. Ein Problem bestand grundsätzlich in der nicht zu befriedigenden Nachfrage. Das betraf Produkte des täglichen Bedarfs ebenso wie die ‚Nahrung für den Geist'. Da schnell klar war, dass es unmöglich war, eine ähnliche Masse an Unterhaltungsliteratur herauszugeben, wie das in der Bundesrepublik der Fall war, argumentierte man stärker mit dem „Qualität vor Masse"-Argument.[185]

Ab 1958 erschien im Verlag des Ministeriums des Inneren die erste Heftreihe, die ausschließlich aus Kriminalgeschichten bestand, unter dem Titel *Blaulicht*. Von 1963 bis 1990 erschien die Reihe im Verlag Das Neue Berlin. Die *Blaulicht*-Reihe war die führende Heftreihe für DDR-Kriminalliteratur. Ihr Symbol war die Blaulichtleuchte der Polizei sowie die Reihenbezeichnung als Lichtstrahl auf dem Umschlag.

Horst Bosetzky hat die Heftreihe als „Wirklichkeit in Kleinoktav" bezeichnet und damit sowohl die handliche Heftgröße (11,5 x 16,5 cm), als auch den Umfang mit maximal 64 Seiten und den Inhalt auf eine griffige Formel gebracht.[186] Die *Blaulicht*-Reihe ist auf eine Initiative des Ministeriums des Inneren entstanden und nach den Vorgaben des „Bitterfelder Wegs" sollte in den Kriminalromanen die Arbeit der Polizei realistisch dargestellt werden. Die Autoren wurden eingeladen, die Arbeit der Kriminalpolizei aus nächster Nähe zu beobachten. Als Zielgruppe hatte man vor allem die jüngeren Leser im Blick, die nicht unbedingt zur hohen Literatur griffen. Bosetzky kolportiert, dass die Blaulicht-Hef-

185 Vgl. Germer 2009, S. 67.

186 Vgl. Bosetzky 2006, S. 7.

te in der DDR das gewesen seien, was die BILD-Zeitung in der Bundesrepublik darstellte. Natürlich unterlagen auch diese Publikationen einer Zensur – daher hinkt der Vergleich mit der BILD-Zeitung beträchtlich –, doch konnten die Autoren offener schreiben als in anderen Medien und wurden intern auch dazu aufgefordert.[187]

Namhafte Autoren haben in der Reihe ihre Texte publiziert, so Erich Loest unter dem Pseudonym Hans Walldorf. Die Autoren wurden mit einem üppigen Honorar von 1500 bis 2500 Mark entlohnt, und doch scheint es hin und wieder einen Textmangel gegeben zu haben.[188] Immerhin scheint Bosetzkys Vergleich passender zu sein, wenn man die Auflage der Blaulicht-Hefte berücksichtigt: in der Regel soll jedes Heft mit einer Auflage von 175 000 Exemplaren erschienen sein.[189]

Nach dem Mauerbau und der Gründung des „Neuen Ökonomischen Systems" (NÖS) wurde verstärkt auf die Verlage eingewirkt, indem langfristige Themen- und Editionspläne erarbeitet wurden. In den Verlagen selbst war die SED wie auch das MfS sehr präsent in der Gestalt von Verlagsleitern und Cheflektoren.[190]

Die wichtigste Kriminalromanreihe der DDR wurde 1970 gegründet und im Verlag Das Neue Berlin herausgegeben: die DIE-Reihe. Die Abkürzung steht für *Delikte, Indizien, Ermittlungen.* Für diese Romane kann man bei einer Auflage von 90 000 bis 100 000 Stück sowie verschiedenen Nachauflagen, die in der Regel bei 60 000 Stück lagen, durchaus von einer Massenverbreitung sprechen.[191] Mechtel geht für die Publikationen der DIE-Reihe von 600 000 Lesern pro Titel aus.[192] Von ähnlichen Zahlen berichtet Helmut Eikermann (Pseudonym Jan Eik), der ebenfalls von Startauflagen um die 100 000 Stück und Nachauflagen von 60 000 Stück berichtet.[193]

Hillich und Mittmann haben die jährliche Publikation der DDR-Kriminalliteratur für den gesamten Zeitraum der DDR erfasst, also ohne Übersetzungen und andere Importe. Dabei haben die Herausgeber sämtliche selbstständigen

187 Vgl. Bosetzky 2006, S. 7.

188 Bosetzky 2006, S. 7.

189 Vgl. Gelbhaar 1986, S. 211.

190 Vgl. Borgwardt 2002, S. 99.

191 Vgl. Gelbhaar 1986, S. 228.

192 Vgl. Mechtel 1979, S. 188.

193 Vgl. Eikermann 1997.

Veröffentlichungen und einen großen Teil unselbstständiger Veröffentlichungen erfasst, die in den wichtigen Editionsreihen, in Periodika und Tageszeitungen erschienen sind. Für den hier interessierenden Zeitraum sei ein Blick auf die letzten Jahre der DDR geworfen:

1987: 39 Einträge;
1988: 55 Einträge;
1989: 39 Einträge.

In den letzten drei Jahren der DDR erschienen demnach 133 Kriminalromane und Kriminalerzählungen von DDR-Autoren. 1990 und 1991 verzeichneten die Herausgeber immerhin noch 50 Publikationen.

In den achtziger Jahren gab es ca. 80 Verlage in der DDR, von denen 70 als volkseigene Betriebe (VEB) bestanden, wie z.B. der Aufbau-Verlag. Ungefähr zehn Verlage waren entweder kirchliche Unternehmen (wie die Evangelische Verlagsanstalt Berlin) oder private Unternehmen wie der Eulenspiegel-Verlag, der in erster Linie für den Humor in der DDR zuständig war. Der Verlag *Das Neue Berlin* war der Krimi- und Abenteuerverlag. Der Lektoratsleiter des Verlags *Das Neue Berlin* spricht in einem Interview, das nach der Wende stattfand, von dem „politischen Windschatten", in dem gerade die Kriminalromane in der DDR erscheinen konnten. Die Kriminalliteratur wurde unterschätzt und daher war eine gewisse Narrenfreiheit bei der Veröffentlichung von Büchern möglich.[194]

Die Zusammenarbeit zwischen Autor und Lektor war eine sehr viel engere, als das heutzutage der Fall ist. Die Arbeit eines Lektors bestand noch zu großen Teilen aus der intensiven Textarbeit. So war es möglich, dass sich Autor und Lektor in eines der Schriftstellerheime zurückzogen, um gemeinsam am Text zu arbeiten.[195] Karl Heinz Berger hat nach der Wende in seinem Kriminalroman *Was ich weiss, macht mich heiss* die Atmosphäre in einem dieser Schriftstellerheime eingefangen und eine Vorstellung von den Formen und Abhängigkeiten zwischen Lektor, Verlag und Autor vermittelt.

194 Vgl. Germer 1998, S. 414.

195 Vgl. Germer 1989, S. 416. So schildert Dorothea Oehme, die Cheflektorin des Eulenspiegel Verlags, die Zusammenarbeit.

Für den Bereich der Kriminalliteratur sind 2600 Titel und 800 übersetzte Kriminalromane und -erzählungen während der Existenz der DDR erschienen.[196] Unter den Publikationen befinden sich auch zahlreiche klassische und zeitgenössische Titel aus dem westlichen Ausland. Mittmann macht für den DDR-Kriminalroman 1800 Titel von 570 Autoren aus.[197]

Trotz der gleichbleibenden hohen Nachfrage nach den Kriminalromanen gab es auch unter diesen Bestseller. Dazu zählten Werner Steinberg *Der Hut des Kommissars* (1966) mit einer Auflage von 200 000 Exemplaren; Alan Winnington *Herzversagen* (1974) mit 230 000 Exemplaren, Heiner Rank *Nebelnacht* (1967) mit 165 000 Exemplaren, Bernd Diksen (Pseudonym von Erich Loest) *Das Vorurteil* (1974) und Horst Bastian *Die Brut der schönen Seele* (1976) mit jeweils 150 000 Exemplaren. Aber auch Paul Evertier (Pseudonym von Jürgen Brinkmann) mit *Die sanfte Falle* (1979), Kurt Steiniger mit *Rausch* (1978) oder Günter Spranger mit *Das Lügenspiel* (1980) erreichten hohe Auflagen.[198]

Zwar sagen die Auflagenhöhen nicht unbedingt etwas über die tatsächliche Beliebtheit des jeweiligen Kriminalromans aus, da die DDR-Wirtschaft nicht nach dem Angebot-Nachfrage-Prinzip funktionierte, aber sie sind mangels Bestsellerlisten Indikatoren für besonders erfolgreiche Kriminalromane. Der ungewöhnliche Erfolg der DIE-Reihe wird auch ersichtlich an der Entscheidung, die einzelnen Ausgaben nicht zu nummerieren, um die Sammelleidenschaft der Leser nicht zu wecken.[199]

Neben den eigenen Kriminalromanen und denjenigen, die aus den anderen sozialistischen Ländern in der DDR veröffentlicht wurden, kamen auch einzelne Titel aus der Bundesrepublik in der DDR heraus. Diese Lizenzausgaben mit einer Auflage von häufig 90 bis 110.000 Exemplaren waren schnell vergriffen und für die westdeutschen Verleger überdies ein gutes Geschäft. Das Handelsvolumen blieb allerdings durch die knappen Devisen der DDR begrenzt. Im Gegenzug wurden DDR-Kriminalromane in westdeutschen Verlagen publiziert. Ein Beispiel ist die *rororo thriller*-Reihe. Hier erschienen die Kriminalromane von renommierten DDR-Autoren wie Barbara Neuhaus *Ich bitte nicht um Verzei-*

196 Vgl. Mittmann 2003.

197 Vgl. Mittmann 2003.

198 Vgl. Gelbhaar 1986, S. 211, 228.

199 Vgl. Germer 1998, S. 418.

hung[200] oder Karl-Heinz Bergers *Getünchte Gräber*.[201] Dieser Kriminalroman erschien unter dem Titel *Vergangenheit geteilt durch drei* im rororo-Verlag.[202]

Der Kriminalroman von Karl-Heinz Jakobs *Die Frau im Strom*, ein sogenannter „Schubladen"-Krimi, lag seit 1980 im Verlag *Das Neue Berlin* vor und wurde nur im Westen Deutschlands veröffentlicht, weil die Darstellung zu kritisch war.[203]

In einem Interview nach der Wende äußerte der Krimiautor Gerhard Neumann, dass er nicht für den Verlag *Das Neue Berlin* habe schreiben wollen, weil die Vorgaben an die Autoren zu einschränkend gewesen seien. Er bevorzugte den *Mitteldeutschen Verlag* und hatte mit seinen Manuskripten nur in Details Schwierigkeiten, aber nie solche grundsätzlicher Art.[204]

In der Literaturkritik tauchte der Kriminalroman praktisch nicht auf. Lediglich die FDJ-Zeitung *Junge Welt* empfahl hin und wieder einen Kriminalroman. Die Verlage begründeten die fehlenden Rezensionen mit dem Hinweis auf den schnellen Ausverkauf der Auflagen. Man musste keine Werbung machen, um den Absatz der Krimis zu befördern.[205] Sicherlich ist das ein plausibler Grund. Doch hat die Literaturkritik die Gattung des Kriminalromans als Unterhaltungsliteratur geringgeschätzt und somit einer öffentlichen Besprechung für nicht wert befunden. Dieser Ignoranz der DDR-Literaturkritik ist es zu verdanken, dass sich der Kriminalroman zu einem Genre der kritischen Reflexion über die Gesellschaft entwickeln konnte. Er stand nicht im Rampenlicht, sondern im Schatten, eben am Rand des literarischen Kanons, und das ist zumeist kein schlechter Ort für eine kontinuierliche Entwicklung.

In verschiedenen Interviews haben sich einige Autoren über ihr Schreiben während der DDR geäußert. Helmut Eikermann, der unter dem Pseudonym Jan Eik veröffentlicht, hebt hervor, dass er in der DDR als Schriftsteller ökonomisch gesicherter gelebt hat als nach der Wende. Der Grund dafür ist im guten Verkauf der Bücher zu sehen. Die erwähnten hohen Auflagen sind nach der Wende

200 Berlin 1984, DIE-Reihe; Hamburg 1986 rororo thriller 2747.

201 Berlin 1977, DIE-Reihe.

202 Hamburg 1983 rororo thriller 2658.

203 Vgl. Eikermann 1997.

204 Vgl. Germer 1998, S. 405–406. Interview mit Gerhard Neumann aus dem Jahr 1993.

205 Vgl. Jäger 1978, S. 105.

weggebrochen und die wenigsten Autoren sind noch in der Lage, vom Schreiben zu leben.[206]

In den 1990er Jahren erschien die DIE-Reihe weiter im fusionierten Verlag des Eulenspiegel-Verlages und des Verlags *Das Neue Berlin*, nun allerdings mit einer Auflagenhöhe von 7000 Exemplaren. Die Autoren erhielten 8 bis 10 Prozent als Honorar.[207] Das Reihenkonzept war verändert und stärker auf den gesamtdeutschen Markt ausgerichtet worden; so wurden verstärkt westliche Autoren aufgenommen. Die meisten Leser fanden diese Krimis aber nach wie vor im Osten Deutschlands.

Aus medientheoretischer Sicht bestimmte Emmerich den vergleichsweise hohen Einfluss der DDR-Literatur als eine „politisch-kompensatorische Funktion"[208], da die Literatur als Sprachrohr für das diente, was nicht gesagt werden durfte. Während in den staatlichen Medien eher der Grundsatz galt, *dass nicht sein kann, was nicht sein darf*, ermöglichte die Kriminalliteratur eben jene verschwiegenen bzw. kaum diskutierten Themen.

2.5 Zum Stellenwert des Kriminalromans innerhalb der DDR-Literatur

Der gesellschaftliche Auftrag der Auseinandersetzung mit der sozialistischen Gesellschaft und die damit verbundene Ausgestaltung der Gattung hatte zur Folge, dass der Kriminalroman in der DDR „ein subtiles literarisches Instrumentarium der Gesellschaftsdarstellung"[209] entwickeln konnte und damit in gewisser Weise einzigartig war im Vergleich mit anderen Gattungen. Seit den siebziger Jahren hat sich die DDR-Kriminalliteratur immer wieder Themen angenommen, die in anderen öffentlichen Medien nicht diskutiert werden durften.

Mit Sicherheit war nicht jeder Kriminalroman, der in der DDR erschienen ist, ein gelungener Text, doch in der Überzahl waren die erschienenen Texte gut gemachte Kriminalromane, die den Anforderungen der Gattung voll und ganz entsprachen. Das hebt der westdeutsche Krimiautor Horst Bosetzky hervor im Hinblick auf die *Blaulicht*-Reihe:

206 Vgl. Germer 1998, S. 409.

207 Vgl. Germer 1998, S. 417.

208 Emmerich 2000, S. 13.

209 Germer 1998, S. 14.

> Beim Lesen fällt mir die durchweg hohe handwerkliche Qualität der Texte auf. Da ist nichts aufgeblasen, da will niemand auf Deibel komm raus witzig sein, da ist auf jeden modischen Schnickschnack verzichtet worden, [...] Und man verzichtet, mir gefällt es, auf amerikanische Krimi-Ingredenzien wie Verfolgungsjagden und Schießereien um ihrer selbst willen.[210]

Das starke Interesse in der DDR an Krimis hatte einen nachvollziehbaren Grund und überflügelte die ‚hohe', offiziell geförderte Literatur. Die DDR-Literatur fungierte in gewisser Weise wie ein Biotop, in dem sich eine DDR-spezifische Kriminalliteratur entwickeln konnte. Hohe Auflagen und kaum ausländische Konkurrenz sowie ein überschaubarer, geschützter Markt sorgten für ideale Bedingungen. Der Kriminalroman konnte in verschlüsselter Form Probleme zur Darstellung bringen, die in der Öffentlichkeit nicht diskutiert wurden.[211]

In diesem Sinn sind auch die Forderungen zu verstehen, die Gert Prokop an den Kriminalroman stellt: Der Krimi soll in der Gegenwart spielen, er soll geradlinig sein und ohne Rückblenden eine spannende Geschichte erzählen. Die Geschichte sollte dabei verrätselt sein, so dass der Leser an der Auflösung mit beteiligt werden muss.[212]

Literatursoziologische Untersuchungen haben ergeben, dass der Konsum von Kriminalromanen keineswegs an geringe Bildung und wenig Leseerfahrung gebunden ist, wie das Brücken-Konzept seinerzeit unterstellte. Trotzdem blieb die Beschränkung des Lesepublikums auf bestimmte Kreise in der DDR bestehen und wurde kaum durchbrochen. Das Hauptlesealter endete im Wesentlichen mit dem Einstieg ins Berufs- und Familienleben. Oberhalb dieser Altersgrenze, also zwischen dem 20. und 30. Lebensjahr, ging die Anzahl der Leser signifikant zurück; es sei denn, es handelte sich um Berufsleser oder um Lektüre zu beruflichen Zwecken.[213] Insbesondere Jugendliche haben gern auf Kriminalromane zurückgegriffen, nach den Abenteuerromanen stand diese Gattung an zweiter Stelle der Beliebtheitsskala.[214] Ein Viertel der DDR-Bevölkerung hat häufig gelesen, 60 bis 70 Prozent selten und 5 bis 10 Prozent nie.[215]

---

210 Bosetzky 2006, S. 8.

211 Vgl. Gelbhaar 1986, S. 211.

212 Vgl. Jäger 1978, S. 105.

213 Vgl. Lehmstedt 1997, S. 349.

214 Vgl. Sommer 1978, S. 271, S. 339.

215 Vgl. Jäger 1978, S. 95.

Dieses Leseverhalten macht deutlich, dass auch die DDR-Literatur – wie auch die westliche Literatur – in einem gewissen Sinne elitär und exklusiv blieb. In ihrer Wirkung war sie auf bestimmte Gruppen der Gesellschaft beschränkt und zweifelsohne war es hier die Gattung des Kriminalromans, die diese Grenzen etwas aufbrechen, zumindest aber aufweichen konnte.

Mittmann spricht von einer „Ventilfunktion" des Kriminalromans, die stillschweigend hingenommen wurde.[216] Die DDR-Literatur war daher nicht nur gesellschaftlich relevant als Stütze der sozialistischen Ordnung, sondern auch als „deren Kritik, und zwar seit den 1960er Jahren, insbesondere seit der zweiten Hälfte der 1970er Jahre".[217] In einem gesellschaftlichen System, in dem den Bürgern kritische Äußerungen kaum möglich waren, erhielt die Literatur eine erhöhte politische Relevanz. Die Literatur wird als eine politische Angelegenheit gesehen, die nicht etwa der Welt entrückt ist, sondern in engster Auseinandersetzung mit der Welt und Gesellschaft steht und deren Entwicklungen nachzeichnet und analysiert. Der Kriminalroman übernahm dabei die Aufgabe, die Schicksale einzelner Menschen, ihre alltäglichen Probleme und individuellen Widersprüche literarisch darzustellen. Emmerich stellt daher auch fest, dass das System der Literatur in der DDR als Subsystem des gesellschaftlichen Ganzen nie so beschaffen gewesen war, dass es sich autopoetisch und selbstreferentiell hätte ausdifferenzieren können und einen stabilen Eigenzustand herzustellen vermocht hätte. Unter dem Primat des Politischen blieb die Literatur stets „overmanaged" durch restriktive Vorgaben von Staat und Partei.[218]

Selbst in ihrer Kritik des SED-Systems war die DDR-Literatur letztendlich befangen und vermochte sich nicht unabhängig davon zu definieren. Sie brauchte in gewisser Weise die DDR-Gesellschaft, um sich inhaltlich und formal entwickeln zu können. Daher bestand auch ihre wichtigste Funktion darin, der Gesellschaft und ihren Menschen eine Ersatzöffentlichkeit anzubieten, – eine Funktion, die in demokratischen Ländern von der Presse übernommen wird.

Die Leser in der DDR erwarteten von ihrer Literatur den offenen Blick auf die Verhältnisse und eine indirekte, häufig codierte Kritik.[219]

216 Vgl. Mittmann 2003.

217 Rossade 1982, S. 5.

218 Vgl. Emmerich 2000, S. 40.

219 Vgl. Rossade 1982, S. 6.

In diesem Sinn konstatiert Petersell eine Emanzipation der Literatur von den Erfordernissen des Klassenkampfes bzw. den Anforderungen der Partei. Statt glorifizierend vom sozialistischen Aufbau zu künden, erfolgte eine Hinwendung zur Problematisierung des Alltags.[220] Günter Kunert verwies ebenfalls auf diese Besonderheit in der Wirkung der DDR-Literatur: Der DDR-Leser erwarte mehr vom Buch als z.B. der westdeutsche Leser. Kunert beschreibt dieses „mehr" an Wirkung als „etwas wie den ‚Sinn des Lebens' oder eine unrelativierbare Wahrheit inmitten so vieler flüchtiger oder bereits verflüchtigter."[221]

Eine Abkoppelung vom allgemeinen Weltgeschehen oder eine Isolierung des literarischen Schaffens der DDR von den Tendenzen der Weltliteratur vermochte weder die Zensur noch die Schließung der Grenzen bewirken. Stets blieben die internationalen Einflüsse und Traditionen spürbar und prägten auch die Kriminalromane der DDR deutlich mit.[222]

Hans Pfeiffer hat in seinem essayistischen Werk *Phantasiemorde. Ein Streifzug durch den DDR-Kriminalroman*, einer frühen Würdigung des Genres, bereits 1985 auf die Kernfunktion des Kriminalromans verwiesen: „Er war in jeder Phase seines Wachstums ein Spiegelbild der gesellschaftlichen Entwicklung in ihren Kämpfen und auch ihren Widersprüchen."[223] Pfeiffer macht noch auf einen weiteren Aspekt aufmerksam, der in den späteren Diskussionen über den DDR-Krimi in der Regel nicht mehr angeführt wird. Und zwar verweist er auf die Stabilität der sozialistischen Gesellschaft, die sich soweit gefestigt habe, dass sie auch Konflikten ins Auge sehen und mit diesen umgehen könne. Der sozialistische Kriminalroman ziehe schließlich seine Legitimation aus der Darstellung von Konflikten zwischen Individuum und Gesellschaft.

Mag diese Argumentationsschleife auch der vorherrschenden Ideologie geschuldet sein, so macht sie doch noch einmal nachdrücklich deutlich, dass der Kriminalroman innerhalb der DDR-Literatur der Wirklichkeit verpflichtet war. Dank der fiktionalen Brechung des Erzählten war die Darstellung der DDR-Wirklichkeit möglich geworden.

220 Vgl. Petersell, 1996.

221 Kunert 1979, S. 375.

222 Vgl. Brohm 2001, S. 20.

223 Pfeiffer 1985, S. 7.

Dem DDR-Krimi hängt leider immer noch das Urteil an, er sei betulich und langweilig.[224] Weder formal noch inhaltlich werden diese Urteile dem Kriminalroman der DDR, speziell dem späten DDR-Kriminalroman, gerecht. Sicherlich mag es für Leser, die kaum mit der Realität in der DDR vertraut sind, sehr schwierig sein, die kritische Darstellung des sozialistischen Alltags in ihrer Differenziertheit entschlüsseln zu können. Je mehr die DDR jedoch zu einer historischen Epoche wird, umso wichtiger werden diese Kriminalromane, denn sie fangen die Atmosphäre, die Probleme und das menschliche Miteinander dieser geschichtlichen Periode ein.

224 Vgl. Kehrberg 1998, passim.

Zur Praxis des Kriminalromans

3 Vom DDR-Krimi zum ostdeutschen Kriminalroman

3.1 Die letzten Jahre des DDR-Krimis

Helbig konstatiert für die unmittelbare Nachwendezeit eine Anpassung der Schriftsteller an den Zeitgeschmack und an den westlichen, freien Literaturbetrieb und er hebt insbesondere die Autoren von trivialen Gattungen wie dem Kriminalroman und der Science-Fiction-Literatur hervor, denn diese hätten es aufgrund des geringen ideologischen Potentials der trivialen Gattungen zu DDR-Zeiten mit der Anpassung besonders leicht gehabt.[225] Zugespitzt ausgedrückt: Die Autoren der genannten Gattungen konnten mehr oder weniger so weiter schreiben und mussten sich nicht wesentlich neu orientieren. Dass dieser Sichtweise keineswegs zugestimmt werden kann, weil sie viele Aspekte des Schreibens verkürzt und die neuen Arbeits- und Publikationsbedingungen der Autoren falsch einschätzt, wird die Analyse in diesem und dem nachfolgenden Kapitel aufzeigen. Zu denken dürfte bereits die Tatsache geben, dass viele der etablierten DDR-Krimiautoren nach der Wende nur einen oder zwei Kriminalromane auf dem Markt platzieren konnten und das zumeist mit großen Anstrengungen.

In der Selbsteinschätzung von Krimiautoren wie Mechtel, Neumann oder Eik kommt immer wieder das Bemühen um eine realistische Schilderung der Zustände zum Ausdruck. Der DDR-Krimi habe, so Gerhard Neumann, innerhalb der Gesellschaft Aufgaben übernommen, die z.B. von der Presse nicht geleistet wurden. Dazu zählt er die „Selbstverständigung über Dinge, unter denen man leidet“.[226]

Untersucht man die Kriminalromane, die in den letzten drei Jahren der Existenz der DDR erschienen sind, so wird schnell deutlich, dass in diesen Texten Kritik an der sozialistischen Gesellschaft und spezifischen Erscheinungen der Alltagsrealität geübt wurde.

Natürlich bleibt der ideologische Inhalt eines DDR-Kriminalromans schwer messbar und daher kaum quantifizierbar. Der ideologische Inhalt ist jedoch keineswegs ausschlaggebend; interessant ist vielmehr, wie trotz ideologischer Vorgaben gesellschaftskritische Blicke auf die Gesellschaft geworfen werden konnten.

225 Vgl. Helbig 2007, S. 4.

226 Im Interview mit Germer 1998, S. 407.

Der ostdeutsche Kriminalroman führte diese Entwicklung nach 1989 weiter und avancierte somit zu einer Gattung, die gesellschaftliche Fragen offen diskutierte, Missstände aufzeigte und damit ein sozialkritisches Potential entfaltete, das üblicherweise in der Geringschätzung der Gattung untergeht. Dieses sozialkritische Potential war im späten DDR-Krimi bereits angelegt, musste aber sowohl formal als auch inhaltlich ganz anders zum Ausdruck gebracht werden als in einer Gesellschaft, in der die freie Meinungsäußerung oberstes Prinzip ist.

Die Untersuchung der nachfolgenden späten DDR-Kriminalromane verfolgt daher in erster Linie das Ziel, Vorboten der Umbruchszeit zu finden.[227] Wurde die Kritik in den Kriminalromanen offener bzw. schärfer? Wurde das Themenspektrum der gesellschaftskritischen Positionen erweitert? War es eventuell sogar möglich, formale Gattungsvorgaben zu unterlaufen?

Die Zeit der Veränderung kann man vom Fall der Mauer am 9. November 1989 bis zur Wiedervereinigung Deutschlands am 3. Oktober 1990 sehr präzise festlegen. Auch in diesem Zeitraum sind Kriminalromane erschienen, die dem DDR-Staat noch mehr oder weniger verpflichtet waren. So sind Hartmut Mechtels Kriminalroman *Unter der Yacht* wie auch Jan Eiks *Dann eben Mord* 1991 bzw. 1990 erschienen, wurden allerdings vor dem Zusammenbruch der DDR verfasst. Sie können insofern nicht zu den Nach-Wende-Kriminalromanen gezählt werden, sind aber Romane des Übergangs, die zusätzliche Aufschlüsse versprechen.

Bei der Interpretation der Kriminalromane wurde schnell klar, dass es neben den Kriminalromanen, die eindeutig der DDR-Zeit zugeordnet werden konnten, auch noch diesen Kriminalroman des Übergangs gibt. Damit sind eben jene Texte gemeint, die bereits nach der Wende erschienen sind, allerdings vor der Wende verfasst wurden. Bei diesen Texten haben wir es im wahrsten Sinne des Wortes mit „Grenzfällen“ zu tun, denn es bleibt letztlich die Frage offen, ob und wenn ja, in welchem Umfang die Autoren noch in ihre Manuskripte eingegriffen haben. Bei diesen Kriminalromanen von Mechtel und Eik haben wir es nichtsdestotrotz mit besonders interessanten Texten zu tun, Texten nämlich, die in der „alten“ Zeit verfasst wurden, also unter völlig anderen Bedingungen, und in der „neuen“ Zeit erschienen sind, als sich das Publikum und die Erwartungen, für die die Autoren ursprünglich schrieben, bereits komplett verändert hatten. Diese besonders kritischen Kriminalromane „verpufften“ sozusagen auf dem Buchmarkt und wurden kaum wahrgenommen.

227 Vgl. Übersicht 1 im Anhang.

Bei der Auswahl der Kriminalromane war das Bemühen um eine gewisse Repräsentativität ausschlaggebend. Diese lässt sich in erster Linie über die renommierten Kriminalschriftsteller der DDR und der Nachwendezeit herstellen.

Ein erster biographischer Blick auf die Krimiautoren erfolgt an dieser Stelle. Da diese Autoren heutzutage kaum noch bekannt sind und ihre Texte mehr oder weniger vergessen sind, erscheint diese Vorstellung notwendig. In diesem Kapitel werden die Autoren vorgestellt, von denen Krimis in die Textauswahl gekommen sind, die vor und nach der Wende veröffentlicht wurden. Im Kapitel zum ostdeutschen Kriminalroman werden dann die Autorinnen und Autoren vorgestellt, von denen ausschließlich Krimis untersucht worden sind, die nach der Wende publiziert wurden.[228]

Jan Eik ist das Pseudonym des Autors Helmut Eikermann, der, 1940 in Berlin geboren, als Diplomingenieur für Informationstechnik tätig war. Seit Mitte der 1960er Jahre veröffentlichte er regelmäßig Kriminalromane, sowohl in der DDR als auch im vereinigten Deutschland. Er war ein Gründungsmitglied der Sektion Kriminalliteratur des Schriftstellerverbandes der DDR. Wie viele andere DDR-Autoren, so war auch er für das Fernsehen und den Rundfunk tätig, z.B. schrieb er ein Szenario für die Fernsehserie *Der Staatsanwalt hat das Wort.* Seit 1987 lebt er als freiberuflicher Autor und Publizist in Berlin. Nach der Wende hat er sich auf die Recherche von realen Kriminalfällen aus der DDR-Zeit spezialisiert und diese als Reportage-Sammlungen veröffentlicht.[229]

Die Kriminalromane von Jan Eik sind erzähltechnisch raffinierte und spannend komponierte Romane, die gerade in der unmittelbaren Vorwendezeit ein authentisches Bild der gesellschaftlichen Realität in der DDR einfangen.[230]

Hartmut Mechtel, Jahrgang 1949, war seit den späten 1970er Jahren als freier Autor und Theater- und Literaturkritiker tätig. Neben Kriminalromanen schrieb er auch Bühnenstücke, Hörspiele oder Dokumentationen. Die hier analysierte Parr-Trilogie aus den 1990er Jahren ist sein wohl bekanntestes Werk, für das er einige renommierte Preise erhielt.[231] Mechtels späte DDR-Kriminalromane gehören zweifelsohne zu den kritischsten Texten der untergehenden Gesellschaft, aber auch zu den bisher noch am wenigsten gewürdigten Texten.

228 Im Anhang befinden sich zudem kurze Inhaltsangaben der Kriminalromane, die untersucht wurden.

229 Vgl. Eik 2011.

230 Vgl. http://de.wikipedia.org/wiki/Jan_Eik (12.10.2012).

231 Vgl. http://de.wikipedia.org/wiki/Hartmut_Mechtel (12.10.2012).

Tom Wittgen ist das Pseudonym für Ingeburg Siebenstädt, Jahrgang 1932, die man sicherlich als die bekannteste Krimiautorin der DDR bezeichnen darf. Mitunter wird sie auch als die „Agatha Christie der DDR" bezeichnet. Sie hat nach ihrem Germanistikstudium als Redakteurin und Reporterin gearbeitet und war im Verlag Das Neue Berlin Lektorin für Kriminalliteratur. Seit 1970 hat sie 31 Kriminalromane veröffentlicht, davon 24 vor der Wende. Sie war von Anfang an bei der DIE-Reihe mit zahlreichen Romanen dabei und hat ebenfalls in der Blaulicht-Reihe mehrere Kriminalerzählungen publiziert. Sie hat Drehbücher für den Polizeiruf 110 verfasst und ihre Krimis wurden in die Sprachen der anderen Ostblock-Länder übersetzt.[232] Grundsätzlich kann man fest-stellen, dass ihre Kriminalromane systemkonform sind und wenig kritisch vor der Wende, während sie sich nach der Wende vor allem den negativen Entwicklungen der Umbruchszeit stärker zuwendet.

Wolfgang Kienast (1939–2006) ist ein aus Berlin stammender Krimiautor, der sich in erster Linie mit sozialkritischen Kriminalromanen in der DDR einen Namen gemacht hat. Vor allem seine Figuren überzeugen durch psychologisch genaue Darstellung. Die unterschwellige kritische Reflexion des DDR-Alltags findet sich in den Milieuschilderungen Kienasts, wie am Beispiel des Blaulicht-Krimis *Tamerlan oder die Familienbande* zu zeigen sein wird.

Kienasts bekanntester und umstrittenster Kriminalroman *Das Ende einer Weihnachtsfeier* aus dem Jahr 1981 wurde wenige Monate nach dem Erscheinen verboten. In diesem ungewöhnlichen Kriminalroman geht es weniger um die Aufklärung eines Falls, sondern um die Verantwortung des zuständigen Staatsanwalts. Der Brigadier Günter Berg ersticht nach einer Weihnachtsfeier seine Frau. Der junge Staatsanwalt Kuusihaara gibt sich nicht mit den Ermittlungen der Mordkommission zufrieden, die von einer Affekttat aus Eifersucht ausgeht. Er will den Grund der Tat herausfinden und stößt dabei auf zahlreiche Hindernisse, auf sozialistische Misswirtschaft, auf Schieberei und Korruption. Auch die Erzählkonstellation ist ungewöhnlich, denn selten treten im DDR-Krimi Staatsanwälte als Protagonisten und Ermittler auf. Der Generalstaatsanwalt der DDR verbot den Druck des Buches wie auch aller weiteren Texte des Autors. Kienast konnte daher in den 1980er Jahren kaum publizieren.[233] Erst 1987 erschien eine

232 Vgl. http://de.wikipedia.org/wiki/Tom_Wittgen /12.10.2012).

233 Vgl. http://www.krimilexikon.de/kienast.htm (vom 26.09.2012); http://www.luise-berlin.de/lesezei/blz98_10/text45.htm (vom 26.09.2012).

bereinigte Fassung und 1990 publizierte der Rotbuch-Verlag noch einmal die Originalfassung des Krimis *Das Ende einer Weihnachtsfeier*.[234]

Dass Kienast in der Blaulicht-Reihe Ende der 1980er Jahre einen Text unterbringen konnte, zeigt, dass diese Krimi-Reihe eine Nische auch für die Autoren war, die zwischenzeitlich „in Ungnade" gefallen waren.

In Hillichs Bibliographie ist der Autor Reinhard Müller nur mit einem Kriminalroman, dem hier eingehender analysierten Krimi *Nachtzug*, vertreten.[235]

3.2 Kriminalromane als Vorboten eines gesellschaftlichen Umbruchs?

Grundsätzlich kann man festhalten, dass der DDR-Krimi unmittelbar vor der Wende, wir haben hier hauptsächlich die Jahre von 1987–1989 im Blick, ein erstaunliches kritisches Potential entfaltet hat. Und zwar nicht nur von den renommierten Krimiautoren, sondern ganz offensichtlich auch von Gelegenheitsautoren, die mit einer einzigen Buchpublikation hervorgetreten sind, wie dem bereits erwähnten Reinhard Müller.

Die folgenden Ausführungen konzentrieren sich auf die Darstellung dieses kritischen Potentials, das sich in erster Linie in der Beschreibung der DDR-Realität äußert, und den besonderen Stellenwert, den die Gattung des Kriminalromans mit seinen gattungsimmanenten Besonderheiten einnimmt.

Einen thematisch wie auch erzähltechnisch vielschichtigen Kriminalroman legte Reinhard Müller 1987 mit *Nachtzug* vor. Am Anfang des Romans findet offenbar ein Gewaltverbrechen statt, das sich im Verlauf der Handlung allerdings als ein tragischer Unfall herausstellt. Diese Interpretationsschiene ist durch die Gerichtsmedizinerin angelegt, wird aber während der Handlung immer wieder in Frage gestellt und als unwahrscheinlich erachtet.

Der Mord findet erst am Ende der Handlung statt und aus dem Täter wird ein Opfer. Die Opfer-Täter-Zuschreibungen werden in diesem Kriminalroman voll-

234 Vgl. Wolfgang Kienast: *Das Ende einer Weihnachtsfeier*, Berlin: Verlag Das Neue Berlin 1981 (191 S.); Wolfgang Kienast: *Das Ende einer Weihnachtsfeier*, Berlin: Verlag Das Neue Berlin 1987 (168 S.); Wolfgang Kienast: *Das Ende einer Weihnachtsfeier*, Berlin: Rotbuch Verlag 1990.

235 Vgl. Hillich 1989a.

ständig umgekehrt, denn die eigentlichen Täter, das Ehepaar Linz, sind in erster Linie moralisch schuldig, denn sie haben sich die Hände nicht durch eine direkte Tatbeteiligung, sondern durch Manipulation anderer schmutzig gemacht. Die Sekretärin Olinde Schnerrholz ist Täterin und Opfer zugleich. Sie ist Täterin, weil sie sich instrumentalisieren lässt, auf ihren finanziellen Vorteil bedacht ist und eine wichtige Information weitergibt, die letztlich zum Mord führt. Dabei ist ihr bewusst, welchen Schaden sie mit der Weitergabe der Information anrichten kann. Zugleich ist sie aber auch Opfer, weil sie aus einer seelischen Not, aus tiefer Verletztheit und Einsamkeit heraus handelt.

In kaum einem anderen Kriminalroman der späten DDR wird so subtil mit den herkömmlichen Täter- und Opferzuschreibungen verfahren wie in *Nachtzug*. Kaum eine Person ist nur und ausschließlich Täter, sondern immer auch Opfer – häufig Opfer der konkreten Situation, in der die Figur lebt, und des Unvermögens, sich aus den jeweiligen Zwängen zu befreien. Die Personen in diesem Kriminalroman agieren auf einer psychologischen Ebene miteinander und zeichnen dadurch das Psychogramm einer spätsozialistischen Gesellschaft, die keineswegs von Optimismus und Lebensfreude gekennzeichnet ist. Das Verdienst des Autors besteht daher hauptsächlich darin, die beiden Seiten – sowohl die Täter- als auch die Opferseite – in ihren individuellen Handlungszwängen zu schildern.

Der Ermittler Robert Kranz hält zwar die Fäden des Falls in der Hand und trägt auch zur Aufklärung bei, doch steht er eindeutig im Hintergrund und scheint vielmehr eine Nebenfigur zu sein.

Innerhalb der theoretischen Reflexionen des DDR-Krimis über die Gestaltung der Ermittler wurde auf eine nicht allzu ausgeprägte Individualität des Ermittlers Wert gelegt, ebenso wie auf die Arbeit im Team. Der Einzelgänger wurde ausgeschlossen, wie es in einem internen Arbeitspapier des Verlags *Das Neue Berlin* formuliert wurde. Der Kriminalist habe eine positive Figur zu sein, die das sozialistische System verkörpert und ein Gegengewicht zum dargestellten Fall bilden muss.[236] Dabei soll der Ermittler nur bezogen auf seine Arbeit und den konkreten Fall gezeigt werden, nicht mit seinen persönlichen Konflikten.

Der späte DDR-Krimi entwickelt allerdings einen Ermittlertypus, der nicht mehr vollständig mit diesen Vorgaben konform geht. Die Ermittler arbeiten zwar im Team, doch wird die Teamarbeit nicht vordergründig dargestellt. Im Mittelpunkt steht ein positiv besetzter Ermittler, der in der Regel sehr menschlich handelt, verständnisvoll auftritt und durch eine gute Beobachtungsgabe

236 Vgl. Germer 1998, S. 429.

und Beharrlichkeit zum Ziel gelangt. Aber die Ermittler geraten zunehmend in Konflikte; häufig sind es diese Konflikte, die sie zu sympathischen Figuren werden lassen. Persönliche Konflikte, die durchaus zur Lösung des Falls beitragen können, entstehen durch die Lebenssituation der Ermittler. Viele sind alleinstehend oder leben allein nach einer Scheidung. Die hohe Scheidungsrate in der DDR wird verschiedent-lich angesprochen. Hauptmann Krüger, der Ermittler ohne Vornamen in *Unter der Yacht*, ist geschieden und lebt allein, ebenfalls Robert Kranz in *Nachtzug*. Werner Jarosch in Jan Eiks Ermittler in *Dann eben Mord* ist hingegen einer der wenigen Ermittler, die verheiratet sind, und lebt mit seiner Frau und zwei Kindern zusammen.

Die Ermittler werden individueller gezeichnet als in den früheren Kriminalromanen. Es wird ausführlicher über ihre persönlichen Gedanken und Empfindungen berichtet. Hauptmann Krüger in *Unter der Yacht* verliebt sich sogar in eine Tatverdächtige und verheimlicht das Verhältnis vor seinen Vorgesetzten. Auch Robert Kranz sucht die Nähe der Gerichtsmedizinerin Frauke Reinhold und trifft sich privat mit ihr.

Die Ermittler haben Vorbilder im Kopf, die meist aus der Kriminalliteratur stammen: Maigret, der Alte, Columbo oder Schimanski. An dieser Stelle wird zudem die mittlerweile selbstverständliche Rezeption westlicher Fernsehserien und Kriminalromane deutlich.

Der kritische Blick, den die Kriminalromane auf die Gesellschaft werfen, manifestiert sich erzähltechnisch vor allem durch regelmäßige Perspektivwechsel. Hierbei unterscheiden wir nach Genette zwischen der Stimme, also dem, der spricht, und der Perspektive, also der Sicht, aus der das Geschehen betrachtet wird. Während sich die Erzählstimme während der Handlung nicht verändern kann, kann die Perspektive häufiger wechseln.[237] Die Erzählerstimme ist in den Kriminalromanen in der Regel eine auktoriale, oder nach Genettes Bestimmungen haben wir es mit einem extradiegetischen und heterodiegetischen Erzähler zu tun. Die Perspektive bezeichnet Genette als Fokalisierungen, wobei häufig die interne und externe Fokalisierung zur Anwendung kommt. Die externe Fokalisierung dient insbesondere der Spannungssteigerung, da der Leser den Eindruck hat, das jeweilige Geschehen quasi durch eine Fensterscheibe oder durch

237 Diese Unterscheidung, die Genette vornimmt, erscheint uns für eine textimmanente Analyse als fundamental, denn Genettes Differenzierungen sind sehr viel praktikabler als Stanzels Erzähltheorie, insbesondere Stanzels „personaler Erzähler", eine narrative Positionierung, in der Stimme und Perspektive vermengt werden. Vgl. dazu Genette 1998, S. 132–180, vor allem S. 178.

eine Kamera zu beobachten. Der Leser ist wie ein Zuschauer oder ein Zuhörer, der eine Szene beobachtet oder einen Dialog hört, ohne dass dieser weiter kommentiert wird. So baut Müller einen Dialog von Mitarbeiterinnen des Warenhauses ein, der eine Außenperspektive der Vorgänge liefern soll. Die handelnden Personen werden in diesem Gespräch ausschließlich durch Fremdkommentare charakterisiert; insbesondere für die Charakterisierung des Opfers Karin Tahlberg ist diese Außensicht aufschlussreich, denn auf diese Weise kann sich der Leser ein besseres, authentischeres Bild machen (Nachtzug, S. 114–117).

Jan Eik nutzt in seinem Kriminalroman *Dann eben Mord* die interne Fokalisierung, indem er Passagen einfügt, in denen er konsequent aus der Perspektive des Täters erzählt. Der Leser erfährt auf diese Weise bereits einiges über den Täter, ohne allerdings zu wissen, wer der Täter ist. Diesen Darstellungsmodus des konsequenten Perspektivwechsels zwischen Ermittler und Täter hat Henning Mankell in seinen erfolgreichen Kriminalromanen ausgiebig praktiziert. Im DDR-Kriminalroman verfügt diese Erzählweise über eine Tradition wie in Klaus Möckels *Haß* (1981)[238] und Hartmut Mechtels *Auf offener Straße* (1986).[239]

Das Erzählen aus mehreren verschiedenen Perspektiven vermittelt einen hohen Grad an Authentizität, da das Handlungsgeschehen und die agierenden Figuren aus verschiedenen Perspektiven vorgeführt werden. Die Fäden hält natürlich immer der auktoriale Erzähler in der Hand oder, um auf Genettes Klassifikation zurückzugreifen, der extradiegetische und heterodiegetische Erzähler, also ein Erzähler der ersten Erzählebene, der nicht in der Geschichte, die er erzählt, auftritt.[240]

Durch eine variable Perspektivenkonstellation bzw. sich verändernde Fokalisierungen erhält der Leser einen Wissensvorsprung, der in der Regel spannungssteigernd wirkt. Die erzählte Kriminalgeschichte bekommt zudem inhaltlichen Tiefgang, da gerade interne Fokalisierungen auf die erlebte Rede oder den inneren Monolog zurückgreifen, um das Innenleben einer Person darzustellen. Die Hintergründe für Verhaltensweisen können authentischer und glaubhafter dargestellt werden. Überdies entspricht dieser Darstellungsmodus den ideologischen Anforderungen an den DDR-Krimi.

238 Klaus Möckel, *Haß*, Berlin 1981 (DIE-Reihe).

239 Hartmut Mechtel, *Auf offener Straße*, Berlin 1986 (DIE-Reihe).

240 Genette 1998, S. 178–179.

3.3 Der kritische Blick auf die DDR-Gesellschaft

Welcher Stellenwert kam der Kriminalität in der DDR zu? Wie war die DDR-Gesellschaft eigentlich aufgebaut und welche strukturellen Defizite führten letztlich zu Verbrechen? Hartmut Mechtel hat sich in der durchgeführten Autorenbefragung dahingehend geäußert, dass der Kriminalroman als Gattung per se Kritik an bestehenden gesellschaftlichen Zuständen üben müsse, denn Verbrechen seien quasi die Indikatoren für die aktuellen Missstände.

Die DDR hatte zwar den Anspruch, eine klassenlose Gesellschaft bzw. auf dem Weg dahin zu sein, doch in der Realität waren die existierenden hierarchischen Verhältnisse zementiert. Artur Meier beschreibt daher die DDR als einen Ständestaat, also als eine Gesellschaft, die „nach feudalem Muster organisiert" gewesen war. Nach außen hin war diese Gesellschaft abgeschlossen und nach innen hin „stratifiziert in Form gegeneinander abgeschotteter Sozialgebilde". Insofern haben wir es mit einer „neuen sozialistischen Adelsgesellschaft mit einem absolutistischen Souverän an der Spitze"[241] zu tun.

Mit der Durchsetzung der „Diktatur des Proletariats" durch die SED formierten sich im Wesentlichen drei Stände: die Nomenklatura, sodann die Bürokratie, also der Mittelstand und die Intelligenz, sowie das gemeine Volk. Die soziale Ordnung stützte sich auf fünf Institutionen: den SED-Apparat, den administrativen und militärisch-polizeilichen Apparat, den Wirtschaftsapparat und den ideologischen Apparat. In den Anfangsjahren der DDR wurden die meisten Positionen in den Gebieten Politik, Wirtschaft und Kultur neu besetzt. Diese Aufsteiger, die in der Regel SED-Mitglieder waren oder es dann wurden, sahen ihre Positionen als Besitzstände an, was wiederum zur Verfestigung der Hierarchieebenen führte.[242] Die Parteiführung beanspruchte für sich das allgemeine Wahrheitsmonopol und die Unfehlbarkeit, sie traf die wichtigsten Entscheidungen und schuf einen Apparat, der an „mafiaähnliche Verbindungen" erinnerte.[243] Zwischen der Nomenklatura und dem gemeinen Volk etablierte sich der zweite Stand aus Beamten, Wirtschaftsfunktionären, Wissenschaftlern, Künstlern und anderen, zumeist Vertreter der akademischen Eliten oder im DDR-Jargon die „Intelligenz". Hier spielten Privilegien für ideologiekonformes Verhalten eine besondere Rolle. Diese Privilegien betrafen vor allem materiellen Besitz, Sonderversorgungen, aber auch Bildungschancen oder Zugangsmöglichkeiten zu bestimmten Institutionen. Für das Verständnis der Kriminalromane ist die Kennt-

241 Meier 1990, S. 8.

242 Vgl. Mann 1996, S. 26–28.

243 Zwahr 1993, S. 73.

nis dieser stabilen Stratifikation der Gesellschaft wichtig, denn nur so lässt sich auch die Sozialkritik, die hier geübt wird, erkennen. Eine Interaktion zwischen den genannten Schichten bzw. „Ständen" war in der Regel nicht gegeben. Zwahr spricht von „geschlossenen Kreisen".[244]

Die Nomenklatura lebte für sich, weitgehend abgeschirmt von der Bevölkerung. Der zweite Stand, die Militärs, Stasi-Funktionäre und akademischen Eliten wohnten in besser ausgestatteten Häusern, mitunter auch in gettoähnlichen Stadtvierteln. Sowohl im Berufsalltag als auch in der Freizeit kommunizierten die Angehörigen des jeweiligen Standes in der Regel unter sich und die soziale Welt des jeweils anderen Standes wurde nicht wahrgenommen. Somit kann man durchaus sagen, dass „jeder gewissermaßen in seiner eigenen und anderen DDR" lebte.[245]

Ein Bild der alltäglichen Kriminalität in den letzten Jahren der DDR vermittelt Tom Wittgen in *Die letzte S-Bahn*: „Rowdies und Taschendiebe [...], Sittenstrolche, Kiosk- und Gartenräuber" bevölkerten offensichtlich die kriminelle Szenerie in der DDR. Mit dem jungen Protagonisten Oliver Pfau entwirft Wittgen eine typische Biographie des Kleinkriminellen, der aus einer Arbeiterfamilie stammte, nach der achten Klasse die Schule verließ und keinen Berufsabschluss schaffte. Daneben stellt sie den nach einer Haftstrafe entlassenen Christian Warkentin, der durch gezieltes Mobbing in der Schule zu kriminellen Taten verleitet wurde und somit zugleich auch das Opfer seiner Verhältnisse geworden ist.

Wittgen zeigt in diesem Roman, dass der Auslöser vieler krimineller Taten übermäßiger Alkoholgenuss und die damit verbundene Beschaffungskriminalität ist. Zweifelsohne war Alkohol die Droge Nummer Eins in der DDR und spielt auch in anderen Kriminalromanen eine wichtige Rolle. Verwiesen sei hier nur auf Jan Eiks Kriminalromane oder Wolfgang Kienasts Blaulicht-Krimi *Tamerlan oder die Familienbande*, auf die an späterer Stelle noch ausführlicher eingegangen werden wird.

Randexistenzen und Menschen, die schwer bzw. gar nicht in die sozialistische Gesellschaft integrierbar sind, also jenes gemeine Volk, das ganz am unteren Ende des dritten Standes anzusiedeln ist, treten in den späten Kriminalromanen häufiger auf. Bei Eik ist es die Scheckbetrügerin und alleinerziehende Mutter Martina Fahrlandt, die auf den Antritt ihrer Haftstrafe wartet und die in der

244 Zwahr 1993, S. 31.

245 Mann 1996, S. 29.

Folge ihrer Tat einen guten Arbeitsplatz verloren hat und deren Sohn durch die notwendige Heimeinweisung sozusagen „automatisch" ins gesellschaftliche Abseits gedrängt wird. Ähnlich dem Sohn des Täters in diesem Kriminalroman, der seine Angst, ins Heim zu müssen, offen artikuliert: „Ich will – nicht ins Heim..." (DeM, S. 200). Die Kinder sind – das wird nicht nur bei Eik, sondern auch in Mechtels *Gesucht: Jo Böttger* offensichtlich – die eigentlichen Leidtragenden der Kriminalität der Erwachsenen und des häufig verantwortungslosen Umgangs des Staates mit den Kindern von Straffälligen. Die alleinerziehende Mutter Martina Fahrlandt fühlt sich in jeder Hinsicht allein gelassen. Von sozialer Fürsorge, wofür sich die DDR gern selbst lobte, spürt man in ihrem Fall nichts, im Gegenteil, die Frau sieht sich durch ihre prekäre soziale Lage, insbesondere durch den Verlust des Arbeitsplatzes, sogar zur Prostitution gezwungen.

Diese Figuren, das sei explizit hervorgehoben, bleiben Randfiguren in den Kriminalromanen der späten DDR, sie stehen keineswegs im Zentrum der Handlung, sondern treten in kurzen Episoden auf. Aber – und das ist das Neue – es gibt sie und sie stören erheblich das Bild von der fürsorglichen und sozial gerechten DDR, in deren Mittelpunkt die „sozialistische Persönlichkeit" steht.

Eine Ausnahme gibt es jedoch: In Kienasts Blaulicht-Krimi *Tamerlan oder die Familienbande* steht eine Außenseiterin im Mittelpunkt der Geschichte. Kienast gestaltet mit seiner Serientäterin Traude eine gescheiterte Existenz, die ihre Beziehungen zu Männern nach den zu erwartenden Vorteilen auswählt. Ohnehin sind es oft Frauen, die von sozialen Härten und sozialer Ausgrenzung betroffen sind und die – notgedrungen und fast selbstverständlich – ihren Körper verkaufen, um materielle Wünsche realisieren zu können.

Gesellschaftliche Außenseiter und alternative Lebensformen rücken stärker ins Zentrum der Handlung, wie in Eiks *Dann eben Mord* mit dem selbstständigen Wasserflohfänger Pritzlaff. Betrachtet man die Figuren in Eiks Krimi genauer, so stellt man schnell fest, dass hinter der ländlichen Idylle und hinter dem Willen der Menschen, die Fassade aufrechtzuerhalten, längst der Zerfall begonnen hat. Am besten greifbar wird das an dem Lehrerehepaar Arne und Swetlana Schildhauer, er Direktor der Schule, sie Grundschullehrerin in der gleichen Schule. Beide sind seit 15 Jahren verheiratet. Hinter dem ausgeprägten Pflichtbewusstsein, das Swetlana Schildhauer zur Schau trägt, herrscht tiefe Langeweile und Müdigkeit. Sie braucht immer mehr Energie, um ihren Beruf ausüben zu können, und für einzelne Schüler engagiert sie sich längst nicht mehr. Als sie sich gegen die Versetzung von zwei Schülern ausspricht und damit auf den Widerspruch der Direktion stößt, streicht sie schnell die Segel und fügt sich den Vorgaben von oben. Schließlich gehe es um die Reputation der Schule und Sitzenbleiber seien nun mal dem guten Ruf abträglich.

In ihrer beruflichen Unzufriedenheit und emotionalen Einsamkeit lässt sich die Lehrerin Swetlana auf eine Affäre mit einem jüngeren Kollegen ein. Bei einem ihrer heimlichen Treffen werden sie von dem Vater eines Schülers beobachtet, der dann beginnt, Swetlana mit Fotos zu erpressen. Aber der Vater, dessen Identität durch eine geschickte Konstruktion des Autors lange unklar bleibt, will kein Geld, sondern verlangt sexuelle Dienste für sein Schweigen. An der ausweglosen Situation, in die die Lehrerin gerät, zerbricht sie fast. Weder ihrem Mann kann sie sich anvertrauen, noch erkennt der ermittelnde Oberleutnant Jarosch die Not, in der die mit ihm und seiner Frau befreundete Swetlana steckt. Das, wovor Swetlana Schildbauer zurückschreckt, ist das öffentliche Gerede. Als Frau des Direktors, das war klar, schaut man besonders auf sie. Damit die Leute etwas zu reden haben, braucht es nicht viel: In Begleitung eines jungen Mannes gesehen zu werden und sich etwas modischer zu kleiden als andere Frauen, genügt bereits als Gesprächsstoff (DeM, S. 29). Eik gestaltet auf diese Weise besonders anschaulich den kleinbürgerlichen Mief der DDR-Gesellschaft, das Misstrauen unter den Menschen und den Neid auf materiellen Wohlstand und gute berufliche Positionen.

Jan Eik bricht in diesem Kriminalroman vor allem mit einem Tabu des DDR-Krimis, und zwar mit der unkritischen Darstellung von Lehrern. Der Lehrer ist nicht mehr das moralische Vorbild und die Schule keineswegs eine pädagogische Insel. Die Arbeitsbelastung des Direktors ist mit Sitzungen und Weiterbildungen besonders hoch, aber durchaus vergleichbar mit der seiner Frau, die in den Ferien neben Weiterbildungen auch Ferienangebote für die Schüler organisieren muss. Es bleiben kaum Freiräume für eigene Interessen und die Zweisamkeit ist dem Paar längst abhanden gekommen. Jeder lebt sein eigenes Leben.

Der kritische Blick auf die Gesellschaft ist häufig ein individueller Blick, wie am Beispiel der Grundschullehrerin Swetlana Schildbauer besonders deutlich wird. Ähnliche Beispiele finden sich bei Mechtel und Kienast. In den Kriminalromanen lässt sich generell eine zunehmende Konzentration auf die Perspektivierung durch einzelne Figuren erkennen. So sind es vor allem die Ermittlerfiguren, die in ihrer persönlichen Sichtweise stärker zu Wort kommen – seien es Eiks Werner Jarosch oder Oberleutnant Krüger in Mechtels *Unter der Yacht.* Kritik wird vorzugsweise in Dialogen geäußert, in Nebensätzen oder rhetorischen Fragen. Von versteckter Kritik oder dem Lesen–zwischen–den–Zeilen kann man nicht unbedingt sprechen, denn die Kritik erschließt sich aus der Kenntnis der zeitgenössischen Bedingungen und ist in diesem Sinne auch offen formuliert. Ein Beispiel dafür ist in Jan Eiks *Dann eben Mord* Marco, der Sohn des Oberleutnants Jarosch. Marco engagiert sich in einer Umweltgruppe und nimmt aktiv an Aktionen zum Umweltschutz teil. Dieses in der DDR sehr sensible Thema wird bei Eik mit einer Selbstverständlichkeit in die Handlung eingebaut, die offensichtlich macht, dass in der Enttabuisierung und der Normalisierung des Themas die eigentliche Kritik des Autors zu sehen ist.

Eine der kritischsten Erzählungen des Textkorpus ist zweifelsohne Kienasts Blaulicht-Krimi *Tamerlan oder die Familienbande*, der im nächsten Kapitel noch ausführlicher besprochen wird. In der in Berlin, im Stadtbezirk Friedrichshain, spielenden Handlung fragt der Streifenpolizist Bankel: „Aber wohin wollen Sie türmen in dieser Stadt?" (TM, S. 279). Hier werden die Berliner Mauer und das Eingeschlossen-sein in der Stadt nicht nur indirekt thematisiert, sondern durchaus offen in Form einer rhetorischen Frage, die letztlich auch ohne Antwort bleiben muss.

Ein beliebtes Mittel der kritischen Figurencharakterisierung ist die Schilderung der Wohnung und des Wohnumfeldes. Die Ausstattung mit modernen elektronischen Geräten, die Sauberkeit bzw. der Zustand der Wohnung lässt Rückschlüsse auf die jeweilige Figur und ihre soziale Stellung zu. Zwei kontrastive Beispiele belegen das:

Inge Mashold, die Ehefrau des Opfers ins *Unter der Yacht*, bittet die Ermittler in den Aufenthaltsraum des Personals:

> Krüger hatte etwas Einfaches, rührend Häßliches ähnlich dem eigenen Büro erwartet und sah sich getäuscht. Die schwarzbraunen Ledersessel, der mahagonifurnierte Schrank und der halbhohe Tisch mit der Glasplatte erinnerten ihn eher an den Klubraum in einem Interhotel. [..] Ein Tisch mit gedrechseltem Fuß nahm das dunkelgrüne Tastentelefon auf. An der gegenüberliegenden Wand ein Schränkchen mit einem Radiorecorder – ein skr 700: zumindest vom Preis her ein gediegenes Modell, dachte Krüger. Kühlschrank und Kochplatte waren farblich so geschmackvoll in den Raum eingepaßt, daß sie den Eindruck von kostspieliger Behaglichkeit eher verstärkten denn beeinträchtigten (UdY, S. 48–49).

Dem gegenüber steht die Schilderung der Wohnungssituation der Scheckbetrügerin Martina Fahrlandt in Jan Eiks *Dann eben Mord*:

[…] obwohl sie ja hier in dieser baufälligen Bude über dem Seifenkonsum in einer der Altstadtgassen beinahe alleine mit ihrem Jungen hauste. Vielleicht stand ihr endlich eine bessere Wohnung zu, wenn sie wieder rauskam. […] Sie zögerte, als fürchte sie, jemand könnte ihr das einzige Schmuckstück ihrer kärglichen Kücheneinrichtung rauben. Dann wies sie auf das blaulackierte Schränkchen mit dem Löffelbord." (DeM, S. 144–145)

Die Menschen besitzen nicht viel und der Besitz materieller Güter spielt in fast allen Romanen der späten DDR eine herausgehobene Rolle. Die Menschen werden taxiert nach dem, was sie besitzen. Ihr Wert scheint zu steigen, je mehr sie besitzen.

Die Bürokratie und die Unflexibilität der Führungselite ist in Jan Eiks *Der siebente Winter* ein wirkliches Problem des realexistierenden Sozialismus und wird als solches auch beschrieben. So ereifert sich eine Angestellte des Industriekombinats:

> Überprüfen Sie mal, was wir denen da oben monatlich an Statistik und Maßnahmeplänen und wissenschaftlich verbrämtem Schnickschnack liefern müssen! Das sind die wirklichen Probleme hier und nicht die lumpigen dreihunderttausend Mark! (Winter, S. 143)

Die Anpassung und die freiwillige Unterordnung unter die Autoritäten, die das gesellschaftliche Klima im Wesentlichen prägen, werden brüchig. Die Unzufriedenheit der Menschen, die stets vorhanden war, wird nun lauter und offensiver geäußert. Die Funktionärselite erscheint dabei komplett isoliert von der Bevölkerung. Die Menschen leben in der Angst, im Umgang mit den Funktionären Normen und Regeln zu verletzen und somit Nachteile zu erleiden. Gegen dieses Gefühl der Willkür und des Ausgeliefertseins begehren die Menschen zunehmend auf.

3.4 Die thematische Vielfalt oder die neue Dimension der Wirklichkeitsdarstellung

Der Kriminalroman der späten DDR bringt neue Themen, die gesellschaftlich für Diskussionen sorgen. Auch Tabuthemen werden angesprochen; sei es als kurze Randbemerkung oder in einer Nebenhandlung.

Ein wichtiges Thema ist die Benachteiligung bzw. Zurückweisung von Menschen, weil sie bestimmte Voraussetzungen nicht erfüllen, die innerhalb der sozialistischen Gesellschaft jedoch als unabdingbar gelten. Heinz Tahlberg in Müllers *Nachtzug* ist kein Reisekader, weil er eine Großmutter in Dortmund hat.

Aus diesem Grund konnte er nicht an Verhandlungen mit einer westlichen Firma teilnehmen, die ein technisch weniger versierter Mitarbeiter führen musste. Es kommt zu Problemen bei der Fertigung des Produkts und zu Vertragsstrafen, für die Tahlberg verantwortlich gemacht wird, obwohl ihm die Hände gebunden waren (Nachtzug, S. 48). Seine Frau Karin Tahlberg durfte aufgrund der beruflichen Tätigkeit ihrer Eltern, die eine kleine Apotheke betrieben, also selbstständig waren, nicht das Abitur machen (Nachtzug, S. 31). Diese Ausgrenzungen von Menschen, die nichts mit den individuellen Voraussetzungen der Personen zu tun haben, sondern ausschließlich mit ihrem äußeren Lebensumfeld und den staatlichen Vorgaben, werden als Ungerechtigkeiten empfunden und mehr oder weniger ausführlich dargestellt. In den beiden hier geschilderten Fällen führen sie in die persönliche und gesellschaftliche Isolation. Heinz Tahlberg beginnt zu trinken. Karin Tahlberg isoliert sich durch eine Überangepasstheit, die sich in der Ausübung vieler Funktionen äußert und letztlich in die körperliche und psychische Erschöpfung führt (Nachtzug, S. 53).

Die starke Arbeitsbelastung der Menschen durch die Arbeit selbst, aber auch durch zusätzliche Funktionen und insbesondere bei den Frauen durch Haushalt und Einkäufe werden häufiger thematisiert, so auch in Jan Eiks *Dann eben Mord* am Beispiel der Grundschullehrerin Swetlana Schildbauer, die neben Arbeit und Haushalt den Garten zu versorgen hat, während ihr Mann neben einer zwar hohen beruflichen Belastung immer noch Zeit für seine zahlreichen Hobbys findet.

In Müllers *Nachtzug* wird das Thema der Gleichberechtigung von Mann und Frau diskutiert, ein für die DDR wichtiges Thema, denn mit der Förderung von Frauen stellte man sich gern als besonders fortschrittlich dar. Frauke Reinhold ist eine der ersten Gerichtsmedizinerinnen in einer verantwortlichen Position im Kriminalroman. Sie kann ihre Funktion ausüben, weil sie keine familiären Verpflichtungen erfüllen muss, also „kein zweites Arbeitsverhältnis" hat – wie sie es prägnant ausdrückt –, das im Versorgen von Mann und Kindern besteht (Nachtzug, S. 108). In diesem Dialog zwischen der Gerichtsmedizinerin Reinhold und dem Oberleutnant Kranz kommt das eigentliche Dilemma sehr deutlich zum Ausdruck, das in der traditionellen Denkweise besteht, dass sich Frauen wie selbstverständlich auch um den Haushalt und die Familie kümmern müssen. Die Arbeit von Frauen bleibt unsichtbar, sie arbeiten zumeist im Hintergrund und nicht an den exponierten Stellen wie Männer.

Kritisiert wird ebenso das sogenannte „Abrechnungsdenken", also die Erfüllung eines Frauenförderungsplans, ohne genau hinzusehen, was mit den so geförderten Frauen eigentlich passiert. Dabei ist es keineswegs ungewöhnlich, Frauen in hochqualifizierten und in der Regel „frauenuntypischen“ Berufen zu begegnen wie eben der Gerichtsmedizinerin oder der Ingenieurin, doch – so wird ebenfalls in diesem Dialog deutlich – bleibt die Förderung von Frauen in einem bestimmten Rahmen und die Führungspositionen sind auch für Frauen in der DDR weitestgehend unerreichbar (Nachtzug, S. 106–111).

Zunehmend werden Bevölkerungsgruppen ins Zentrum gerückt, die deutlich werden lassen, dass es in der DDR auch massive soziale Probleme gegeben hat. In Wolfgang Kienasts Blaulicht-Krimi *Tamerlan und die Familienbande* geht es um den Diebstahl von 800 Mark, die die junge Serientäterin Traude Grether ihrer Bekannten entwendet hat. Traude ist eine dieser gesellschaftlichen Randexistenzen, die zwischen schäbigen Wohnungen und Gefängnis pendeln. Die Handlung spielt in Berlin-Friedrichshain und vermittelt durch die Erzählweise aus der Perspektive des Streifenpolizisten Klaus Bankel den Eindruck einer kleinen, überschaubaren Welt. Bankel kennt die Menschen in dem Kiez und ist mit ihren Lebensumständen bestens vertraut. So sucht er in einer Frühkneipe nach der Diebin, einer Einrichtung, „wie es viele dieser Art gab“ (TM, S. 271), die von acht bis zwanzig Uhr geöffnet haben und in denen der staatliche Handel seinen Alkohol bereits morgens verkauft. Bankel schimpft mit dem Opfer, das sich immer wieder bestehlen lässt. Der Täterin kommt er auf die Spur, weil er sie sehr gut kennt und sogar Sympathie für sie empfindet.

Die ungewöhnlichen Beziehungen, die in diesem literarischen Kammerstück zum Ausdruck kommen, machen auch seine besondere Qualität aus. Kienast beleuchtet die zwischenmenschlichen Beziehungen, die nur noch materiell ausgerichtet sind – wobei Bankel natürlich die sympathische Ausnahme darstellt. So beginnt Traude eine Affäre mit dem Bauarbeiter Hilmar, weil dieser Kellerräume ausmauert und sie sich dadurch den Zugang zu verschiedenen Kellern und dem dort lagernden Besitz erhofft. Bankels Verhältnis zu Traude ist ganz entgegen der offiziellen Konstellation ein positives: „Ich mag sie auch. Es ärgert mich jedes Mal, wenn sie wieder in den Kahn muß. [...] Sie ist die konsequenteste Asoziale, die ich mir denken kann.“ (TM, S. 279). Zwischen der Serientäterin und dem Polizisten hat sich so etwas wie ein Wettbewerb entwickelt: die nach Vollkommenheit strebende Diebin und der ermittelnde Polizist, der ihre Verstecke finden muss, um sie überführen zu können. Das, was Kienast zeigt, ist ein nicht mehr in die Gesellschaft zu integrierender Mensch und damit legt er auch das Versagen der Gesellschaft offen. In dieser Kurzform, der extremen Ausschnitthaftigkeit der narrativen Darstellung, die keinen Raum für ein tiefergehendes Figurenprofil bietet, war der Blick an die Ränder der Gesellschaft gestattet. Kienast zeichnet zudem in dem Polizisten Bankel einen missgebildeten Menschen, der stark schielt und einen leichten Buckel hat. Er wird „Tamerlan" gerufen in Anlehnung an „eines der blutrünstigsten Scheusale, das die Geschichte hervorgebracht hat" (TM, S. 270). In der Erzählung wird diese Beschreibung allein auf die äußeren Merkmale verwiesen, die „Tamerlan" und der Polizist Bankel gemein haben. Doch war der Mongolenherrscher Tamerlan auch für seine Brutalität und Tyrannei bekannt. Daher sei hier auf die überraschende Doppeldeutigkeit verwiesen, die in der Person des überaus sympathischen und missgebildeten Polizisten zum Ausdruck kommt, der den Staat repräsentiert.

Die im vorigen Kapitel aufgestellte Hypothese, dass in den Kriminalerzählungen der Blaulicht-Reihe ein stärkerer kritischer Ton angeschlagen wird als in den Kriminalromanen, bestätigt sich nicht nur im Hinblick auf Wolfgang Kienasts Erzählung, sondern auch bei einer näheren Analyse der Erzählung *Gesucht: Jo Böttger* von Hartmut Mechtel aus dem Jahr 1987.

Auch Mechtel rückt eine bis heute wenig beachtete Bevölkerungsgruppe ins Zentrum seiner Erzählung: Heimkinder. Mechtels Sozialkritik setzt auf mehreren Ebenen an. Zum einen stammen die Jugendlichen, die in dieser Erzählung auftreten, ausnahmslos aus zerrütteten Familienverhältnissen. Die Eltern sitzen aufgrund von Eigentumsdiebstählen im Gefängnis oder ihnen wurde aufgrund von asozialem Verhalten das Sorgerecht entzogen. Zum anderen kritisiert der Autor besonders explizit die Vorverurteilung der Jugendlichen und demonstriert das an dem ganz konkreten Fall des siebzehnjährigen Jo Böttger.

Bereits die Erzählerposition ist ungewöhnlich, denn wir haben es mit einem Ich-Erzähler – nach Genette einem extra-/homodiegetischen Erzähler – zu tun, dem Gerichtspsychiater Ernst-Lothar Tanneberg, der in Berlin an der Charité arbeitet und zu einem Fall nach N. gerufen wird. Eventuell könnte es sich um Neubrandenburg handeln. Der Täter wird auch sogleich identifiziert, denn Tanneberg hat seinen Ausweis neben dem getöteten und vorher vergewaltigten Mädchen gefunden. Der vermeintliche Täter, Jo Böttger, ist flüchtig und wird per Fahndung gesucht. Beide, Opfer und vermeintlicher Täter, kannten sich, da sie gemeinsam im ortsansässigen Heim gelebt haben. Tanneberg erkundigt sich nach dem Charakter des 17-Jährigen und erfährt, dass dieser als verschlossen gilt mit einer aggressiven Tendenz und einem sehr geringen Intelligenzquotienten, so dass der Gesuchte als „grenzdebil" eingeschätzt wird. Tanneberg liest die Protokolle der Gespräche, die mit Böttger im Rahmen einer Dissertationsarbeit geführt wurden und die die Grundlage der Ermittlung des Intelligenzquotienten bildeten. Diese Protokolle zeigen jedoch das Bild eines hochintelligenten, belesenen und mit seiner Lebenssituation unzufriedenen Jugendlichen. Böttger hatte während des Wissenstests die Rollen vertauscht und als Befragter den Fragenden getestet, ohne dass es dieser mitbekam. Schnell wird deutlich, dass hier eine gravierende Fehleinschätzung vorliegt. Weitere Gespräche mit der Heimleitung und einem befreundeten Mädchen lassen Tanneberg zu der Einsicht kommen, dass er es hier mit allem anderen als mit dem Profil eines Sexualtäters zu tun hat.

In dieser kurzen Erzählung gestaltet Mechtel einen tiefgreifenden Konflikt innerhalb der DDR-Gesellschaft und zwar den Generationskonflikt, der nach einigen Studien für das Ende der DDR mitverantwortlich war.[246] Am Beispiel mehrerer Heimkinder, die mit 17 in ein selbstständiges Leben entlassen werden, um einen Beruf zu erlernen, den man ihnen vorgibt, zeigt Mechtel den Perspektivverlust der Jugendlichen und die Beschränkungen, denen sie sich nicht entziehen können:

> Ich plauderte, um Lisa für die wesentlichen Fragen zu öffnen, über ihre Arbeit, zeigte Verständnis dafür, daß sie sich Schöneres vorstellen konnte, als ihr Leben über eine Nähmaschine gebeugt zu verbringen, aber daß ich es nicht ändern konnte, war uns beiden klar (GJB, S. 307).

Ähnlich äußert sich die Hauptfigur Jo Böttger, nur sehr viel expliziter und aggressiver, in dem Gesprächsprotokoll:

> Ich will nicht im Heim sein, sondern alleine leben, aber alle sagen, es ist das Beste. Ich will nicht Anstreicher werden, aber sie sagen, es ist das Beste. Ich will nicht jeden Morgen um sechs aufstehen und diesen sinnlosen Frühsport machen, aber sie sagen, es … (GJB, S. 302).

Die Reglementierung der Jugendlichen, die geringen Spielräume des Sich-Ausprobierens und die eingeschränkte, soziale Perspektive kommt hier sehr deutlich zum Ausdruck, noch zusätzlich gesteigert durch das Leben der Jugendlichen im Heim. Mechtel gestaltet auch mit Viktor Mashold, dem Sohn des hochrangigen Opfers in *Unter der Yacht*, einen Jugendlichen, der sich gegen die Gesellschaft wendet, allein durch seinen Habitus als Punker mit grünem Irokesenschnitt. Immer geringer wurde die Identifikation mit dem System und immer weniger waren insbesondere die Jugendlichen bereit, die politische Indoktrination und Bevormundung hinzunehmen. Die sozialen Aufstiegs- und Bildungs-

246 Vgl. Mann 1996, S. 279–280.

angebote genügten den Jugendlichen gerade in den 1980er Jahren nicht mehr, so dass sich zunehmend informelle Gruppierungen herausbildeten. In Jan Eiks *Dann eben Mord* ist der Sohn des ermittelnden Oberleutnants in einer Umweltgruppe aktiv, in Mechtels *Unter der Yacht* gehört eine Verdächtige zu einer Gruppe, die sich für den Frieden engagiert.

Mechtels Erzählung *Gesucht: Jo Böttger* illustriert eindrücklich, dass der Generationskonflikt die gesamte Gesellschaft spaltet, denn es bleibt am Ende offen, ob der Unschuldsbeweis des Jugendlichen durch den Ich-Erzähler auch von höherer Stelle akzeptiert wird. Für den Gerichtspsychiater ist der Fall abgeschlossen, für Jo Böttger jedoch noch längst nicht. Die Beschränkungen, die der Jugendliche in seiner Lebensplanung hinnehmen musste, ohne sich dagegen wehren zu können, lassen den Schluss der Erzählung eher wie einen Abbruch erscheinen, plausibilisiert durch den Ich-Erzähler. Der auktoriale Erzähler hätte wissen müssen, wie die Geschichte um Jo Böttger weitergegangen ist, der Ich-Erzähler kann nur aus seiner eigenen Perspektive erzählen. Insofern zieht sich Mechtel in dieser heiklen Situation erzähltechnisch bestens aus der Affäre und überlässt es dem Leser, den Fortgang der Geschichte zu imaginieren.

In den meisten Kriminalromanen wird die starke Konsumorientierung der DDR-Gesellschaft kritisch reflektiert und mitunter sogar als mögliches oder tatsächliches Tatmotiv herangezogen. In Müllers *Nachtzug* war es der wirtschaftliche Wohlstand, der Siegfried Linz davon abhält, seine Frau zu verlassen (Nachtzug, S. 140).

Einen besonderen Stellenwert im Konsumverhalten nimmt das Auto ein. Wer ein Auto besitzt, verfügt über einen gewissen Wohlstand und automatisch gesellschaftliches Ansehen. Die Hierarchie der Autotypen ist dabei eindeutig: vom Trabant über den Wartburg bis zum Lada als dem hochwertigsten Autotyp. Die Funktionäre in Mechtels *Unter der Yacht* fahren einen Lada; bei Eik taucht in *Dann eben Mord* sogar ein Golf auf, der seinen Besitzer auffällig macht und seinen Geschäften einen negativen Nimbus verleiht.

Ein fester Bestandteil auch des späten DDR-Kriminalromans ist der Kriminalroman mit einer Handlung in Westdeutschland, allerdings findet man für die letzten drei Jahre der Existenz der DDR kaum Krimis, die im Westen Deutschlands spielen. Tom Wittgen lässt noch zwei Kriminalromane in der Bundesrepublik (Passau) und in Westberlin spielen: *Die falsche Madonna* von 1982 und *Das*

Schwarze-Peter-Spiel von 1983.[247] In beiden Kriminalromanen wird die Bundesrepublik als NS-Nachfolgestaat dargestellt, in dem Ausbeutung und Laster dominieren. Der Hauptprotagonist in *Das Schwarze-Peter-Spiel* muss erkennen, dass auch die intimsten Beziehungen vom Prinzip der Bereicherung bestimmt sind und seine Frau ihn aus finanziellen Gründen verlässt. Die sozialen Beziehungen werden zum Zweck des materiellen Vorteils instrumentalisiert. Die moralische Depravation am Beispiel der Bundesrepublik zu zeigen, war ideologischer Konsens, allerdings in den achtziger Jahren nicht mehr zeitgemäß. Diese Instrumentalisierung sozialer Beziehungen und die tiefgreifende Entfremdung innerhalb der DDR-Gesellschaft darzustellen, sie also nicht mehr „auszulagern", bedeutete indes auch Ende der 1980er Jahre eine relativ offen ausgesprochene Kritik am System, wie sie bei Wolfgang Kienast, Hartmut Mechtel, Reinhard Müller oder Jan Eik besonders greifbar wird.

Es gibt Konstanten in den späten DDR-Kriminalromanen. So wird beispielsweise viel gelesen, insbesondere die Frauen lesen. Anspielungen auf die Krimi-Klassiker sind verbreitet, insbesondere auf Maigret, der Spitzname von Robert Kranz in *Nachtzug*. Auf diese Weise werden Typen assoziiert. Kranz ist demzufolge der ruhige Ermittler, der mit einer großen Beobachtungsgabe ausgestattet ist. Ein ganz anderer Typ ist Hauptmann Krüger in Mechtels *Unter der Yacht*: „Der Krüger läuft rum wie Columbo." (UdY, S. 20). Doch Krüger ist mit dieser Zuschreibung nicht zufrieden, er hat ein ganz anderes Vorbild im Kopf: „Ich und Columbo, dachte Krüger. Hätte er wenigstens Schimanski gesagt! Darauf kommt keiner. Leider." (UdY, S. 20).

Der Kriminalroman wird gern als Gattung in Form eines Metadiskurses thematisiert. In dieser Selbstreflexion dominiert in der Regel die geringe Anerkennung der Gattung und somit zwangsläufig eine Geringschätzung der eigenen Gattung.

Von der Thematisierung der eigenen Gattungswahl bis zur versteckten Medienkritik ist es nicht weit. In den späten DDR-Kriminalromanen wird unterschwellig die Berichterstattung im Fernsehen und in den Zeitungen kritisiert. Das, was für die Menschen die Realität ausmachte, ihre alltäglichen Sorgen und Probleme, fand sich nicht im Fernsehen oder in der Zeitung wieder (DeM, S. 46). Es war schwer, sich sein eigenes Bild zu machen. Wenn man sich dabei auf etwas verlassen konnte, dann waren das schon eher Bücher, also Literatur, und weni-

247 Tom Wittgen: *Die falsche Madonna*, Berlin 1982; Tom Wittgen: *Das Schwarze-Peter-Spiel*, Berlin 1983.

ger die Presse und das Fernsehen. So wurde auch nicht über schwere Verbrechen in der Zeitung berichtet (Winter, S. 96).

Neben dieser versteckten Kritik an den DDR-Medien stand der entlarvende Blick auf die westlichen Medien, wie sie Wittgen in ihrem Kriminalroman *Das Schwarze-Peter-Spiel* beschreibt. Die Presse wird hier als gewissenslose Kraft geschildert, die über Leichen geht, Existenzen zerstört und somit zwangsläufig Unschuldige zu Verbrechern werden lässt. Die Dämonisierung der Medien als eine den Rechtsstaat aushöhlende Kraft, der man nichts entgegensetzen kann, bleibt einseitig. Erst in ihren Nachwendekrimis gelingt es Wittgen, weitere Dimensionen der Medienwirkung in ihren Texten zu erfassen.[248]

3.5 Erzählstruktur und Sprache im späten DDR-Krimi

Der überwiegende Teil der Kriminalromane in der DDR ist nach einem ähnlichen Erzählschema aufgebaut. Wir haben es mit einem auktorialen Erzähler zu tun, der die absolute Verfügungsgewalt über die Geschichte hat. Häufig werden mehrere Reflektorfiguren in Szene gesetzt, die durch ihre unterschiedlichen Perspektiven spannungssteigernd sind bzw. Hintergrundinformationen liefern. Der Ermittler ist zwar eine privilegierte Reflektorfigur, aber keineswegs die einzige. In Jan Eiks *Dann eben Mord* ist es vor allem die Perspektive der Swetlana Schildbauer, die den Leser gefangen nimmt. Eik wertet somit die Opferperspektive auf und ihm gelingt aus formaler Sicht ein ganz besonderer Dreh: Er installiert die Perspektive des Täters ebenso wie die des Opfers und die des Ermittlers. Diese Gleichberechtigung der unterschiedlichen Perspektiven tragen zur Vielschichtigkeit des Romans bei.

Auch in Mechtels *Unter der Yacht* werden die verschiedenen Sichtweisen der beteiligten Personen eingefangen, allerdings nicht durch einen Perspektivwechsel, sondern durch längere Monologe. Die Ermittlungsarbeit wird aus der Perspektive des Hauptmann Krüger geschildert, doch durch wiederholte längere monologische Passagen, in denen die Verdächtigen zu Wort kommen, tritt der auktoriale Erzähler gleichsam zurück und ein Ich-Erzähler, eben das Ich des jeweiligen Verdächtigen, spricht zum Leser. Auf diese Weise schafft Mechtel eine besondere Situation der Identifikation mit seinen Figuren. Eine Identifikation, die ursprünglich von den Theoretikern des sozialistischen Kriminalromans nicht in-

248 Vgl. dazu das Kapitel 4.3.1.

tendiert war, denn schließlich sollte in einem Kontext der Kriminalität kein Identifikationspotential angeboten werden.

An diesen Beispielen wird sichtbar, dass die unterschiedliche und häufige Perspektivierung des Erzählten durch eine sogenannte Reflektorfigur – aber durch sehr verschiedene narrative Vorgehensweisen – als das herausgehobene erzähltechnische Element des DDR-Krimis angesehen werden kann.

Wie bereits anhand der theoretischen Diskussion um den Kriminalroman in der DDR aufgezeigt, so war der Freiraum für formale Neuerungen relativ begrenzt. Zumindest was die Kriminalromane der DIE-Reihe betrifft. Hier finden sich kaum formale Neuerungen und wenn, so nur in einem sehr begrenzten Maße und immer im Rahmen der offiziellen Vorgaben.

Anders sieht das bei den Blaulicht-Heften aus. Die untersuchten Kriminalerzählungen der letzten DDR-Jahre weisen einige ganz erstaunliche formale Neuerungen auf. Auffällig ist, dass mehrere der Kriminalerzählungen in der Ich-Form geschrieben sind (Mechtel und Johann). Einen Ich-Erzähler bzw. einen homodiegetischen Erzähler, also einen Erzähler, der selbst in die Geschichte, die er erzählt, involviert ist, findet man kaum in den DDR-Kriminalromanen. Hinzu kommt, dass die Ich-Erzähler keine Ermittler sind und Ermittler mehr oder weniger Randpersonen bleiben. Dadurch wird deutlich, dass nicht die endgültige Lösung eines Falls im Mittelpunkt steht, sondern vielmehr soll etwas gezeigt werden. Bei Mechtel sind das die fatalen Folgen einer sozial bedingten Einschätzung und die Perspektivlosigkeit der Jugendlichen.

In der Erzählung von Johann *Das seltsame Ende des Dr. Vau* wird die Geschichte aus der Perspektive einer zivilen Person, in diesem Fall eines Übersetzers aus dem Französischen, erzählt. Die Polizeiarbeit spielt bei Johann gar keine Rolle. Dass die Bürger die Ermittlungen selbst in die Hand nehmen, weil sie den Schlussfolgerungen der Polizei ganz offenbar misstrauen, ist schon für sich genommen ein unerhörter Vorgang, wird hier aber nicht explizit ausgestellt. Johann kritisiert keineswegs die Polizeiarbeit an sich; seine weibliche Hauptfigur, die Tochter des Doktor Vau, zweifelt allerdings an den Ergebnissen, zu denen die Polizei nach der Rekonstruktion des Unfallhergangs gekommen ist:

> Was soll ich bei der Polizei? Sie hat die Sache ja in der Hand gehabt, vor allem natürlich die Verkehrspolizei. Und irgendeinen Verdacht [...] hat es überhaupt nicht gegeben. Es war kein Fall, sondern ein Unfall (Vau, S. 191).

In dieser Kriminalerzählung trifft man auf den ziemlich einzigartigen Vorgang, dass Privatpersonen Ermittlungen und Befragungen vornehmen. Zwar gelingt es den beiden Protagonisten nicht, den Fall restlos aufzuklären, aber sie kommen einem offenkundigen Fehlverhalten und einer Erpressung des Doktor Vau auf die Spur.

Als Roman wäre diese Kriminalerzählung sicherlich nicht zu DDR-Zeiten realisierbar gewesen, obwohl sie rein erzähltechnisch das Potential dazu gehabt hätte.

Die Blaulicht-Kriminalerzählungen ermöglichten den Autoren sowohl formal als auch inhaltlich mehr Freiheiten als die Großform. Das wird schnell deutlich an den für diese Untersuchung ausgewählten Beispielen.

Einen nicht von der Hand zu weisenden Reiz macht die Sprache in den DDR-Kriminalromanen aus, denn hier wird ein Sprachstand konserviert, der gut zwanzig Jahre nach der Wende punktuell kaum noch verständlich ist, aber in besonderer Art und Weise Zeugnis ablegt von der sprachlichen Entwicklung in der DDR. Die Lebensbedingungen in der DDR, die Diktatur der SED und der Staatssicherheit haben natürlich auch in den sprachlichen Verwendungsweisen ihre Spuren hinterlassen.

Diese sprachlichen Besonderheiten betreffen in erster Linie die lexikalische Ebene und umfassen umgangssprachliche Bezeichnungen für Alltagsgegenstände, z.B. „Pappe“ für Trabant oder „Konsum“ für Supermarkt. Natürlich werden typische DDR-Produkte genannt, vor allem Zigarettensorten wie „Cabinet“ oder „F6“.

Hinzu kommen die Dienstgrade der Polizisten: Oberleutnant, Major, Hauptmann sind in erster Linie militärische Dienstgrade, die im Polizeiapparat verwendet wurden.

Abkürzungen werden verwendet, die nur aus ihrer Zeit heraus verständlich sind: „Vopo“ für Volkspolizei oder „ABV“ für Abschnittsbevollmächtigter.

Die Wende zeichnet sich in den untersuchten Romanen auch dadurch aus, dass die fremdsprachlichen Zitate vor 1989 anderen Sprachen entstammten als nach der Wende. Das Russische war mit der „Datsche“ präsent, doch überwiegen vor allem falsche fremdsprachliche Zitate. Brussig verballhornt in *Helden wie wir* den französischen Ausdruck *femme fatale* zu „fammvertall“ (Hww, S. 159) oder er hebt auf die falsche fremdsprachliche Aussprache ab, wenn er die Bestellung „Tschammpannja!" wiedergibt (Hww, S. 124). Da das Russische allgemeint verpönt war, galt es als besonders schick und modern, wenn englische Wörter mit in die Rede eingeflochten werden konnten. Siegfried Korn bestellt in Jan Eiks *Der siebente Winter* einen „Oransch"-Juice (Winter, S. 149). Die falsche Schreibweise steht für eine falsche Aussprache und zeigt die mangelnde Weltläufigkeit der DDR-Bürger, im Umkehrschluss also ihre Provinzialität.

Zu den sprachlich interessantesten Kriminalromanen gehört Bärbel Balkes *Pas de deux in den Tod*, der in einer eigenartigen Mischung aus Jugendsprache, Umgangssprache und typischen Wortverwendungen der DDR besteht und diesen Sprachstand mit neuen sprachlichen Einflüssen verbindet. Da dieser Kriminalroman zu den ersten ostdeutschen Kriminalromanen zählt, wird er im vierten Kapitel genauer untersucht. An dieser Stelle interessiert hauptsächlich die sprachliche Seite des Textes, die sehr aufschlussreich für den typischen Sprachgebrauch in der DDR ist.

An kaum einem anderen Text werden die Überschneidungen zwischen dem alten Sprachstand der DDR und den neuen sprachlichen Einflüssen aus Westdeutschland so greifbar.

Die Handlung spielt im April 1990, also nach dem Mauerfall und vor der Wiedervereinigung. Es gab demzufolge noch die DDR. Für die Noch-Existenz der DDR stehen Ausdrücke wie „Valuta" (Begriff für „harte", also ausländische Währung), „Kaderleiter" (für Personalchef), „Brigade" (für Team). Zugleich finden aber westdeutsche Entwicklungen Eingang in den DDR-Alltag und damit auch in die Sprache. Es gibt eine Abteilung für „Öffentlichkeitsarbeit" und einen „PR-Chef" – beides sind neue Phänomene, denn Werbung oder öffentliche Präsenz waren in der DDR weder notwendig noch besonders gern gesehen. Das Wort „Arbeitnehmer" existierte ebenfalls in der DDR nicht und wenn, so nur in der Berichterstattung über die westdeutsche Gesellschaft.

Verwirrend bleibt der Hotelname „Excelsior". Es ist völlig eindeutig, dass sich das Hotel in Ostberlin befinden muss, denn es ist mit einem „Valutagarten" ausgestattet und soll vor allem „Valuta" erwirtschaften. „Excelsior" ist allerdings eine Hotelgruppe in Westdeutschland. Die einschlägig bekannten Hotels in Ostberlin für ausländische Gäste waren das Hotel „Neptun" und das Hotel „International". Offenbar hat die Autorin hier einen fiktiven Hotelnamen gesucht, jedoch eine schlechte Wahl getroffen.

Balke versucht ihre Dialoge durch umgangssprachliche Elemente authentisch zu gestalten. Zum einen findet der typische Berliner Dialekt Eingang in ihren Roman und sie nimmt Ausdrücke der ostdeutschen Jugendsprache auf. Die Rebellion der Tochter des Opfers gegen ihre Mutter und gegen die gesamte Gesellschaft findet somit in einer sehr expressiven Sprache ihren Ausdruck: „Ist doch scheißegal, jetzt! [...] Absolut deli! [...] Wer macht sich um uns 'ne Waffel? [...]" (Pdd, S. 50). Vor allem auf der lexikalischen Ebene ist der Dialog der Tochter mit dem Ermittler durchsetzt von zahlreichen jugendsprachlichen Elementen, deren konkreter Sinn sich auch dem Kriminalisten teilweise entzieht. Folgende Beispiele sollen das zeigen:

- Positive Wertungen wie „Echt Spitze!"; „Echt cool!" oder „ein echter Schocker";
- „Knabe", „Heinz" für: Mann;
- „Chaot" für: Liebhaber;
- „absolutes Wuhling" für: großes Durcheinander;
- „absolute Verlade" für: Täuschung, Irreführung.

Insbesondere sind es die Phraseologismen, also typische jugendsprachliche Redewendungen, die in der Ausdrucksweise der jugendlichen Tochter zum Ausdruck kommen, wie z.B.:

- - „jemanden voll koffern" für: dauernd über ein und dieselbe Sache sprechen;
- - „einen Riß in der Tasche haben" für: nichts verstehen, keinen Durchblick haben;
- - „die Kiste läuft" für: eine Sache ist am Laufen.[249]

Auch andere Figuren stattet die Autorin mit einem besonderen sprachlichen Profil aus, wie den Arbeiter Rostmann mit einem starken Berliner Dialekt. Balke bildet die Sprachverwendung authentisch ab, indem sie sehr viel stärker als in anderen Kriminalromanen üblich die lexikalische Ebene berücksichtigt: „Mann, ick mußte mich mit meiner Ollen rumzerjeln. Zoff, verstehnse. Hätte ick auch noch nach die andere gekieckt, na, gute Nacht..." (Pdd, S. 83).

Weitere lexikalische Besonderheiten des Berliner Dialekts, die verwendet werden, sind z.B. „knuffen" für: arbeiten oder „Mischpoke" für: Verwandtschaft.[250]

249 Alle Beispiele beziehen sich auf den entsprechenden Dialog, in: Pdd, S. 49–57.

250 Die Beispiele stammen aus dem Verhör von Rostmann, in: Pdd, S. 84.

Aus sprachlicher Sicht bemühen sich die Kriminalromane um eine möglichst authentische Figurenrede, keiner der Autoren geht jedoch so weit und so konsequent vor wie Bärbel Balke in ihrem Kriminalroman.

Sowohl aus narrativer als auch aus sprachlicher Sicht haben die späten DDR-Kriminalromane Verfahren gewählt, um den Alltag der Menschen möglichst authentisch abzubilden. Die Autoren und Autorinnen wollen möglichst „nah" dran sein an den Menschen und ihren Problemen. Sowohl durch die Perspektivierung durch eine Figur wird das erreicht als auch durch eine detailgetreue Abbildung der Figurenrede.

3.6 Der Kriminalroman des Übergangs: kurz vor der Wende

Auch in der Wendezeit wurden Kriminalromane publiziert, die in einigen Fällen eine eindeutige Zuordnung zum DDR-Krimi als schwierig erscheinen lassen. 1991 erschien Hartmut Mechtels Kriminalroman *Unter der Yacht*, der nach Hillich bereits 1989 vorlag und nach der Darstellung des Autors 1988 verfasst wurde,[251] aber durch Umstrukturierungen in den Verlagen bzw. durch neue ökonomische Rahmenbedingungen erst zwei Jahre später erscheinen konnte. In Mechtels Fall haben wir es mit einem Kriminalroman zu tun, der besonders kritisch die DDR durchleuchtet, aber erst erschien, als es die DDR nicht mehr gab. Ob der Kriminalroman in der DDR publiziert worden wäre, ist eine heute nicht mehr zu beantwortende Frage.

Jan Eiks *Dann eben Mord* (1990) gehört ebenfalls zu den Krimis des Übergangs, denn der 1990 veröffentlichte Roman wurde bereits zu DDR-Zeiten verfasst.

In diesen beiden konkreten Fällen stellen sich insbesondere Fragen der Textgenese, denn der Verdacht könnte entstehen, dass diese Texte nach der Wende überarbeitet worden sind, um Kritik nachträglich anzubringen bzw. offener zu gestalten. Bei Mechtel kann man eine nachträgliche Überarbeitung ausschließen. Die kritischen Anspielungen sind sehr offen und direkt, offener als in anderen Kriminalromanen, doch sie fügen sich absolut harmonisch in die Handlung und Figurengestaltung ein. Mechtels Text ist zudem in seinem Sprachduktus eindeutig dem DDR-System verhaftet, was an den Bezeichnungen der Polizisten, an konkreten wirtschaftlichen Begrifflichkeiten und der Genauigkeit in der Realitätsdarstellung greifbar wird.

251 Vgl. die Homepage von Hartmut Mechtel www.hartmut-mechtel.de

Unter der Yacht bricht mit einigen Gesetzmäßigkeiten des DDR-Krimis. Ohnehin ist dieser Kriminalroman einer der erstaunlichsten, da mit Abstand zu den kritischsten Kriminalromanen zu zählen, die in der DDR-Zeit entstanden sind.

Der technische Direktor eines Großbetriebes, Siegfried Mashold, wird ermordet. Während notwendiger Ausbesserungsarbeiten wird er von seiner Yacht erschlagen. Mashold wird anfangs als ein jovialer, sympathischer Mensch geschildert, der sich aber bald als ein skrupelloser Karrierist entpuppt. Einer, der die Menschen neben sich zerstört, seien es Konkurrenten auf der Arbeit oder weibliche Eroberungen im Privaten. Keiner der Verdächtigen empfindet wirklich Trauer über seinen Tod. Dass das Opfer ein höherer Funktionär ist, ist bereits untypisch, sehr viel ungewöhnlicher ist aber die Tatsache, dass der überführte Täter als ein positiver und moralischer Mensch geschildert wird, der Rache übt und zwar nicht nur Rache an einem Funktionär, sondern in einem übertragenen Sinn an dem ganzen System, das ihn stets zu einem Verlierer gemacht und den frühen Tod der Eltern mitverschuldet hat. Die Tat wird zwar als eine falsche Moral der Rache verurteilt, doch lassen die Motive des Täters wie auch die Schicksale der Menschen, die den Weg des Opfers kreuzten, eine Parteinahme des Lesers mit dem Täter zu.

Man kann in der Interpretation der Krimihandlung sogar noch weitergehen: Mit dem Karrieristen Siegfried Mashold wurde die herrschende Klasse gerichtet und abgeschafft. In der letzten Szene des Kriminalromans wird klar, dass die frühere Tatverdächtige und neue Freundin des ermittelnden Hauptmanns Krüger wusste, wer der Täter war, weil sie ihn gesehen hatte, diesen aber konsequent deckte und seinen Namen nicht preisgab. Die Solidarisierung der Verdächtigen mit dem Täter gegen das vermeintliche Opfer, das geringe Bedauern über den Tod eines skrupellosen Machtmenschen steht letztlich für die Abschaffung des gesamten Systems. Auch bei Mechtel lässt sich eine Verschiebung der üblichen Täter-Opfer-Zuschreibungen beobachten, wie das bereits in Müllers *Nachtzug* der Fall war.

Es lassen sich also sehr deutliche Anzeichen für die tiefe Krise finden, in der sich die DDR-Gesellschaft befunden hat. Dazu zählt auch die wohl kritischste Bemerkung, die in diesem Kriminalroman von Mechtel fällt:

> Ausreise ist ein grundlegendes Menschenrecht, […]. Wenn die Bürger frei ausreisen können, bemühen sich die Regierungen stärker um Politik im Interesse der Bürger, damit sie eben nicht weglaufen wollen (UdY, S. 74).

Es bleibt fraglich, ob dieser absolute Tabubruch mit der Thematisierung der Ausreise und dem Einfordern von Reisefreiheit nicht bei einer Publikation zu DDR-Zeiten dem Rotstift zum Opfer gefallen wäre.[252] Fakt ist jedoch, dass der Autor zu diesem Thema Stellung genommen hat und die „Selbstzensur" außer Kraft setzte. Bereits die Präsentation des Manuskripts in dieser Form war als Schritt in eine, wenn auch kleine, Öffentlichkeit zu werten, die dem Autor durchaus hätte zum Nachteil gereichen können.

In den sehr späten DDR-Krimis, jenen, die nicht mehr in der DDR erschienen sind, werden auch die Zweifel an der Effizienz der Polizeiarbeit und vor allem das Vertrauen in die Behörden offensichtlich. Während in den siebziger und achtziger Jahren die Ermittler auf die Mithilfe der Bevölkerung bauen konnten, stehen die Polizisten bei Eik und Mechtel zunehmend einer skeptischen und abweisenden Bevölkerung gegenüber, deren Vertrauen sie erst gewinnen müssen.

Zahlreiche Textpassagen lassen im Nachhinein Zweifel aufkommen, ob dieser Kriminalroman überhaupt zu DDR-Zeiten hätte publiziert werden können. Mechtel schneidet nämlich zahlreiche Tabu-Themen an, wie die ideologische Bildung, die notwendigen Schmiergeldzahlungen, um an Waren oder Dienstleistungen zu gelangen, die Privilegien der oberen Klassen oder die Ausreise aus der DDR.

---

252 Hartmut Mechtel äußert sich auf seiner Homepage zur Textgenese dieses Werks ausführlicher: „Bis ich mich dann auf die Krimi-Produktion verlegte, weil der renommierten DIE-Reihe durch Krankheit und Tod ein paar Stamm-Autoren ausgefallen waren und Nachwuchs die Lücken füllen mußte. Da wurde ich endlich ein gedruckter Autor. Zwei Krimis erschienen ohne größere Probleme. Der dritte hingegen lief sich 1988 im Verlag fest. Darin wird ein höherer Funktionär ermordet, die Tat aus dessen Vergangenheit begründet, in der er zwecks Aufstieg selber über Leichen gegangen war, und ich zeigte viel Verständnis für den Mörder. Meine Lektorin hielt das Manuskript für ästhetisch nicht ausgereift. Sie verlangte eine neue Fassung. Ich schrieb sie. Sie mißfiel wieder. Diesmal gab es ein Gespräch mit ihr und der Cheflektorin. Ich zeigte mich halsstarrig, und da holte die Cheflektorin ein Blatt Papier vor und redete Klartext. Es gehe weniger um die Story als vielmehr um zahlreiche kleine böse Worte. Was soll das heißen, das „Jade" im Palasthotel Berlin ein „Restaurant für Weiße" zu nennen? Und das Marx-Engels-Denkmal gegenüber heiße im Volksmund zwar tatsächlich „Sakko und Jacketti", aber das aufzuschreiben sei geschmacklos, denn die beiden seien bekanntlich ermordet worden (sie meinte wohl Sacco und Vanzetti). Und so weiter. Als ich mich bereit erklärte, ein paar der inkriminierten Begriffe streichen zu wollen, erklärte sie sich im Gegenzug bereit, die zu erwartende nächste Fassung anzunehmen. Erschienen ist das Buch „Unter der Yacht" dann doch erst 1991, als sich nicht nur die Ästhetik geändert hatte." Das Zitat ist der Homepage von Hartmut Mechtel entnommen: www.hartmut-mechtel.de (unter: Autobiographie, vom 14.8.2012).

> In den Vorlesungen über Wissenschaftlichen Kommunismus war er [Krüger] regelmäßig eingeschlafen, was wohl am Dozenten lag, der im stets gleichen Tonfall einander ähnliche Phrasen vortrug (UdY, S. 28).
> Beim Aufslippen meines Bootes waren zwei Planken eingedrückt worden, der Bootstischler versetzte mich ein paarmal, weil ich ihn nicht geschmiert hatte (UdY, S. 35).
> Privilegien besitzen ist das eine, sie zu nutzen ein anderes. Mashold wollte sich alles selbst zu verdanken haben. Und in die Sondersprechstunde eines Chefarztes zu kommen, indem man ihn einfach vereinnahmt – das ist viel mehr, als routinemäßig dorthin zu gehen, wo man auf Grund seiner Zugehörigkeit zur Nomenklatur behandelt werden muß. Das erkämpfte Privileg hat einen größeren Wert als das geschenkte (UdY, S. 38).

Diese durchaus brisanten Stellen des Kriminalromans von Mechtel – es ließen sich weitere anführen – werfen die letztlich nicht mehr zu beantwortende Frage auf, ob der Roman überhaupt publiziert worden wäre.

Ähnliches gilt für Jan Eiks *Dann eben Mord*, einen Kriminalroman, der aus formaler und thematischer Sicht die dem DDR-Krimi vorgegebenen Grenzen bis aufs Äußerste ausreizt und ebenso wie Mechtels *Unter der Yacht* Themen aufwirft, die den berechtigten Verdacht nähren, hier werde bereits der Abgesang auf eine Gesellschaft angestimmt.

Bereits der Titel *Dann eben Mord* steht lange konträr zum Text, denn es gibt keinen Mord, nur einen Mordversuch. Dass ein spannender Kriminalroman auch ohne Mord auskommen kann, beweist Jan Eik in diesem inhaltlich und kompositorisch wie erzähltechnisch äußerst subtilen Roman.

Eik komponiert seine Handlung im Wesentlichen aus drei Perspektiven: der des Ermittlers Werner Jarosch, des Täters, der lange unbekannt bleibt, und eines Opfers, der Lehrerin Swetlana Schildhauer. Dieses Spiel mit den unterschiedlichen Perspektiven bringt dem Leser einen Informationsvorsprung vor dem Oberleutnant Jarosch ein, steigert jedoch auch die Spannung ganz erheblich. Der Erzähler stattet die Figuren mit ganz unterschiedlichen Motiven aus, so dass mehrere Personen verdächtig erscheinen.

Es sind die sozialen Probleme in der DDR, die Eik in den Blick nimmt. Er zeichnet sehr nachdrücklich die kleinbürgerliche Haltung vieler Menschen, wie sie sich gegenseitig beobachten und übereinander reden. Der äußere Schein ist enorm wichtig und der „gute Ruf" muss absolut gewahrt werden. So gerät die Lehrerin Swetlana Schildhauer in eine ausweglose Situation von Erpressung und sexueller Erniedrigung, weil sie fürchtet, ihren Mann, den Schuldirektor, durch das Geständnis ihres Fehltritts öffentlich bloßzustellen.

Ein weiteres Thema, das bei Eik und Mechtel aufgearbeitet wird und das als ein Novum innerhalb des DDR-Krimis angesehen werden kann, ist der Umweltschutz. Der Sohn Marko des ermittelnden Oberleutnants Werner Jarosch in Eiks *Dann eben Mord* ist bei den Umweltschützern aktiv und trägt damit eine neue Reflexionsebene in den Kriminalroman mit hinein. Bei Mechtel wird die Beachtung des Umweltschutzes in dem chemischen Betrieb angesprochen. Das Thema ist in beiden Kriminalromanen ein Randthema und spielt für die Handlung keine (bei Mechtel) bzw. nur eine sehr geringe Rolle (bei Eik). Entscheidend ist aber, dass der Umweltschutz thematisiert wird, dass eine Sensibilität für den Umgang mit der Natur besteht und literarisch dargestellt wird.

Unserer Kenntnis nach gibt es nur diese zwei Kriminalromane „des Übergangs", die noch zu DDR-Zeiten verfasst wurden und auch in der DDR spielen, aber erst nach dem Fall der Mauer bzw. im wiedervereinigten Deutschland erschienen sind. Mechtels Kriminalroman *Unter der Yacht* ist zweifelsohne der explosivere und kritischere Roman, der – leider – im vereinigten Deutschland unterging.

3.7 Zusammenfassung

Bringt man die dargestellten Erkenntnisse auf einen Nenner, so kann man von der Spezifik des DDR-Krimis, insbesondere des späten DDR-Krimis sprechen, die in der Wirklichkeitsnähe der Darstellung und der damit verbundenen Gesellschaftskritik besteht.

Jan Eik und Tom Wittgen stellen dabei zwei durchaus unterschiedliche Pole innerhalb der späten DDR dar. Während Eik in seinen Kriminalromanen nachweist, dass es durchaus möglich war, nicht nur zwischen den Zeilen Kritik zu üben, sondern auch ganz direkt Tabuthemen anzusprechen, vermeidet Wittgen das fast vollständig und verleugnet vielmehr den Anpassungszwang für die späte DDR-Gesellschaft. Vielmehr vereint sie in ihren Kriminalromanen wie z.B. *Die letzte S-Bahn* die Darstellung von Menschen, die dem Sozialismus fremd gegenüberstehen bzw. die die vorgegebenen Regeln verletzt haben, mit einer subtilen Propaganda für eben jene Gesellschaftsordnung. Sie versucht in ihren Geschichten den Außenseitern wieder den Weg in die Gesellschaft zu zeigen. Nicht zuletzt in ihren Romanen *Die falsche Madonna* oder *Das Schwarze-Peter-Spiel* verlegt sie das Handlungsgeschehen in den Westen bzw. nach Westberlin. Sie schreibt damit ein längst ausgedientes Muster des DDR-Krimis fort, das in den späten 1960er Jahren häufig praktiziert wurde, nun aber längst obsolet geworden war. Die Propaganda für die sozialistische Gesellschaft fand in den Krimis statt, die im Westen spielten, um zu zeigen, wie krank die kapitalistische Gesellschaftsordnung letztlich ist. Wittgens überreiche Krimi-Produktion beinhaltet natürlich auch zahlreiche Texte, die in der unmittelbaren DDR-Gegenwart spielen, doch zeigt allein die Entscheidung, die Krimihandlung in den Westen zu verlegen, eine Art des Ausweichens. Und zwar sollte auf diese Weise der Kritik an den eigenen Verhältnissen ausgewichen werden.

Müller, Eik, Mechtel und Kienast thematisieren hingegen die immer offensichtlicher werdenden Probleme der DDR-Gesellschaft. Während Wittgen in ihren Romanen Randgruppen und Außenseiter hauptsächlich aus Gründen der Spannungssteigerung und in gewisser Weise auch des Kolorits wegen auftreten lässt, übernehmen sie bei Mechtel oder Kienast Hauptrollen und werden dem Leser realitätsnah und in ihrer Problematik durchaus auch ambivalent geschildert.

4 Die Wahrnehmung einer historischen Umbruchszeit – das Ereignis der „Wende“ im ostdeutschen Kriminalroman

Die Ereignisse der Wendejahre 1989 und 1990 brachten für die DDR-Bevölkerung immense Veränderungen und Probleme mit sich. Eine Gesellschaft musste neu eingerichtet werden und die übergroße Mehrheit der Bevölkerung war zu einer völlig neuen Lebensplanung gezwungen. Diese neue Situation löste zuvor nicht gekannte Ängste aus, brachte Konflikte mit sich und war für heftige Emotionen verantwortlich. Diesen Übergang von einer zentralistisch-organisierten, totalitaristischen Gesellschaft hin zu einer pluralistischen, freiheitlichen und demokratischen Gesellschaft mit allen ihren Vorteilen, Vorurteilen und Schattenseiten beschreiben die Kriminalromane der frühen 1990er Jahre. Man kann also davon ausgehen, dass die Kriminalromane dieser Zeit inhaltlich vorzugsweise ein Thema behandelten, und zwar die Ereignisse und Folgen des Zusammenbruchs der DDR.

Daneben tritt ein weiteres bestimmendes Thema: die Aufarbeitung erfahrenen Unrechts und die Abrechnung mit einem diktatorischen Staat.[253] Der große Vorzug der ostdeutschen Kriminalliteratur ist die Tatsache, dass sich die Gattung sehr schnell dieser gesellschaftlichen Veränderungen angenommen hat. Mehr noch, der Kriminalroman hat – wie wir bereits im vorigen Kapitel über den Kriminalroman „des Übergangs“ zeigen konnten – die Veränderungen „hautnah“ begleitet.

4.1 Fortführung einer Tradition? Ostdeutsche Krimiautoren um 1990

Der Zusammenbruch der DDR, also die Wende, ist in den frühen 1990er Jahren ein dominierendes Thema in dem sich entwickelnden ostdeutschen Kriminalroman. Mit der Veränderung der Gesellschaftsordnung verändern sich auch zwangsläufig die Themen und die Schreibweisen von literarischen Werken. Das gesellschaftsanalytische Potential, das den späten DDR-Krimi stark geprägt hat, hat sich auch in den ersten Jahren nach der Wende halten können.

Den Prozess der Transformation des literarischen Marktes und der Integration der DDR-Schriftsteller in ein neues literarisches System kann man an dem Jah-

253 Vgl. Emmerich 2000, S. 477.

reswechsel 1989/90 gut festmachen. Die ostdeutschen Kriminalautoren haben durch die spezifische Funktion, die dem Kriminalroman innerhalb der DDR-Literatur zukam und die – wie im zweiten Kapitel ausführlich dargelegt – auch theoretisch diskutiert wurde, die Realismus-Fähigkeit und das Potential der Wirklichkeitsdarstellung weitergeführt. Generell lässt sich feststellen und Helbig weist darauf hin, dass die früheren DDR-Autoren in ihren Werken eine Konstanz an Themen und Stoffen beibehalten haben, die auf den ersten Blick nicht überraschen mag.[254] Auf den zweiten Blick mag diese Konstanz jedoch tatsächlich überraschend sein, weil sich die Voraussetzungen des Schreibens fundamental verändert haben.

Eine große Veränderung für viele Autoren bestand in der neuen Unüberschaubarkeit des literarischen Marktes, denn die fast familiären Verhältnisse in der DDR-Literaturszene wurden nun von einem verlegerischen und ökonomischen Neuland ersetzt, auf dem es erst einmal galt, Fuß zu fassen. Insofern kann man feststellen, dass die ostdeutschen Krimiautoren fast zwangsläufig die Auswirkungen der Wende thematisiert haben und zwar unabhängig davon, ob sie bereits zu DDR-Zeiten Kriminalromane verfasst haben oder nicht.

Für Autoren wie Frank Goyke oder Jörg Köhler, die erst nach der Wende als Krimiautoren hervorgetreten sind, ist die Wende ebenso Thema wie für die „gestandenen" Krimiautoren.

Bereits durch einige Autoren ist die Fortführung der Tradition des DDR-Krimis im ostdeutschen Krimi gegeben. Die Elite der DDR-Krimiautoren, also Namen wie Hans Schneider, Karl Heinz Berger und Klaus Möckel, Barbara Neuhaus, Bärbel Balke und Dorothea Kleine, publizierten auch Anfang der 1990er Jahre noch Kriminalromane, doch verstummten viele von ihnen nach ein oder zwei Veröffentlichungen im vereinten Deutschland.

Den Hauptgrund für dieses Verstummen sieht der Autor Jan Eik in der fehlenden wirtschaftlichen Grundlage. Die Auflagenzahlen gingen rapide zurück, die Honorare sanken, so dass mit dem Schreiben nur noch ein Zubrot verdient werden konnte. Während es in der DDR möglich war, gut vom Schreiben zu leben, mussten viele der etablierten DDR-Schriftsteller erkennen, dass sie ihren Lebensstandard nach dem Mauerfall und unter den neuen gesellschaftlichen Bedingungen nicht halten konnten.[255]

254 Vgl. Helbig 2007, S. 4.

255 Vgl. das Interview, das Germer mit Helmut Eikermann 1995 geführt hat, Germer 1998, S. 409–420.

Zu den etablierten Schriftstellerinnen des DDR-Krimis gehörte die Cottbusser Autorin Dorothea Kleine (1928–2010). Sie arbeitete als Journalistin von 1948 bis 1961 für verschiedene Tageszeitungen, bevor sie als freie Schriftstellerin Kriminalromane und Kriminalerzählungen schrieb. Hauptsächlich arbeitete sie allerdings für das Fernsehen der DDR. So schrieb sie die Szenarien für ca. 10 Kriminalfilme, u.a. auch für die Serie *Polizeiruf 110.* Die Arbeiten von Dorothea Kleine waren häufiger von Verboten betroffen, so ihr Szenarium zum Film *Am hellerlichten Tage*, der den Fall eines homosexuellen Triebtäters aufgriff.[256] Heftig angegriffen wurde Kleine bereits für ihren 1966 erschienenen Kriminalroman *Mord im Haus am See*, denn die Täterin gehörte als Vorsitzende der Bezirksgewerkschaftsleitung der Funktionärselite an. Damit hatte Kleine ein wichtiges Tabu des DDR-Kriminalromans verletzt: die Täter stammen nicht aus der Führungselite.[257] Andererseits ist die Tatsache, dass dieser Kriminalroman überhaupt erscheinen konnte, ein wichtiger Beweis für eine vorübergehende Liberalität gegenüber der Gattung des Kriminalromans in der Mitte der 1960er Jahre. In dieser Zeit war es auch für Erich Loest und Heiner Müller möglich, in diesem Genre Texte zu publizieren. Die zeitliche Koinzidenz dieser Publikationen ist keineswegs ein Zufall.

Karl Heinz Berger (1928–1994) gehörte zu den profiliertesten Krimiautoren der DDR. Er hat wie Wolfgang Kienast das bekannte Leipziger Literaturinstitut Johannes R. Becher durchlaufen und in erster Linie Romane, Kinder- und Jugendbücher verfasst. Er hat auch unter dem Pseudonym Charles P. Henry veröffentlicht. Seine Kriminalromane sind fast ausschließlich in der DIE-Reihe erschienen.[258] Bergers letztes Buch, der Kriminalroman *Was ich weiss, macht mich heiss*, ist eine Generalabrechnung mit dem Literatursystem der DDR und Gegenstand dieser Untersuchung.

Klaus Möckel, geboren 1934, studierte Romanistik an der Universität Leipzig und machte sich einen Namen als Übersetzer und Nachdichter moderner französischer Literatur. Seit 1969 arbeitet er als freier Schriftsteller und hat neben Romanen auch zahlreiche, erfolgreiche Kriminalromane veröffentlicht. Zu seinen populärsten Texten zählt der Kriminalroman *Drei Flaschen Tokaier* von 1976.[259] Möckel gehört zu den wenigen DDR-Autoren, die auch nach der Wen-

---

256 Vgl. www.krimilexikon.de/kleine.htm

257 Vgl. dazu auch 2.3.3 Dritte Phase: Der Kriminalroman im literarischen Abseits (1961–1971).

258 Vgl. http://www.krimilexikon.de/berger.htm (vom 26.09.2012); http://de.wikipedia.org/wiki/Karl_Heinz_Berger (vom 26.09.2012).

259 Der Roman erschien 1980 ebenfalls in der rororo thriller-Reihe, Nr. 2520.

de ähnlich wie Jan Eik oder Hartmut Mechtel weiterhin zahlreiche Bücher veröffentlicht haben.[260] So hat Möckel seitdem Kriminalromane für Kinder und Jugendliche veröffentlicht.[261]

Hans Schneider, eigentlich Johannes Schneider, Jahrgang 1927, war in erster Linie Jurist und schrieb neben seiner Arbeit ca. zwanzig Kriminalromane und Thriller.[262]

Bärbel Balke, Jahrgang 1947, hat nach dem Ingenieursstudium am Leipziger Literaturinstitut ein weiteres Studium absolviert. Seit 1982 lebt sie als freie Autorin in Berlin. Ihre Publikationsliste umfasst unterschiedliche Genres: Sie schreibt Lieder, Chansontexte, Reportagen, Porträts und Kriminalerzählungen.[263]

Eine wichtige DDR-Krimiautorin, die auch nach der Wende noch Kriminalromane veröffentlicht hat, ist Barbara Neuhaus (geboren 1924). Sie steht ganz besonders für die Realitätsnähe des Kriminalromans und fällt durch bewegende Erzählungen und psychologisch genaue Figurendarstellungen auf. Zu ihren bekanntesten Kriminalromanen zählen *26 Bahnsteige* (DIE-Reihe, 1972), *Tatmotiv Angst* (DIE-Reihe, 1976) und *Ich bitte nicht um Verzeihung* (DIE-Reihe 1984). Die beiden letztgenannten Kriminalromane sind auch in der Bundesrepublik erschienen. Neuhaus hat darüber hinaus sehr viel für den Hörfunk der DDR gearbeitet.[264]

Neben diesen Autoren mit einer schriftstellerischen Vergangenheit in der DDR treten natürlich auch Autoren auf, die vor der Wende noch nicht als Krimiautoren in Erscheinung getreten sind.

Hinter dem Pseudonym Max D. Adam verbirgt sich der Schriftsteller Gerd Müller (geboren 1952 in Chemnitz), der heute in Potsdam lebt. Müller hat Journalistik studiert und zu DDR-Zeiten für verschiedene Zeitungen geschrieben. Sein erster Kriminalroman erschien allerdings erst nach der Wende unter dem Titel *Yeti sei tot* (1992). In den 1990er Jahren publizierte Müller drei weitere Kriminalromane, hauptsächlich unter seinem Pseudonym Max D. Adam.

---

260 Vgl. http://www.krimilexikon.de/moeckel.htm (vom 26.09.2012); http://de.wikipedia.org/wiki/Klaus_Möckel (vom 26.09.2012).

261 Z.B. *Kasse knacken*, 1993; *Bleib cool, Franzi* 1995 im rotfuchs-Verlag.

262 Vgl. http://www.krimilexikon.de/schneide.htm (vom 26.09.2012).

263 Vgl. http://www.krimilexikon.de/balke.htm (vom 26.09.2012)

264 Vgl. http://www.krimilexikon.de/neuhaus.htm (vom 7.10.2012).

Sehr bewusst wurde auch eine neue ostdeutsche Generation von Kriminalschriftstellern mit ihren Werken in das hier untersuchte Textkorpus aufgenommen, um die Bandbreite der Darstellungsweisen innerhalb des Krimis unmittelbar nach der Wende einfangen zu können.

Seit den 1990er Jahren ist Frank Goyke (*1960) sehr produktiv und schreibt neben Krimis auch Sachbücher und Biografien. Er ist auch als Theaterdramaturg tätig. Goyke steht vor allem für neue Themen und die Aufhebung einstiger Tabus im ostdeutschen Kriminalroman.

Der gleichen Generation gehört Jörg Köhler (*1966) an, der mit zwei Kriminalromanen vertreten ist. Köhler hat beim Jugendradiosender DT 64 und beim nachfolgenden Sender MDR-Sputnik als Moderator gearbeitet.

Mit Goyke und Köhler sind zwei Autoren in der Textauswahl präsent, die eine neue Autorengeneration präsentieren. Darauf verweist Eikermann, der Goyke als den fleißigsten und vielseitigsten Autor dieser Generation bezeichnet. Diese „mit leichter Hand geschriebenen Krimis“[265] sprechen mit ihren handlungsreichen Plots und angesagten Handlungsorten wie Kreuzberg oder Prenzlauer Berg ein überwiegend junges Publikum an.

4.2 Zum Stellenwert der Wende und der Wiedervereinigung im ostdeutschen Kriminalroman

Einer der ersten Romane, in dem die Wende eine zentrale Rolle spielt, ist der Kriminalroman *Wer nicht stirbt zur rechten Zeit* von Jan Eik aus dem Jahr 1991. Der ermittelnde Oberleutnant Timm sieht sich während seiner Arbeit ständig mit den gesellschaftlichen Ereignissen konfrontiert. Die Handlung spielt im Herbst 1989, zeigt die Wahl von Egon Krenz zum Staatsratsvorsitzenden und die Maueröffnung am 9. November. Zeithistorisch beschränkt sich Eik auf einen sehr kurzen Ausschnitt. Er zeigt – ähnlich wie Hans Schneider in *Der Mauertänzer* – die Euphorie der Menschen, die durch die Grenzöffnung ausgelöst wurde. Der Eindruck, der entsteht, ist völlig klar: Hier wird einem ganzen Volk die Freiheit zurückgegeben. Im Vordergrund steht die Maueröffnung, sehr viel weniger die Wiedervereinigung vom 3. Oktober 1990. Dieser politische Staatsakt spielt eigentlich nur in Mechtels *Tod in Grau* eine wichtigere Rolle, da der recherchierende Journalist Jan Manger als Mitglied des *Runden Tisches* eine po-

265 Vgl. Eikermann 1997.

litische Funktion bekleidet. Dieses politische Moment, das Mechtel mit seinem Kriminalroman einfängt, ist singulär, denn in der Thematisierung der Wendezeit im Kriminalroman dominieren eindeutig Emotionen, aber keine politischen Reflexionen. Daher ist auch das allseits präsente historische Moment die Maueröffnung und weniger die Wiedervereinigung im Jahr 1990.

Der Freude über den Mauerfall folgen die sozialen und wirtschaftlichen Auswirkungen des Umbruchs. In den Kriminalromanen treten vornehmlich Figuren auf, die sich schwer in der neuen Gesellschaft zurechtfinden, die mit dem DDR-System zwar hadern, aber ebenso den Verlust ihrer Ideale und Wertvorstellungen beklagen. Schnell wird deutlich, dass das Neue nicht unbedingt besser ist, dass die neue Gesellschaft neben den unbestreitbaren Vorzügen auch über ebenso gravierende Nachteile verfügt. Viele Figuren befinden sich in einem Dilemma, das nicht zu lösen ist: Die DDR wünscht sich niemand zurück, aber eine gewisse Wehmut beherrscht die Menschen trotz alledem. Es bleibt die Skepsis den neuen Strukturen und Verhältnissen gegenüber.

Die Figuren, insbesondere in Tom Wittgens Kriminalromanen, hadern mit der Vereinnahmung ihrer selbst durch den Westen, mit dem Entzug ihrer Existenzgrundlage und mit dem unbedingten Druck, sich anpassen zu müssen, wenn man in dieser neuen Gesellschaft bestehen will. Die erwähnte Wehmut bezieht sich hauptsächlich auf die Erkenntnis, dass es auch in der DDR Bewahrenswertes und Liebgewonnenes gab und dass letztlich nicht alles schlecht war.

Die Angst um die eigene Existenz ist eine neue Erfahrung für viele DDR-Bürger und der Verlust der Arbeit wird zu einem Makel, der Menschen wie Andreas Bellmann in Wittgens *Tod im Regen* zu einem Außenseiter werden lässt. In der Folge lösen sich die alten sozialen Strukturen auf, Freundschaften zerbrechen und Ehen werden geschieden.

In ihrem Verhältnis zu den gesellschaftlichen Bedingungen haben die Menschen in der ehemaligen DDR durch den nachhaltigen Einschnitt der Umbruchzeit eine höhere Sensibilität und Reflexion erworben, denn während das Leben in der DDR von politischen Restriktionen und Eingriffen in die persönliche Freiheit bestimmt war, zeigt auch das „neue" Leben in der Bundesrepublik soziale Restriktionen wie Arbeitslosigkeit und Armut. Diese geschärfte Wahrnehmung der individuellen Seinsweise spiegelt sich in den Kriminalromanen, die während der Wende und in den ersten Jahren nach der Wende erschienen sind.

4.3 Einzelaspekte der Darstellung der Wende und der Wiedervereinigung

4.3.1 Die Darstellung der neuen Alltäglichkeit bei Tom Wittgen

In der Darstellung der Auswirkungen des Zusammenbruchs der DDR konzentriert sich Tom Wittgen auf die alltäglichen Probleme der Menschen. Die politischen Freiheiten, die die Wende auch gebracht hat, rücken in ihren Kriminalromanen in den Hintergrund. Wittgen konzentriert sich auf die sozialen, wirtschaftlichen und individuellen Auswirkungen der Wende und bei aller Plakativität der Darstellung, die man ihr durchaus vorwerfen mag, hat sie doch einen luziden wie kritischen Blick sowohl für die ost- als auch für die westdeutsche Seite.

In ihrem Kriminalroman *Pilotenspiel* entwirft sie ein ganzes Kaleidoskop unterschiedlicher Meinungen und Ansichten zu den gesellschaftlichen Veränderungen der Wendezeit. Westdeutsche und Ostdeutsche treffen aufeinander und erörtern in Gesprächen die Vor- und Nachteile der Wende. Dabei greift Wittgen häufig auf Nebenfiguren zurück, die für die eigentliche Kriminalhandlung nicht vordergründig wichtig sind, aber die Kommentierung der Zeitumstände übernehmen.

Die zu DDR-Zeiten kaum bekannten Phänomene der Arbeitslosigkeit bzw. des Verlustes des Arbeitsplatzes werden nach der Wende zu einer omnipräsenten Angst und dominieren sehr häufig die Gespräche der Protagonisten.

Auf ostdeutscher Seite steht der Konsum im Vordergrund bei gleichzeitiger Kritik an dem neuen Konsumverhalten. Viele Menschen verschulden sich und leben über ihre Verhältnisse. Vor den unseriösen Geschäftemachern aus dem Westen, die Ostdeutsche in den Ruin treiben, fühlen sich viele Menschen nicht ausreichend geschützt. Es entsteht ein Gefühl des Ausgeliefertseins, wie es der Pensionsgast Heinze in Wittgens *Pilotenspiel* beschreibt. Der Kriminalist Olbricht widerspricht allerdings dieser bekannten Forderung nach einem stärkeren Eingreifen der Polizei und hebt hervor, dass jeder Bürger die Freiheit habe, etwas zu tun oder es zu lassen und dass die Polizei sich nicht in die Privatangelegenheiten der Menschen einmischen werde (PS, S. 111). An dieser Stelle wird deutlich, dass der Umgang mit der neugewonnenen Freiheit auch erst eingeübt werden muss und dass Freiheit nicht nur eine positive Erscheinung ist. Jeder Mensch hat auch die „Freiheit", Fehler zu machen.

Der Verlust der Orientierung unter den ehemaligen DDR-Bürgern dominiert: Arbeitslosigkeit, Kurzarbeit, Suche nach dem schnellen Geld, hitzige Diskussionen und Kündigungen, Existenzängste. Effektvoll fängt Wittgen diese Orientierungslosigkeit der Menschen mit verschiedenen erzählerischen Mitteln ein, z.B. mit einem Stimmengewirr in einer Gaststätte (PS, S. 58) oder in Dialogen. Die neuen Konflikte und der Umgang mit ihnen werden in die Familien und Ehen hineingetragen und somit in der ganzen Tragweite gezeigt. So beklagt Rita Bellmann in *Tod im Regen* die hilflose und apathische Reaktion ihres Mannes auf die Auswirkungen der Wende, insbesondere auf die für DDR-Bürger völlig neue Situation der Arbeitslosigkeit.

> Wir haben beide die Arbeit verloren, und du hast dich auf die Couch gesetzt, gejammert und vom großen Geld geträumt. Ich habe nicht lockergelassen, bis ich den Job im *Blue Dream* hatte, und jetzt darf ich ackern, um für uns beide das Geld zum Überleben ranzuschaffen. (TiR, S. 10).

Rita Bellmann erkennt ihre Chance und versucht durch Eigeninitiative das Leben zu meistern. Ihr passiver und unzufriedener Mann, der keine Perspektive mehr für sich sieht, steht für ein negatives Stereotyp des Ostdeutschen, wie es sich gerade unmittelbar nach der Wende sehr weit verbreitet hat.

Wittgen zeigt aber auch noch einen dritten Typus und zwar die Ostdeutschen, die sich den Zwängen der Marktwirtschaft gebeugt haben und in den Westen gegangen sind, um sich dort eine neue Existenz aufzubauen. So ist der Freund von Natalie Schuster in *Tod im Regen* in den Westen gegangen und hat seine Freundin nicht nachgeholt, sondern ihr einen Abschiedsbrief geschrieben (TiR, S. 885). Die einstigen Bindungen halten der neuen Zeit nicht stand, denn zu der ökonomischen Unsicherheit tritt häufig eine emotionale Schutzlosigkeit hinzu.

In der Rückschau auf die DDR-Gesellschaft wird eine Menschlichkeit und Wärme in das einstige Miteinander projiziert, die eher verklärend wirkt und nicht die tatsächliche Realität wiedergibt. Es ist vielmehr so, dass das Leben in der DDR ein überschaubares, behütetes, wenn auch eingeengtes und bevormundetes, so doch auskömmliches Leben war, während sich die neue Zeit als ein gnadenloses, marktwirtschaftliches System erweist, welches Existenzen vernichtet und einst unbescholtene Bürger zu Verbrechern werden lässt. Geldgier ist daher eines der Motive, wie sie Wittgen in *Tod im Regen* am Beispiel von Rita Bellmann aufzeigt, die erst spät erkennt, dass es andere Werte als Geld gibt (TiR, S. 80).

Die Westmark übt im wiedervereinigten Deutschland die wichtigste Autorität aus. Sie scheint den Menschen gleichsam eine neue Religion zu sein. Das Pilotenspiel in dem gleichnamigen Kriminalroman wird daher zu einer doppelten Metapher für diese neue Zeit: Einerseits bedient das Spiel die Wünsche der Menschen nach einem guten Auskommen und – das sollte keineswegs übersehen werden – nach klaren Spielregeln und Hierarchien, die den Menschen eine wenn auch nur scheinbare, trügerische Orientierung vermitteln. Andererseits legt das Spiel aber auch die Nachteile der neuen Zeit offen. Es gibt Verlierer, die auf der Strecke bleiben. Vor allem aber gibt es Opfer, die nicht nur ihr Geld, sondern auch ihr Leben in einem skrupellosen Spiel verlieren. Das Pilotenspiel ist nicht die Ursache für vorher nicht gekannte existentielle Nöte, aber es wirkt wie ein Katalysator und bringt einige Figuren in schier ausweglose Situationen bzw. treibt sie zu kriminellen Handlungen.

Im Pilotenspiel spiegeln sich somit die neuen gesellschaftlichen Verhältnisse in einem kleinen, überschaubaren Rahmen. Handlungsweisen werden sichtbar gemacht, die einst in der DDR zum Erfolg führten und sich im neuen Staat auch als nützlich erweisen. Die Wirtsleute Scheibner sind ein prägnantes Beispiel dafür, denn sie werden als Informanten des MfS verdächtigt (PS, S. 98) und haben sich nach dem Ende der DDR problemlos der neuen Ordnung angepasst, indem sie sich mit den „richtigen" Leuten, hier mit den beiden westdeutschen „Spielmachern", verbunden haben, von denen sie Vorteile erwarten können. Dieses gemeinhin als „Wendehals" bezeichnete Verhalten wird an mehreren Aspekten deutlich gemacht: der Umbenennung der Gastwirtschaft von „Roter Stern" in „Goldener Stern", den guten Kontakten zu den früheren und aktuellen Mächtigen oder dem untrüglichen Gespür für den eigenen Vorteil. Im Gasthaus findet das Pilotenspiel statt und bringt den Wirtsleuten nicht nur zusätzlichen Umsatz, sondern führt zu Umsatzrekorden, die dem Lokal die Existenz sichern. Die Wirtsleute sind neben den beiden Westdeutschen, die das Spiel in den Spreewald gebracht haben, die eigentlichen Profiteure, denn sie stellen den Ort für das Spiel und können somit ihre Waren besser verkaufen.

Ihre Teilnahme am zweifelhaften Pilotenspiel rechtfertigen die Protagonisten häufig mit den wirtschaftlichen Problemen, in die sie durch die Wende geraten sind. Das Spiel erscheint als der letzte Strohhalm, an den sich viele der Teilnehmer klammern können, um schlagartig alle existentiellen Sorgen loszuwerden. Dabei wird auch durch das Spiel deutlich, dass nur die gewinnen, die ohne Rücksicht auf Verluste neue Spieler rekrutieren können. Diejenigen, die dazu nicht in der Lage sind, steigen auch innerhalb der Spielerpyramide nicht nach oben und verlieren ihre letzten Ersparnisse.

Die westdeutschen Drahtzieher des Pilotenspiels bleiben im Hintergrund, die dargestellten Konflikte spielen sich ausschließlich unter Ostdeutschen ab. In ihren späteren Kriminalromanen konfrontiert Wittgen hingegen West- und Ostdeutsche direkt. Ihr Erzähluniversum ist von der Unterschiedlichkeit westdeutscher und ostdeutscher Verhaltensweisen und Problemlagen besonders stark gekennzeichnet.

Am Beispiel der Brüder Lorenz und Jürgen Bastick aus Wittgens *Rotlicht* werden west- und ostdeutsche Verhaltensweisen direkt konfrontiert. Der ältere Bruder Lorenz hatte die DDR verlassen und war mit dem Leben im Westen mittlerweile bestens vertraut. Er hilft seinem jüngeren Bruder, finanziert ihm einen Urlaub, organisiert einen Job. Doch der Bruder nörgelt ständig, kommt nicht mit den Arbeitsbedingungen klar und beklagt sich über die „kapitalistischen Ausbeutermethoden seiner Arbeitgeber“ (Rotlicht, S. 53). Wittgen zeichnet in dieser Figur einen typischen, kleinkarierten ostdeutschen Versager, während Lorenz Bastick der westdeutsche Gewinnertyp ist, der aus der Wende wirtschaftliche Vorteile zu ziehen vermag. Dieser Kunstgriff Wittgens, das Verhältnis zwischen Ost- und Westdeutschland am Beispiel eines Bruderpaars aufzuzeigen, ist sehr charakteristisch für ihren Erzählstil. Sie bricht das große Ganze auf die kleinste mögliche Einheit herunter und macht somit abstrakte historische Vorgänge auf einer kleineren Ebene, zumeist im familiären Kontext, nachvollziehund verstehbar.

Die moralische Fragwürdigkeit der neuen Gesellschaftsordnung wird in *Rotlicht* zudem thematisiert, denn hier wird ein Zuhälter durch seine Pläne zur Verbesserung des Wohnwagenstrichs als Gönner und Förderer der urbanen Kultur Leipzigs angesehen. Auch hier zieht Wittgen auf einem kleinen Niveau deutliche Parallelen zur großen historischen Gesamtentwicklung. In der Art und Weise, wie die Frankfurter Zuhälter das Leipziger Rotlichtmilieu zu vereinnahmen suchen, werden eindeutige Parallelen zur gesamtdeutschen politischen Wiedervereinigung gezogen, die somit einer Übernahme oder Annexion näherkommt als einer tatsächlichen Vereinigung zweier Staaten.

Die vermeintliche Bescheidenheit der ehemaligen DDR-Bürger, die wir an späterer Stelle bei Bosetzky beobachten werden, findet sich in den ostdeutschen Kriminalromanen keineswegs. Hier dominiert vielmehr Habgier, wie Wittgen am Beispiel der Kellnerin Natalie Schuster in *Tod im Regen* zeigt, die dem Waffenhandel zweier Bekannter auf die Schliche gekommen ist und diese erpressen will.

Wittgen zeigt in *Tod im Regen* besonders eindrücklich, wie die neuen ökonomischen Bedingungen auch die Beziehungen der Menschen, insbesondere von Eheleuten, verändern. Andreas Bellmann beobachtet diese Veränderungen im Verhältnis zu seiner Frau sehr genau und macht vor allem zwei Faktoren aus, die ihre Beziehung beeinflussen. Das ist zum einen die Zeit, denn für seine Frau muss sich alles „rechnen", d.h. Muße für einen gemeinsamen Waldspaziergang hat sie nicht mehr. Zum anderen bestimmt der Konsum die gemeinsamen Gespräche: „Man redete auch nicht mehr miteinander, jetzt wurde diskutiert, über Geldanlagen, Dividenden, Mallorca, High-Tech." (Tod, S. 23). Wittgen zeigt an den beiden Figuren Andreas und Rita Bellmann jeweils das Positive und das Negative ihrer Entwicklung. Während Andreas Bellmann mit der neuen Zeit gar nicht zurechtkommt, reflektiert er doch die Veränderungen. Seine Frau Rita hingegen versteht es, sich mit den neuen Bedingungen zu arrangieren und sich weiterzuentwickeln, doch gelingt es ihr nicht, die Nöte ihres Mannes und die Veränderungen in ihrer Ehe korrekt einzuschätzen.

Mit der Wende sind die ökonomischen Begehrlichkeiten der Ostdeutschen enorm gewachsen und die Befriedigung dieser Konsumwünsche erweist sich für viele Menschen als schwierig, zumindest schwieriger als anfangs gedacht. Wittgen ist zweifelsohne die Autorin, die diesen ökonomischen Konsequenzen der Wende am intensivsten nachgeht und in ihren Kriminalromanen die Degradierung der Menschen durch sozialen Abstieg und den Verlust der existentiellen Sicherheit am Beispiel von unterschiedlichen Verbrechen eindringlich gestaltet.

Bereits in ihren späten DDR-Krimis hat Wittgen den westdeutschen Medien eine negative Rolle zugeschrieben, doch erschien diese Darstellung wie in dem Kriminalroman *Das Schwarze-Peter-Spiel* überzogen und ideologisiert. In ihren Nachwendekrimis schreibt Wittgen die unheilvolle Wirkung der Medien fort, zwar jenseits der Propaganda, doch nicht minder unheilvoll. Am Beispiel von Andreas Bellmann in *Tod im Regen* zeigt sie, wie das Abgleiten in eine mediale Traumwelt zum Ersatz der Realität beiträgt und die Verdrängung der Probleme übernimmt. Der Konflikt mit seiner Frau Rita entsteht aber nicht allein durch den Medienkonsum, sondern durch die Übernahme der klischeehaften Meinungen und Verhaltensweisen, die die eigene Reflexion zu ersetzen scheinen. So äußert Bellmann in einer Szene: „Meine Frau kommt mit mir, wenn ich das Lokal verlasse." Worauf sie antwortet: „Zum Kotzen! Schon wieder diese Filmsprache!" (TiR, S. 42). Die Haltlosigkeit der Menschen geht bis auf die sprachliche Ebene, denn alle verlässlichen Punkte scheinen verloren gegangen zu sein. Andreas Bellmann versucht sich in der neuen Welt auch neu zu erfinden, indem er seine mediale Traumwelt in die Gegenwart zu tragen versucht. Die neue Freiheit, die hier am Beispiel der Pressefreiheit und des freien Zugriffs auf alle Medien gezeigt wird, offenbart zugleich die Schwierigkeiten im Umgang mit der neuen Freiheit.

Charakteristisch für Wittgen ist eine tendenziell negative Darstellung der Wende. In erster Linie wird die Wende als ein chaotisches Ereignis, als eine Störung und nicht als eine Befreiung wahrgenommen. Zwar differenziert die Autorin in ihren Figurendarstellungen positive und negative Aspekte der Umbruchzeit, doch dominieren eindeutig die negativen Veränderungen. Ihre affirmative emotionale Bindung an die DDR tritt in allen ihren Kriminalromanen nach der Wende zutage. Sehr präsent bleiben immer wieder und vor allem die Entwurzelung der Menschen, die Zerstörung gewachsener, sozialer Milieus und die neue Unzufriedenheit der Menschen mit den Veränderungen.

4.3.2 Neue Zeit – neue Probleme in Frank Goykes und Jörg Köhlers Kriminalromanen

Frank Goyke und Jörg Köhler sind die beiden Autoren im Textkorpus, die noch nicht vor der Wende geschrieben haben, sondern, größtenteils ihrem Alter geschuldet, erst nach der Wende begonnen haben, Krimis zu verfassen.

Bei Goyke findet man eine intensive Auseinandersetzung mit der Wendezeit und vor allem mit den Veränderungen, die in dieser Zeit mit den Menschen vor sich gehen. Dabei vertritt er eine kritischere Sicht der Dinge als z.B. Wittgen, und er versucht, immer auch die westdeutsche Seite mit in den Blick zu nehmen. Der westdeutsche Kommissar Kölling und sein ostdeutscher Mitarbeiter Becker stellen dabei ein Gegensatzpaar dar, an dessen Beispiel die Probleme der Wiedervereinigung exemplarisch aufgezeigt werden. Der schnoddrige Kölling, der mit seiner Selbstsicherheit und Arroganz einen typischen westdeutschen Vorgesetzten abgibt, steht neben dem fleißigen, auf sein Familienleben fixierten Becker, der ungern Überstunden oder Sonderschichten schiebt. In ihren kurzen Gesprächen sind die Veränderungen nach der Wende häufig ein Thema. Dabei konfrontiert Kölling seinen Untergebenen gern mit – sicherlich typisch westdeutschen – Vorurteilen: „Die letzten, die mit Michaelis gesprochen haben, [...], tragen alle Decknamen. Das ist wohl ein Erbe der DDR“ (KP, S. 131).

Kölling ist alles andere als der Vorzeige-Beamte aus dem Westen; vielmehr hat man den Eindruck, er ist der allzeit willige Erfüllungsgehilfe der Mächtigen, der sich als Berufsbeamter stets auf der sicheren Seite wähnt.

> Die Regierungen kommen und gehen, die Gesellschaftsordnungen kommen und gehen, der Berufsbeamte bleibt. Er ist das Salz in der Suppe, der heilige Stand, der wahre Priester. Ob nun ein Diktator an der Spitze steht oder eine gewählte Regierung, der Apparat läuft wie geschmiert. [...] Weil er keine anderen Zwecke kennt als sich selbst (HT, S. 68).

Die arrogante Beschränktheit des Kommissars wird hier ebenso deutlich wie die Überschätzung seiner Rolle innerhalb des Machtapparates. Die Figur des westdeutschen Kommissars Kölling tendiert überdies trotz relativ guter Kenntnis der Zustände und Eigenheiten in der DDR zu einer pauschalen Verurteilung und Schuldzuweisung an alle DDR-Bürger. Individuelle Unterschiede werden dabei nicht gemacht, besonders bei ehemaligen Funktionären wird pauschal abgeurteilt. Es ist daher ein typisches Kennzeichen dieser Kriminalliteratur der Nachwendezeit, dass sich Ostdeutsche bereitwillig unterordnen – auch im neuen System – und dafür hämisch bespöttelt werden.

Die Erwartungen der früheren DDR-Bürger werden hinterfragt, wie in einem Gespräch zwischen der aus dem Osten stammenden Frau Donath und dem westdeutschen Kommissar Dietrich Kölling deutlich wird. Frau Donath steht dabei für jene Gruppe von Menschen, die sich als Opfer der neuen Zeit fühlen und die kapitalistische Ordnung als „übergestülpt" empfinden. Kölling argumentiert dagegen, dass die Demonstranten offenbar nur für die positiven Seiten des Kapitalismus auf die Straße gegangen seien, dass aber Wettbewerb, Konkurse, Rationalisierung bzw. das Prinzip des Angebots und der Nachfrage ebenso zum Kapitalismus gehörten (HT, S. 89–90). Goyke stellt hier eine sehr typische ostdeutsche Befindlichkeit dar, die aber zugleich kritisiert wird.

In *Grüsse vom Boss* schildert Goyke am Beispiel von Dietmar Schlegel die besondere Anpassungsfähigkeit von Menschen, deren Einstellungen und Verhaltensweisen sich auch beim Wechsel der Rahmenbedingungen kaum verändern. Die durch die Wende gewonnene Freiheit ist längst wieder verlorengegangen und die ökonomischen Verhältnisse bestimmen im Wesentlichen den Freiheitsradius eines Menschen. Das zeigt Goyke eindrücklich am Beispiel der Drückerkolonne in seinem Krimi *Grüsse vom Boss*. Freiheit gerät dabei eher zu einem Fluch als zu einem besonderen Wert, denn jede freie Entscheidung ist schwieriger als konkrete Handlungsvorgaben oder ökonomische Zwänge. In dieser Hinsicht finden wir bei Goyke eine ähnlich subtile Reflexion über Freiheit wie bereits bei Wittgen.

Das Wort Parteidisziplin verschwindet aus dem Wortschatz und wird von dem Begriff Loyalität ersetzt. Je höher man in einer Hierarchie klettere, umso stärker werde jenes Loyalitätsgebot (GvB, S. 276). Die in der DDR bereits einflussreichen Personen gelangten auch im vereinigen Deutschland in neue, vielversprechende Positionen, denn sie durchschauten die Funktionsweisen von Macht und konnten besser „mitspielen". So war Schlegels Ehefrau in die CDU eingetreten, um ihrem Mann durch die Unterstützung von arbeitslosen Textilarbeiterinnen das lokalpolitische Terrain zu bereiten. Die Mechanismen, die einst in der DDR funktionierten, um zu Macht und Einfluss zu gelangen, funktionierten auch im vereinigten Deutschland mit leicht abgewandelten Vorzeichen. Erinnert sei nur an Siegfried Mashold aus Mechtels *Unter der Yacht*, der seine Karriere ohne Rücksicht auf Verluste durchsetzte und sich dazu der sozialistischen Ideologie perfekt zu bedienen verstand.

Die neue Zeit bei Frank Goyke zeichnet sich vor allem durch Brutalität und zwischenmenschliche Kälte aus. In *Der kleine Pariser* werden diese Tendenzen ebenso deutlich wie in den anderen Kriminalromanen von Goyke. Der Leser begleitet in *Der kleine Pariser* den Täter, der nur als „der Mann" bezeichnet wird, von Anfang an bei seinen Morden und erlebt die besondere Brutalität der genau geplanten Hinrichtungen. Auch der kleine Pariser erhält keinen bürgerlichen Namen, d.h. nur die Polizei erfährt im Verlauf der Ermittlungen den Klarnamen des kleinen Parisers, dem Leser bleibt dieser Name vorenthalten. Diese neuartige und ausgeprägte Anonymität ist Programm, denn auf diese Weise bringt Goyke die soziale Kälte zwischen den Menschen, die Ausweglosigkeit menschlicher Schicksale und ihre extreme Vereinsamung zum Ausdruck.

Die besondere Brutalität, die Goykes Kriminalromane ausmacht, entsteht durch den seriellen Charakter der Fälle und durch die gesellschaftlichen Gruppen, die der Autor in den Mittelpunkt der Ermittlungen rückt. Es werden keine auf familiäre Zusammenhänge begrenzten Taten erzählt, sondern es stehen vorzugsweise Randgruppen wie Obdachlose oder Homosexuelle im Mittelpunkt, gegen die sich die häufig paranoiden Serientäter richten. Kriminelle Taten stehen bei Goyke immer in größeren gesellschaftlichen Zusammenhängen und werden nie ausschließlich individuell motiviert. Die Kriminalität an sich ist als ein Abbild der Gesellschaft zu lesen. Im Umkehrschluss heißt das, dass nicht der Mensch an sich schlecht und damit kriminell ist, sondern die Gesellschaft hat ihn zu dem, was er ist, gemacht. Die gesellschaftliche Ausgrenzung von Homosexuellen macht diese Gruppe zu einem bevorzugten Ziel perverser Serienmörder, deren Motive häufig nicht geklärt werden. Bei dem Serienmörder in *Der kleine Pariser* liegt als Motiv der Serienmorde die Faszination der homosexuellen Welt nahe und die offensichtliche Bekämpfung der eigenen Homosexualität des Täters. Das Leben des Serientäters ist von Selbstgeißelungen und Selbstbestrafungen gekennzeichnet, so dass mit jedem Mord offenbar das eigene homosexuelle Ich getroffen werden soll. Eine Aufklärung über die tatsächlichen Beweggründe des Serienmörders liefert der Erzähler jedoch nicht.

Auch kann man bei Goykes Kriminalromanen erkennen, dass Ermittlungen zwar stattfinden, aber die Verbrecher der Polizei häufig einen Schritt voraus sind. In *Der kleine Pariser* entsteht die Spannung hauptsächlich daraus, dass Kölling nach dem kleinen Pariser sucht, seine wahre Identität ermittelt hat und auf dem Weg zu ihm ist, als sich dieser mit seinem Mörder trifft und durch einen Unfall umkommt. Die beiden Erzählstränge – die Geschichte der Mordfälle und die Geschichte ihrer Aufklärung – laufen parallel in kurzen Sequenzen und der allwissende Erzähler springt beständig zwischen beiden Erzählsträngen hin und her. Diese Erzähltechnik, die Goyke in seinen Kriminalromanen zur Anwendung bringt, erinnert sehr stark an eine filmische Schnitttechnik, die ein rasantes Erzähltempo zu erzeugen vermag.

Die Tatsache, dass – wie bereits kurz angedeutet – die Aufklärung dem Verbrechen in der Regel hinterherhinkt, ist ein zutiefst pessimistischer Zug der Kriminalromane Goykes. Zudem bleiben „Kollateralschäden“ zurück, das bedeutet, es werden Mordfälle nicht weiter verfolgt oder Menschen geraten durch die Ermittlungsmethoden in quasi ausweglose Situationen, so dass sie Suizidversuche unternehmen. Ein Beispiel dafür findet sich in dem Kriminalroman *Der kleine Pariser*, in dem der Jugendliche Mark durch eine besonders harte Verhörmethode zum Suizid getrieben wird. Es wird auch offen gelassen, ob er seinen Verletzungen letztlich erliegt oder nicht. Diese Offenheit im Schluss gerade bei Nebenerzählsträngen ist sehr typisch für Goykes Romane. In letzter Konsequenz, so kann man diese Kriminalromane interpretieren, siegt immer das Verbrechen und der Staat kann längst nicht mehr Schritt halten mit den immer neuen Perversionen der Gesellschaft. Der Glaube an Sicherheit und Rechtsstaatlichkeit ist den Bürgern wie auch den Polizisten abhanden gekommen. Der kleine Pariser hätte sich an die Polizei wenden können, aber er sieht nur die Gefahr, ins Gefängnis zu kommen, und glaubt daher nicht, Hilfe aus seiner ausweglosen Lage zu erhalten. Auch der Täter kalkuliert in keiner Planungsphase seiner Verbrechen die Möglichkeit ein, dass ihn die Polizei überführen könnte. Kölling hat selbst allzu oft das Gefühl, lediglich im Dunkeln herumzustochern und nur vagen Hinweisen nachgehen zu können. Sein Sarkasmus und seine ironische Grundhaltung werden vor diesem Hintergrund in gewisser Weise sogar verständlich.

Alle hier untersuchten Romane Frank Goykes thematisieren die Dar-stellung gleichgeschlechtlicher Liebe und rücken homosexuelle Kreise in den Mittelpunkt des Interesses. In der DDR gehörten Homosexuelle zu den gesellschaftlichen Außenseitern, die ihre sexuelle Identität lieber geheim hielten, weil sie sich sonst erpressbar machten. Goyke schildert in *Felix, mon amour* die Lage der Homosexuellen in der DDR als eine „Gratwanderung" (Fma, S. 152), die sich auch nach der Wende nicht wesentlich verändert hat. Die westdeutsche Gesellschaft war keineswegs offener oder toleranter.[266]

Die schwierige Lebenssituation Homosexueller auch nach der Wende, sicherlich im Osten verschärfter als im Westen, wird gerade in dem Kriminalroman *Der kleine Pariser* an der Tatsache deutlich, dass die schwulen Protagonisten Wert auf Anonymität legen und in der Szene häufig unter einem anderen Namen unterwegs sind.

Ein wichtiges Thema werden die Medien und die Kritik an der vierten Gewalt, wie sie bei Goyke und Köhler in besonderer Schärfe zum Tragen kommt. Die Presse tritt zunehmend als Konkurrenz bzw. Herausforderin der Polizei auf. Die Berichterstattung der Presse muss von den ermittelnden Kommissaren immer mit im Auge behalten werden. In *Der kleine Pariser* arbeitet der Täter nebenberuflich als Journalist bei der ortsansässigen Zeitung und bezieht das Medium in die Planung seiner Taten mit ein. In Mechtels *Tod in Grau* ermittelt ein Journalist auf eigene Faust und ist dem Kommissar Falk Iwers immer einen Schritt voraus.

266 Der Roman Goykes *Felix, mon amour* figuriert nicht im Textkorpus, weil es sich explizit nicht um einen Kriminalroman handelt. Es fehlen die grundlegenden Elemente eines Kriminalromans: Es geschieht kein Mord, demzufolge wird auch nicht ermittelt. Auch unterscheidet sich dieser Roman von den Kriminalromanen Goykes durch den Ich-Erzähler, einen Weddinger Jugendgerichtshelfer, der sein Leben, seine Westberliner Sozialisation und die Rolle, die die Mauer in seinem Leben spielte, reflektiert. Die Handlung spielt hauptsächlich im Berliner Wedding und weist wenige Bezugnahmen zum Ostteil der Stadt auf.

Jörg Köhlers Kriminalromane sind ähnlich offen gestaltet wie die Krimis Goykes. Der Privatdetektiv Konstantin von Iven arbeitet selbst häufig an der Grenze zur Illegalität und sein Interesse an der Aufklärung von Fällen ist privater Natur. Er wägt dabei ab, welche Informationen er an die Polizei weitergibt, auf welche Personen er die Polizei verweist und auf welche nicht (z.B. in *Strassenschlachten*). In *Tötet Jack Daniels!* kann von Iven den überführten Mörder nicht der Polizei ausliefern, weil dieser droht, ihn wegen Drogenhandels ebenfalls anzuzeigen. Der private Ermittler Konstantin von Iven, der die meiste Zeit im Ausland lebt, handelt mit Haschisch und macht sich dadurch selbst angreifbar. Die DDR-Sozialisation dieses exzentrischen Ermittlers wird indes kultiviert. So schwankt von Iven häufiger zwischen einer Identifikation mit der DDR, insbesondere mit DDR-Produkten und seiner Ablehnung des kleinbürgerlichen, beschränkten Systems, in dem er aufgewachsen ist.

Bei Goyke und Köhler werden nicht nur neue Themen sichtbar, sondern sie zeigen auch einen anderen Umgang mit dem Verbrechen in ihren Romanen. Grundlegend dabei ist eine pessimistische Sicht auf die gesellschaftlichen Zustände, eine massive Reduktion der staatlichen Macht bis zur Ohnmacht der öffentlichen Behörden und im Gegenzug eine Zunahme von Verbrechen und Gewalt.

4.3.3 Zur Aufarbeitung von DDR-Geschichte im Kriminalroman

Die Geschichte der DDR ist in einigen Kriminalromanen präsent, allerdings eher oberflächlich und in kurzen Andeutungen. Häufig stehen die 1950er Jahre im Mittelpunkt als eine Zeit der Repressalien und der unnachgiebigen Politik der SED. Es war die Zeit des Kalten Krieges, als die SED ihre Herrschaft festigen musste. Mit dem Bau der Mauer zog eine – wie bereits anfangs aufgezeigte – leichte Entspannung und Liberalisierung ein. Daher muss man die Frage allgemeiner formulieren: Wie erinnert sich der ostdeutsche Kriminalroman an die DDR? Im Vordergrund steht dabei ganz eindeutig die materielle Seite. Die schlechte Versorgungslage in der DDR ist ein wichtiges Thema wie auch die privilegierte Versorgung der Parteifunktionäre. Den Ausverkauf der DDR stellt nur Neuhaus in *Der letzte Schlüssel* dar. Vor den Banken, Sparkassen, Geschäften und Warenhäusern haben sich lange Warteschlangen gebildet, denn die Menschen wollen von den Preisstürzen für DDR-Waren profitieren (Schlüssel, S. 92).

Aus dem Textkorpus sind es vor allem drei Kriminalromane, die sich explizit der Aufarbeitung der DDR-Geschichte widmen. Zum einen Karl Heinz Bergers *Was ich weiss, macht mich heiss*, Hans Schneiders *Der Mauertänzer* und Max D. Adams *Yeti sei tot*. In diesen Kriminalromanen stehen brisante historische Gegebenheiten zur Debatte. Berger analysiert die Verstrickungen von Politik, Verlagen und Schriftstellern. Schneider nimmt sich die DDR-Justiz und die Wirtschaft vor, bei Adam finden wir die eindrücklichste Darstellung des Ministeriums für Staatssicherheit.

Ein ostdeutscher Kriminalautor, der einerseits dem DDR-Kriminalroman sehr verpflichtet ist, sich aber zugleich von diesem durch die Wahl der Erzählstrukturen absetzt, ist Karl Heinz Berger mit seinem 1992 erschienenen, letzten Kriminalroman *Was ich weiss, macht mich heiss*. Berger installiert einen Ich-Erzähler, der im DDR-Krimi eher ungewöhnlich war, und verlegt die Handlung zurück in die DDR und zwar in das Jahr 1987. Der Ich-Erzähler Bernhard Kummer ist ein relativ erfolgreicher Krimiautor, der während seines Urlaubs in einen Mord verwickelt wird und sich – wenn auch etwas halbherzig – an der Aufklärung beteiligt. Diese Erzählerposition erinnert an die Watson-Figur der Sherlock-Holmes-Krimis. Ganz offensichtlich ist diese Nähe auch gewollt, denn Berger reanimiert auf verschiedenen Ebenen den klassischen Detektivroman: in der Watson-Figur, vor allem aber im Setting des Krimis, der in einem Schloss mit einer überschaubaren Anzahl an Personen spielt, von denen mehrere in Verdacht geraten, irgendetwas gesehen zu haben. In dem Krimi wird am Ende in einem *show-down*, einer gemeinsamen Versammlung, der Täter überführt. Die intertextuelle Nähe zum englischen Detektivroman liegt auf der Hand. Zugleich durchbricht Berger aber das klassische Schema des Detektivromans, indem er seinen Fall nicht auf die Tätersuche beschränkt, sondern die Realität des Literaturbetriebs künstlerisch widerspiegeln will. Hier geht es um die Zensurpraktiken des Staates einschließlich der Überwachungsmaßnahmen durch die Staatssicherheit, um Publikationsbedingungen von literarischen Werken, um Entstehungsbedingungen von Literatur und um die Selbstherrlichkeit von Autoren und Funktionären.

Mit dem Tod eines Verlagschefs bricht Berger ein Tabu des DDR-Krimis, indem er einen Funktionär zum Opfer macht. Er bricht weitere Tabus, weil ein vom Staat anerkannter und vielfach gewürdigter Autor zum Täter wird und weil Missgunst und Rachegelüste als die Tatmotive herausgestellt werden. Bergers Roman ist die Abrechnung mit dem Literaturbetrieb und im Speziellen mit dem DDR-Krimi einschließlich des Verlagssystems in Form eines Krimis.

Der einzige Kriminalroman des Textkorpus, in dem der Fall der Mauer in der Handlung eine tragende Rolle spielt, ist Hans Schneiders *Der Mauertänzer* von 1992. Die Handlung spielt an einigen Novembertagen des Jahres 1989 und wird durch längere Rückblenden in das Jahr 1987 unterbrochen. Schneider versucht die Stimmung des 9. Novembers festzuhalten, den Freudentaumel der Menschen, gleichzeitig die tiefe Ungläubigkeit und Verunsicherung dieser Novembertage.

Ein wichtiger Teil der Geschichte spielt 1987 in der DDR, als der Rechtsanwalt Hartmut Rokosch ein Mandat übernimmt, das ihn seine gesamte Existenz kosten wird und ihm letztlich sogar zwei Jahre Gefängnis wegen Beihilfe zur Republikflucht einbringt. Schneider legt in dieser Geschichte die juristische Praxis der DDR offen und arbeitet die Mechanismen heraus, mit denen die Staatssicherheit im Hintergrund alles lenkte und die Urteile in der Justiz nicht nur beeinflusste, sondern vorgab. Der moralisch integre Rechtsanwalt Rokosch lässt sich auf das Mandat für seinen ehemaligen Kameraden Ronald Damian ein, der des Kunstraubs und des Mordes angeklagt wird. Dass es ihm gelingt, einen Freispruch zu erwirken, hat er einem falschen Alibi zu verdanken. Die ganze Angelegenheit entpuppt sich als eine minutiös geplante und abgekartete Sache zwischen seinen früheren NVA-Kameraden, die sich nach dem positiven Ausgang des Prozesses in den Westen absetzen können. Ohne Beweise wird Rokosch daraufhin der Beihilfe zur Republikflucht angeklagt und zu zwei Jahren Gefängnis verurteilt. Seine Zulassung als Anwalt, seine Kanzlei und das üppige Honorar für die Verteidigung des Freundes werden ihm genommen. Nach seiner Haftentlassung arbeitet er in einem Lebensmittelgeschäft und füllt Regale auf. Er ist ein gebrochener Mann, als die Grenze fällt. Der Neubeginn wird ihm auch in dieser neuen Gesellschaft nicht gelingen. Das wird ihm klar beim Zusammentreffen mit Ingolf Kahleis, dem früheren NVA-Kollegen. Dieser hat es auch in der neuen Gesellschaft zu Wohlstand und Einfluss gebracht und bietet Rokosch seine Hilfe an. Doch Rokosch lehnt ab, denn es geht wieder um den „Ausverkauf der DDR“, wie bereits zwei Jahre zuvor, als Kahleis Kunstgegenstände heimlich in den Westen verkauft hatte, um harte Währung in die DDR-Kassen zu spülen und natürlich auch, um selbst gut an diesen Geschäften zu verdienen. Als Rokosch versucht, seine einstige Freundin Adeline zurückzuholen, erschießt sie ihn.

An Rokosch wird vorgeführt, dass ein aufrichtiger Mensch mit humanistischen Grundsätzen in der DDR-Gesellschaft zwangsläufig scheitern muss. Dass dieser Mensch aber auch in der bundesrepublikanischen Gesellschaft kaum eine

Chance hat, wird angedeutet, wenn auch erzählerisch nur noch sehr knapp dargestellt.

In keinem anderen Kriminalroman werden die Praktiken der Staatssicherheit so detailliert beschrieben wie bei Schneider. Das Menschenverachtende des Apparats wird insbesondere in der Person des Stasioffiziers Meier dargestellt, der sich am Ende des Romans in mehrere Identitäten auflöst, so dass der Leser gar nicht mehr weiß, wer Meier eigentlich war. Dieses Bild spricht für die totale Durchsetzung der Gesellschaft mit den Überwachungsstrukturen. Am Beispiel Rokoschs wird beschrieben, wie Menschen korrumpiert wurden, indem sie in existentiell ausweglose Situationen gebracht wurden. Rokosch hätte den Gefängnisaufenthalt vermeiden können, wenn er bereit gewesen wäre, Informationen über seine Mandanten an die Staatssicherheit weiterzugeben bzw. Mandate im Auftrag der Staatssicherheit zu übernehmen. Für diesen Fall hatte man ihm versprochen, ein angesehener und bekannter Anwalt zu werden. Aber dieser Karrierismus war Rokosch zuwider, ebenso wie der unbedingte Wille eines Kahleis, aus jeder Situation Profit zu schlagen. Kahleis ist der Hintermann, der die Fäden in der Hand hält und der als Einziger ungeschoren aus der Geschichte hervorgeht, der auch kaum in Erscheinung tritt. Insofern ist auch Schneiders Fazit ein zutiefst pessimistisches, denn die Hintermänner erwischt man nie.

Am Beispiel des Leiters der Ostberliner Kriminalpolizei Wolfgang Hellwich zeigt der Autor die starke Verunsicherung der Menschen und ihre Reaktionen auf die historischen Veränderungen. So wird Hellwich zum Außenseiter, weil er seinen Austritt aus der Partei erklärt. Die Kollegen rücken von ihm ab, weil sie eigene Probleme bei einer Solidarisierung mit diesem Verhalten befürchteten. Auch sein unbefangenes Zugehen auf und seine komplikationslose Zusammenarbeit mit einem westdeutschen Kommissar stoßen auf Argwohn in der eigenen Dienststelle. Dieses Verständnis zwischen dem ostdeutschen Hauptmann und dem westdeutschen Kommissar, wie es Schneider am Ende seines Romans inszeniert, sowie ihre gemeinsame Aufklärung des Falls bleibt die einzige Hoffnungsbotschaft, die der Autor sendet. Dahinter steckt aber noch mehr: Nämlich das Vertrauen auf das Miteinander der Menschen, jenseits institutioneller und politischer Vorgaben.

Schneiders Roman zerfällt in zwei ungleiche Teile. Der erste Teil wird konsequent aus der Perspektive Rokoschs erzählt. Die Erzählgegenwart ist der 9. November sowie einige Tage danach. Doch wird in der Form von Analepsen die eigentliche Geschichte des Prozesses von 1987 erzählt. Das Mordopfer, der Direktor des Museums, steht überhaupt nicht im Fokus des Interesses, sondern ausschließlich die Täter. Auch bei Schneider kann man feststellen, dass die Frage, wer das Opfer und wer der Täter ist, ausdrücklich in Zweifel gezogen wird. Insofern kann man es durchaus als ein besonderes Kennzeichen des ostdeutschen Kriminalromans ansehen, dass gerade in der Darstellung der Wende die Opfer- und Täterprofile nachdrücklich hinterfragt werden. Diese Verschiebung innerhalb des klassischen Krimischemas setzt insofern die Tradition des späten DDR-Krimis fort, der bereits seinerseits auf die Infragestellung des typischen Opfer-Täter-Schemas hingearbeitet hatte.

Neben dem Roman von Schneider sind es die Krimis von Hartmut Mechtel und Max D. Adams, in denen das Ministerium für Staatssicherheit eine wichtige Rolle spielt. In seinem Kriminalroman *Tod in Grau* von 1992 gelingt Mechtel das auf eine erzählerisch geschickte Art und Weise. Unmittelbar nach dem Mauerfall wurden Stasi-Akten heimlich beiseite geschafft, doch gelingt es dem ermittelnden Oberkommissar Falk Iwers nicht, dafür überzeugende Beweise zu finden. Mögliche Zeugen sind plötzlich unauffindbar, Entscheidungen wie auch zugesicherte Hilfen werden verzögert und ursprünglich auskunftswillige Personen hüllen sich in Schweigen. Iwers entgeht nur knapp einem Anschlag durch einen mysteriösen Verfolger im Auto. Obwohl es in dem Roman nur ein kurzes Zusammentreffen zwischen Iwers und zwei Stasi-Offizieren gibt, so ist die Staatssicherheit auch kurz nach der Wende noch omnipräsent und scheint die Fäden der Handlung in den Händen zu halten. Wie weit die Geheimniskrämerei ging, wird am Beispiel eines kurzen Einblicks deutlich, den ein ehemaliger Oberstleutnant des MfS im Gespräch mit Iwers gibt:

> Wir sind der geheimste aller Geheimdienste. Die Mitarbeiter wußten nicht, was sie taten. Die Chefs wußten nicht, was sie anordneten. Ich war einer der Stellvertreter des Generals. Ich wußte nicht mal, wie meine Sekretärin mit Klarnamen hieß. Wir redeten sie als Fräulein Siebzehn an, wegen der Zimmernummer (Tod, S. 125).

Aus der Staatssicherheit ist zwar das Amt für Nationale Sicherheit geworden, doch – so stellt Iwers schnell fest – die Methoden und Mitarbeiter sind die gleichen geblieben. Von den beiden Stasimitarbeitern, die mit der Auflösung ihrer eigenen Behörde beschäftigt waren, konnte er ebenso wenig erwarten wie von dem Hauptmann der NVA, der seinen eigenen Stützpunkt abzuwickeln hatte. Daher verwundert es auch nicht, dass Iwers in seinen Ermittlungen kaum vorankommt, sondern vielmehr selbst in das Netz unsichtbarer Mächte gerät.

Mit dem Roman *Tod in Grau* beginnt Mechtels Auseinandersetzung mit geheimdienstlichen Aktivitäten, die in seiner Krimi-Trilogie der späten 1990er Jahre im Vordergrund stehen. In *Die Spitze des Kreises* scheinen die kriminellen Aktivitäten von den hohen Führungsetagen des BND auszugehen, der keineswegs besser dargestellt wird als das MfS. Bei Mechtel sind die alten Feindschaften zwischen den westlichen und östlichen Geheimdiensten noch aktuell.

In dem Kriminalroman *Yeti sei tot* von Max D. Adam ist die Staatssicherheit auch nach der Wende noch omnipräsent. Der Autor inszeniert seine Geschichte um die Auflösung der Behörde und zeigt die Machenschaften und Praktiken der Mitarbeiter, die skrupellos versuchen, sich zu bereichern. So werden Gelder unterschlagen und gestohlen, Akten mitgenommen oder Dienstfahrzeuge ins Privateigentum überführt. Dabei operieren die Mitarbeiter gegeneinander und nutzen die Methoden, mit denen sie einst im Auftrag des MfS tätig waren, überwiegend „privat".

Die Handlung des Kriminalromans spielt 1990 hauptsächlich in Berlin, aber auch im Berliner Umland und in Göttingen. Adam entwickelt seine Geschichte um grundlegende Urängste des Menschen, vorzugsweise der Ostdeutschen, die unmittelbar nach der Wende zu beobachten waren. Er stellt die Existenzängste der Menschen, die mit dem gesellschaftlichen Systemwandel Einzug hielten, als Motive der kriminellen Handlungen dar und überzeugt durch die konsequente Handlungseinbindung dieser Ängste. In diesem Kriminalroman wirkt daher nichts plakativ oder aufgesetzt, sondern sehr authentisch in der Darstellung.

Der ehemalige Stasi-Mitarbeiter Kutzer wird vom Verfolger zum Verfolgten, wobei sich das Gefühl des Verfolgtseins pathologisch ausprägt und durchaus als Verfolgungswahn bezeichnet werden kann. Bei Kutzer geht das so weit, dass er seinen eigenen Tod vortäuscht, indem er einen Autounfall fingiert, daraufhin die Identität seines Vaters annimmt und sich ständig verkleidet, um seine Verfolger abzuschütteln. Die bei der Stasi erlernten Methoden wendet er nun zu seinem eigenen Schutz an, bemerkt aber nicht, dass er das Opfer seiner selbst, d.h. seiner Selbsttäuschungen, geworden ist. Schließlich wird er zum Mörder, weil er glaubt, den Verfolger identifiziert zu haben. Er handelt, ohne sein Handeln zu hinterfragen und ohne die Kommunikation mit der Außenwelt zu suchen. In diesem Sinne handelt er genau nach dem Muster, das die Stasi ihren Mitarbeitern vorgegeben hat.

Der auf den ersten Blick merkwürdige Titel des Kriminalromans *Yeti sei tot* erklärt sich aus der Geschichte um den Häuslebauer Bernhard Thoma. Als Yeti bezeichnet man in der Märchenwelt des Himalaya ein zweibeiniges, behaartes Fabelwesen, das auch als Schneemensch oder Dämon bezeichnet wird. Der dämonische Aspekt des Yeti kommt in dem Krimi zum Tragen. Wie Dämonen tauchen nämlich nach dem Mauerfall frühere Eigentümer aus Westdeutschland im Osten auf und beanspruchen ihr früheres, durch den DDR-Staat zwangsenteignetes Eigentum. Die Yetis sind die Wessis und für die Ostdeutschen eine nicht zu kalkulierende Gefahr. Der Yeti im vorliegenden Krimi ist der Göttinger Apotheker und westdeutsche Grundstücksbesitzer Jochen Schneeberg, der plötzlich bei Thoma nach der Wende auftauchen und Ansprüche stellen könnte und damit sein Lebenswerk gefährden würde.

> Statt damals hinüberzufahren und diese Schneebergs kurzentschlossen auszurotten, hatte er seinen Kummer mit Schnaps zugegossen, seine Ehe zerstört und gebetet, daß der Yeti tot sein möge. [...] Aber dann die bittere Erkenntnis, daß der Yeti in Berlin war, um seinen Namen im Grundbuch eintragen zu lassen (Yeti, S. 237).

Thoma handelt vorauseilend, die möglichen Konsequenzen antizipierend, ohne dass der Besitzer des Grundstücks überhaupt direkt Ansprüche an ihn gestellt hatte. Die gewalttätigen Mittel, zu denen Thoma greift, eine Paketbombe, Erpressung und der Versuch, einen Auftragskiller zu engagieren, sind der Situation völlig unangemessen, zumal das Opfer ahnungslos ist und noch keinen Entschluss getroffen hat, was mit dem Grundstück im Osten geschehen soll. Doch nichts kommt dem apokalyptischen Höhepunkt und zugleich dem Ende des Krimis gleich, das Thoma ganz offensichtlich durch eine ferngesteuerte Bombe im Radkasten des Autos des Grundstückeigentümers herbeiführt. Durch die Explosion kommt es zu einem schweren Verkehrsunfall mit mindestens sechs Toten:

> [...] die zersprungene Frontscheibe eines Wagens, der keinen Motorraum mehr besaß. Direkt vor der Scheibe begann das Heck eines anderen Fahrzeuges. Innen war eine Masse aus Kleidung, Blut und Fleisch erkennbar, aus der mehrere Arme wie erstarrte Tentakel eines Kraken ragten (Yeti, S. 249).

Der Krimi lässt offen, ob Schneeberg wirklich in dieser Katastrophe ums Leben gekommen ist und Bernhard Thoma damit sein Ziel erreicht hat. Wahrscheinlich – so wird dem Leser suggeriert – bleiben die wahren Ursachen des schweren Verkehrsunfalls unaufgeklärt, denn so „was passiert fast jede Woche – da ist nicht Zeit für Staatsaktionen" (Yeti, S. 251). Dem Inferno am Ende des Krimis folgt ein Dialog zwischen dem Fotografen und zum Detektiv avancierten Engler und dem ehemaligen Stasi-Offizier Lange, der, von Englers Engagement beeindruckt, ihn in seiner privaten Detektei anstellen möchte. Und Engler weiß nicht, wie die Sache ausgegangen ist. Er hat noch versucht, Schneeberg durch die Polizei warnen zu lassen, daher bleibt der Ausgang auch offen. Aber es wird deutlich, welche Kettenreaktionen Lange mit seiner Einschüchterungsaktion ausgelöst hat. Zu Beginn des Krimis hat Lange wegen unterschlagener Gelder den einstigen Mitarbeiter Kutzer lediglich in die Schranken weisen wollen und heimlich dessen Wohnung durchsucht, ihm einen fingierten Abschiedsbrief und die Nummer eines Bestattungsinstituts zugespielt. Kutzer fühlte sich verfolgt und deutete die Zeichen dahingehend, dass man ihn in den Suizid treiben wollte. Er versuchte die Verfolger abzuschütteln, indem er seinen Tod vortäuschte. Dabei beobachteten ihn allerdings zwei Unbeteiligte: Thoma und Engler, die ihn, Kutzer, fortan verfolgten. Thoma verfolgte Kutzer, um ihn für seine Interessen zu erpressen. Engler war eigentlich für die Beobachtung Thomas engagiert worden und witterte einen interessanten Fall, der ihm endlich den Durchbruch als Journalist bringen sollte. Die Konstellationen des Krimis verdeutlichen vor allem eine Tatsache: Hier beobachtet jeder jeden. Jeder zieht seine eigenen, zumeist nicht korrekten Schlüsse und handelt mit fatalen Folgen.

Die von Thoma entfachte Gewalt illustriert nicht nur sehr eindrücklich die tief verwurzelte Existenzangst des Eigentümers um sein Eigentum, sondern auch die Skrupellosigkeit des Einzelnen, der sich keinen Gesetzen mehr verpflichtet fühlt. Die Phase vom Untergang der DDR, also vom Mauerfall, bis zur Wiedervereinigung wird gern als eine Periode der großen Freiheit wahrgenommen. Doch kann Freiheit auch Anarchie bedeuten. Das Verhalten Bernhard Thomas spricht für diese anarchistische Grundhaltung, denn er fühlt sich stets im Recht, in seinem persönlichen Recht, das er für sich selbst festlegt. Der aktuellen Gesetzgebung fühlt er sich in gar keiner Weise verpflichtet: „Für diese Wessis haben wir die Bonzen nicht davongejagt, für die habe ich mein Haus nicht gebaut. Die haben doch alle längst ihre fetten Entschädigungen kassiert [...]" (Yeti, S. 236]. Thoma sieht sich vom alten System betrogen und vom neuen System erwartet er ebenso wenig Schutz. Er kennt kein Vertrauen in die Rechtsstaatlichkeit und den Schutz des Bürgers, d.h. ein staatsbürgerliches Denken ist ihm völlig fremd.

Die Schwierigkeiten, sich in der DDR ein Haus zu bauen, werden auf den ersten Seiten ausführlich beschrieben. Von den Engpässen beim Material bis zu schwerverfügbaren Handwerkern und baurechtlichen Problemen mit den Behörden – ein Haus zu bauen war in der DDR eine sowohl kostspielige als auch logistisch sehr aufwändige Angelegenheit, bei der häufig – wie auch im Roman anschaulich dargestellt – Ehen und Freundschaften zerbrachen. Hinzu kommt das besondere Verhältnis der DDR-Bürger zum Privateigentum. In einem Staat, in dem kollektives Eigentum, also Volkseigentum, gegenüber dem Privateigentum eindeutig bevorzugt wurde und der private Erwerb stark reglementiert wurde, war es schwierig, zu privatem Eigentum zu gelangen. Wer ein Haus besaß oder ein Auto, war in diesem Sinne bereits privilegiert und verständlicherweise ist das Verhältnis zu einem Objekt, das sehr schwer zu erwerben ist, deutlich enger als in einer auf Konsum ausgerichteten Warenwelt.

Adams Figuren sind nicht passiv, sie gehören auch nicht zu denen, die sich über die neuen Bedingungen beklagen. Figuren wie der Stasi-Mitarbeiter Kutzer, der Eigenheimbesitzer Thoma oder der Mitarbeiter des Bürgerkomitees Schonf sind vielmehr sehr aktive Personen, die sich dem Schicksal nicht ergeben haben, sondern ihren eigenen Weg suchen und ihre Zukunft im neuen System selbst gestalten wollen. Das unterscheidet Adams Figuren grundlegend von dem Personal bei Tom Wittgen. Die Mittel und Wege, die die Figuren in *Yeti sei tot* jedoch zur Anwendung bringen, zeigen ihre Ohnmacht und Angst im neuen System. Hier wird deutlich, dass den Figuren eine Vorstellung von Rechtsstaatlichkeit völlig fremd ist und dass sie davon ausgehen, dass jeder Mensch innerhalb des kapitalistischen Systems seine eigenen Interessen gnadenlos durchsetzen muss, um nicht unterzugehen.

Adam erteilt am Ende den Hausbesitzern auch noch eine politische und praktische Lektion, ironischerweise durch den ehemaligen Stasi-Offizier Lange, der sich im neuen System bereits bestens auskennt:

> Es stand doch gerade erst zu lesen, was der Rechtsausschuß des Bundestages dazu meint – alte Westgrundstücke, auf die die Neubesitzer ihre Eigenheime draufgesetzt haben, müßten an diese zwangsübertragen werden. Die Alteigentümer sollten verpflichtet werden, ihren Grund und Boden gegen Entschädigung vom Bund an die Neubesitzer abzugeben (Yeti, S. 255).

Der Realitätsanspruch der Gattung wird in diesem Kriminalroman besonders nachhaltig eingelöst, denn mit der Gestaltung zweier viele Menschen in der ehemaligen DDR bewegender Probleme, nämlich: Was wird mit meinem Eigentum? Wer war eigentlich die Stasi und was tat sie? hat Adam einen sehr aufschlussreichen Kriminalroman über die ersten Monate nach dem Mauerfall geschrieben. Diesem Kriminalroman gelingt es überdies, die Atmosphäre dieser Umbruchzeit einzufangen, Stimmungen der Menschen wiederzugeben und typische Charaktere zu entwerfen.

4.3.4 Was den ostdeutschen Krimi ausmacht: Ermittler, Themen, Orte

Es ist keineswegs verfehlt, von den Anfängen des ostdeutschen Kriminalromans zu sprechen, d.h. von den ersten Nachwendekrimis, die bereits nach der Wende erschienen, aber noch während der Existenz der DDR, also vor der Wiedervereinigung spielen.

Im Fall von Bärbel Balkes *Pas de deux in den Tod* ist es besonders schwierig, den Platz des Krimis zu bestimmen – gehört er noch zu den Kriminalromanen des Übergangs oder bereits zum ostdeutschen Krimi? Die Autorin vermeidet – offensichtlich ganz bewusst – ein zeithistorisches Kolorit, wodurch der Krimi schwer in einer konkreten Zeit zu verorten ist. Vieles spricht dafür, dass die Romanhandlung im Frühjahr 1990 spielt, also mitten in der Wendezeit, nach dem Mauerfall und vor der Wiedervereinigung. Die Autorin versucht allerdings die gesellschaftlichen Hintergründe mehr oder weniger auszublenden und konzentriert sich auf die Ermittlungsarbeit in dem Mord an einer Tänzerin. Die sich verändernden gesellschaftlichen Verhältnisse lassen sich hauptsächlich auf einer sprachlichen Ebene festmachen, denn Balkes Roman oszilliert zwischen dem in der DDR typischen Sprachduktus und neuen Begrifflichkeiten, die auf die veränderte Realität zurückzuführen sind.[267]

Das eigentlich Erstaunliche an Balkes Kriminalroman ist jedoch die scheinbare Unauffälligkeit, mit der sie neue Themen aufnimmt und frühere Tabus bricht. Daher steht letztlich eine Zuordnung des Krimis zum ostdeutschen Kriminalroman auch außer Frage, doch erschließt sich insbesondere dieser Kriminalroman nicht im ersten Zugang. Hier findet sich nämlich nichts von der plakativen Thematisierung der Umbruchszeit und den ökonomischen Einschnitten, wie wir sie bei Tom Wittgen vorgefunden haben. Ähnlich subtil wie in Adams Kriminalroman kommt in Balkes Text das Neuartige so leise und authentisch daher, dass man es kaum wahrnimmt – vor allem mit einer zeitlichen Rezeptionsdistanz von gut 20 Jahren. Balkes Text ist sicherlich der seiner Zeit am stärksten verpflichtete Kriminalroman, der ohne die notwendigen historischen Kenntnisse am schwersten zu verstehen ist. Das soll indes nicht darüber hinwegtäuschen,

267 Vgl. dazu die ausführlichere sprachliche Analyse des Kriminalromans in Kapitel 3.5. Sprache und Erzählstruktur im späten DDR-Krimi.

dass wir es hier mit einer Autorin zu tun haben, die ganz deutlich mit den Tabus des DDR-Kriminalromans bricht und zwar auf mehreren Ebenen. Erzählt wird ein brutaler Mord mit anschließender Leichenschändung durch einen zufällig auf das Opfer treffenden Passanten. Die Ermittlungen leitet eine Kommissarin, Maria Kollberg, die erste Frau in dieser Funktion in einem der ersten Kriminalromane nach der Wende. Kollberg ist eine ehrgeizige Kommissarin, die endlich Verantwortung übernehmen will und eine leitende Position auszufüllen vermag. Sie wird von ihrem Chef widerwillig mit der Ermittlungsarbeit betraut, doch versteht sie es, die Gunst der Stunde durch dessen plötzliche Erkrankung für sich zu nutzen.

Ein weiteres Tabuthema schneidet Balke an, indem sie den homosexuellen Tänzer Hanno darstellt und seine Scheinehe mit einer anderen Tänzerin thematisiert. Auch die Beziehung der Tänzerin zu dem Sohn ihres früheren Liebhabers, der ca. zwanzig Jahre jünger ist, bleibt ungewöhnlich und stellt sich als eine besonders perfide Form der Rache dar.

Der Kriminalroman arbeitet wie kein anderer Text der Auswahl eindrücklich mit Figurencharakterisierungen über Sprache. Die Tochter des Opfers Nora Stein, eine 18-Jährige, spricht einen jugendlichen Slang, der ihre vermeintliche Abgeklärtheit zeigen soll. Der Arbeiter Rostmann spricht kein gewähltes Hochdeutsch, sondern berlinert und verwendet umgangssprachliche Ausdrücke.[268]

Balke entwickelt parallel zur eigentlichen Kriminalgeschichte eine relativ ausführliche Handlung über die Kommissarin Maria Kollberg, die nach der Scheidung erneut bei ihrer Mutter eingezogen ist. Mit dem Pathologen beginnt die Kommissarin eine Affäre, deren Fortgang offen bleibt. Anfangs ist das Verhältnis zu ihrem unmittelbaren Kollegen Kobrow belastet, da es dieser auf den Chefposten abgesehen hatte. Doch im Verlauf der Ermittlungen normalisieren sich die Beziehungen und es entwickelt sich sogar ein Vertrauensverhältnis zwischen der Chefin und ihrem Mitarbeiter. Diese Begleitgeschichte legt die Vermutung nahe, dass Balke mit der Kommissarin weitere Kriminalromane geplant hat, denn dieser Erzählstrang ist noch längst nicht zu Ende erzählt.

In den Kriminalromanen der unmittelbaren Wendezeit und der frühen 1990er Jahre treten häufiger weibliche Ermittlerfiguren auf. Den Anfang machte – wie gesehen – Maria Kollberg in Bärbel Balkes *Pas de deux in den Tod*. Dass hier etwas Neues beginnt, eine neue Ära sozusagen, macht bereits die Tatsache deut-

268 Vgl. dazu ausführlicher das Kapitel 3.5 Sprache und Erzählstruktur im späten DDR-Krimi.

lich, dass es ihr erster eigener Fall ist. Ebenso Franziska Wolf in Dorothea Kleines *Rendezvous mit einem Mörder*. Auch sie trägt erstmals die volle Verantwortung für die komplette Ermittlungsarbeit in einem Mordfall. Tom Wittgen hat bereits mit Leutnant Astrid Funke in *Tiefenprüfung* (1978) und Leutnant Bianca Weih in der Erzählung *Die Damengang* weibliche Ermittlerfiguren in die DDR-Kriminalliteratur eingeführt, doch waren das Einzelfälle. Im DDR-Kriminalroman dominierte der männliche Ermittler. Mit Wittgens Tanja Voigt in *Tod im Regen* wird eine Ermittlerfigur geschaffen, die nicht primär über ihre weiblichen Tugenden charakterisiert wird, sondern – ebenso wie Kollberg und Wolf – durch Professionalität, Hartnäckigkeit und Sachlichkeit überzeugt. Insbesondere Kollberg und Wolf befinden sich jedoch in einer besonderen Situation: Sie müssen sich bei ihren unmittelbaren Mitarbeitern wie auch beim Staatsanwalt Respekt verschaffen. Als Frauen empfinden sie den Druck von außen, den Fall unbedingt zu einem erfolgreichen Ende zu führen, als besonders stark. Insofern determiniert ihr Geschlecht auch ihre Führungsrolle.

Die Nachwendezeit brachte eine weitere Gruppe von Ermittlerfiguren hervor, die in der DDR-Kriminalliteratur geradezu verpönt und daher nicht existent waren: die Privatdetektive. Zumeist handelt es sich um ehemalige Polizisten, die den Dienst quittiert hatten oder entlassen wurden. Klaus Möckel schafft den Privatdetektiv Gunther Krey, Hartmut Mechtel den Privatdetektiv Falk Iwers. Sowohl Krey als auch Iwers standen in den Diensten der Polizei, bevor sie sich als Privatdetektive selbstständig machten.

Mit diesen privaten Ermittlern schließt sich der ostdeutsche Kriminalroman einer allgemeinen Tradition an, wie sie von der amerikanischen *hard boiled school* begründet wurde und auch in der westdeutschen Krimiliteratur mit einem festen Repertoire an Privatdetektiven fortgesetzt wurde. Erinnert sei nur an Balthasar Matzbach von Gisbert Haefs oder Kemal Kayankaya von Jakob Arjouni.

Die Erscheinung des Privatdetektivs im ostdeutschen Krimi ist aber auch Ausdruck des neuen Einzelkämpfertums. Die Privatdetektive sind ein Sinnbild dafür, dass sich die Lebensbedingungen nach der Wende völlig verändert und zu nicht vorhersehbaren Veränderungen in der Berufsbiographie geführt haben. Krey und Iwers müssen aus eigener Kraft und durch Eigeninitiative ihre Existenzgrundlage sichern. In der freien Marktwirtschaft zählen daher ethische und moralische Überlegungen wenig. Das macht auch der Mitarbeiter in Iwers Detektei Horst Gahler seinem Klienten Martin Parr sehr deutlich, indem er ihm mitteilt, dass er „ohne Bezahlung nicht aktiv werden“ könne, „wobei sein nun doch informierter Chef Iwers mir tatsächlich mit dem Tarif entgegenzukommen bereit sei. Auch über ein Trinkgeld verfügte ich derzeit nicht in ausreichendem Maße [...]" (DuZ, S. 48).

Der Tätigkeitsbereich eines Privatdetektivs oder die Gründung einer Detektei scheint in vielen Hinsichten ein lukratives Geschäft zu versprechen. So gründet auch der ehemalige Stasi-Offizier Lange in Adams *Yeti sei tot* mit den bei der Auflösung des Ministeriums für Staatssicherheit unterschlagenen Geldern eine Detektei und engagiert den Fotografen Klaus Engler, der im Verlauf der Handlung durch seine eigenen Ermittlungen vom Fotografen zum Privatdetektiv geworden war.

In der Darstellung der Kommissare und der Privatdetektive zeigt sich eine sehr klare Neukonzeption. Mit den sozialistischen Kriminalisten haben die Ermittler kaum noch etwas zu tun. Konkurrenz innerhalb des Ermittlerteams haben wir bereits bei Balke festgestellt, auch wenn sich der Kollege Kobrow letztlich seiner neuen Chefin Kollberg unterordnet. Die Ermittler rücken als individuelle Persönlichkeiten stärker in den Fokus der Erzählung, obwohl diese Entwicklung bereits in den späten DDR-Krimis angelegt war, wenn man an Müllers *Nachtzug* oder Eiks *Dann eben Mord* denkt. Hier waren die Ermittler Kranz und Jarosch bereits mit individuellen Biographien und einer familiären Vorgeschichte ausgestattet.

Eine weitere spezielle Personengruppe mit ihren Existenzsorgen rückt ins Zentrum der Darstellung: die Schriftsteller. Hier entwickelt der ostdeutsche Kriminalroman gerade mit Wittgen und Berger eine eigentümliche Selbstreflexion. Wittgen schildert am Beispiel des Schriftstellers Ulrich Riffler in *Tod im Regen* die Folgen der Wende für die Autoren von Kriminalromanen. Einst erfolgreiche Autoren, die von ihrer Arbeit leben konnten, haben nach der Wende Schwierigkeiten, einen Verlag zu finden und ein auskömmliches Honorar zu erhalten. Der kommerzielle Erfolg eines Werkes wird zum alles entscheidenden Kriterium (Tod, S. 184). Ganz offensichtlich nimmt die Autorin in der fiktiven Figur des Ulrich Riffler Anleihen an ihrem eigenen Schicksal. Als Freund der Kriminalkommissarin Tanja Voigt vermag diese Figur allerdings wenig zu überzeugen, zu konstruiert erscheint die Beziehung zwischen Kommissarin und Krimiautor.

Karlheinz Berger stellt hingegen als einer der wenigen ostdeutschen Krimiautoren das privilegierte Leben eines DDR-Schriftstellers mit seinen großen Vorteilen und moralisch bedenklichen Nachteilen in *Was ich weiss, macht mich heiss* auf eine schonungslose Art und Weise dar. Hier werden die Zwänge der DDR-

Autoren anschaulich geschildert und nicht wie bei Wittgen auf die für die Nachwendezeit typischen Existenzängste reduziert.

Auffällig ist, dass die Mehrheit der ostdeutschen Kriminalromane in Berlin spielt, nur wenige in anderen Großstädten und ebenfalls nur einige in der Provinz. Wenige Autoren lassen den Handlungsort offen bzw. geben keine konkreten Ortsangaben vor. Der Ort ist ein wichtiges Kriterium für die Realisierung des Realismusanspruchs des Kriminalromans, denn für den Leser spielt das lokale Setting als Identifikationspotential eine eminent wichtige Rolle.

Durch die jahrzehntelange Teilung der Stadt ist Berlin ein privilegierter Handlungsort der Kriminalromane: Hier treffen Ost- und Westdeutsche tagtäglich und zwangsläufig aufeinander. Die Wendezeit kann an diesem Ort in ihrer Alltäglichkeit genauer betrachtet werden. Goyke führt in seinen Kriminalromanen in verschiedene Berliner Wohngegenden, in denen ehemalige einflussreiche DDR-Politiker lebten, so z.B. nach Berlin-Friedrichshain oder nach Hohenschönhausen.

Die Darstellung der Wohnverhältnisse ist wie im späten DDR-Krimi auch im Nachwende-Krimi ein beliebtes Mittel, um die finanzielle und soziale Situation der Figuren zu schildern. Die Stadtteile werden überwiegend negativ beschrieben, wobei sich zwei Kategorien von Wohnvierteln gegenüber stehen. Das ist zum einen die für die DDR typische Bauweise der Plattenbauten in Hohenschönhausen und Marzahn sowie zum anderen die eher alternativen Altbauviertel, in denen Künstler und Oppositionelle leben wie im Prenzlauer Berg oder in Friedrichshain.

Der Prenzlauer Berg wird zum Synonym für die einstige DDR-Opposition. Köhler beschreibt in *Tötet Jack Daniels!* die Menschen, die in diesem Berliner Stadtteil leben, als eine kleine, überschaubare und hermetisch von dem Rest der DDR-Gesellschaft getrennte Bevölkerungsgruppe (TJD, S. 286).

In den Nachwendekrimis ist der Prenzlauer Berg ein beliebter Schauplatz als die Szene der Hausbesetzer und Künstler bei Goyke, Köhler und Mechtel. Dass die Wende auch positive Auswirkungen hat, wird an diesem Ort sichtbar, denn Hartmut Mechtel zeigt in *Der unsichtbare Zweite*, wie der Hauptprotagonist Martin Parr ein neues Lebensgefühl gewinnt, indem er eine Berliner Wohnung besetzt (DuZ, S. 44).

Neben Berlin sind die Handlungsorte in einigen, eher wenigen Fällen ostdeutsche Provinzstädte wie bei Kleine, Wittgen (*Pilotenspiel*) oder Mechtel (*Tod in Grau*) und das Berliner Umland wird gern mit einbezogen wie bei Mechtel, Adam und Möckel. Zwei Krimis spielen in einer anderen ostdeutschen Großstadt, in Leipzig (Goyke, *Der kleine Pariser* und Wittgen, *Rotlicht*). Goyke, Köhler und Mechtel sind im Wesentlichen auf Berlin als Handlungsort festgelegt. Auch wenn Hartmut Mechtels Krimitrilogie teilweise in Frankreich und anderen bundesdeutschen Städten spielt, so ist der Dreh- und Angelpunkt des Krimis, da der Wohnort des Protagonisten, Berlin. Tom Wittgen ist in der Wahl ihrer Handlungsorte am flexibelsten. Für ihre Handlungssettings spielen die Orte auch häufig eine besonders wichtige Rolle, während Goyke und Köhler Großstadtkrimis schreiben, die sich bestens in Berlin ansiedeln lassen, aber nicht zwangsläufig dort spielen müssen. Die Stadt gibt eine dankenswerte und wiedererkennbare Kulisse für den Leser ab. In den Romanen von Tom Wittgen sind die Menschen hingegen sehr viel stärker mit ihren Handlungsorten verwoben. Ort und Figurencharakter bedingen einander stärker. Das bedeutet, dass die Identität und der Charakter einer Figur im Wesentlichen durch den Ort als Lebensmittelpunkt determiniert sind. Der Ort ist ein grundlegender Bestandteil der Biographie des jeweiligen Charakters. Sei es die spezifische Atmosphäre in dem Dorf Wederan im Spreewald (*Pilotenspiel*) oder die Kneipe in einer ländlichen Gegend (*Tod im Regen*) – innerhalb der Handlungsstruktur nimmt der Ort bei Wittgen eine besondere Rolle ein. Der Ort ist keineswegs nur Kulisse, sondern er prägt die Charaktere und offenbart die Probleme der Menschen auf eine ganz spezifische Weise. Die beiden westdeutschen Ideengeber des „Pilotenspiels" suchen sich sehr bewusst das etwas entlegene Dorf Wederan im Spreewald aus und sie erkennen genau, wann sich der Ort „erschöpft" hat, sie also weiterziehen müssen, um neue „Opfer" für ihr Spiel zu finden.

Aus thematischer Sicht heben sich die ersten ostdeutschen Kriminalromane, also die Krimis, die unmittelbar nach dem Mauerbau und vor der Wiedervereinigung spielen (also von Oktober 1989 bis Oktober 1990), noch einmal von den späteren ostdeutschen Kriminalromanen ab. Im Blick haben wir hier insbesondere Mechtels *Tod in Grau* und *Der letzte Schlüssel* von Barbara Neuhaus.

In beiden Kriminalromanen kommen die Veränderungen der Zeit, die berufliche Ungewissheit der Protagonisten, die neuen existentiellen Sorgen der Menschen sehr einprägsam zum Ausdruck. Mechtel zeigt Menschen in Führungspositionen bei der NVA und der Staatssicherheit, die die Veränderungen nicht begreifen wollen. Neuhaus fokussiert anhand eines Kriminalfalls, wie eine einst – wenn auch in vieler Hinsicht scheinbare – solidarische Gemeinschaft auseinanderfällt und Neid, Missgunst und Hass zu den wesentlichsten Beweggründen menschlichen Handelns werden können.

Die ostdeutschen Kriminalromane, die 1991 und 1992 erschienen sind, lösen den Realitätsanspruch der Gattung daher auch am eindrücklichsten ein. Diese Krimis sind es auch, die die Umbruchzeit primär abbilden. Es gelingt den hier untersuchten Kriminalromanen, namentlich den Krimis von Schneider, Kleine, Mechtel, Balke, Adam, Neuhaus und Wittgen, eine authentische Atmosphäre und die Stimmungen dieser Zeit zu vermitteln. Bei Goyke und Köhler, auch in den Krimis Mechtels aus den späten 1990er Jahren rückt das historische Ereignis der Wende in den Hintergrund und wird zur historischen Kulisse bzw. zur biographischen Anekdote, hat aber nicht mehr diese Omnipräsenz in der Erzähl- und Plotstruktur wie in frühen ostdeutschen Krimis der oben genannten Autorinnen und Autoren. Insofern kann man mit Fug und Recht behaupten, dass der frühe ostdeutsche Kriminalroman einen wesentlichen Beitrag zur Aufarbeitung der DDR-Geschichte und speziell des Mauerfalls leistet.

4.3.5 Biographien des Umbruchs – zur Darstellung der individuellen Auswirkungen der Wende

Die Figuren tragen ihre DDR-Biographien mit sich, die häufig durch einschneidende Brüche gekennzeichnet sind und somit zwangsläufig die „alte Zeit“ thematisieren. Zu den interessantesten Figuren in diesem Spektrum zählt Martin Parr aus Hartmut Mechtels Kriminaltrilogie. Im ersten Band *Der unsichtbare Zweite* berichtet der Ich-Erzähler und Hauptprotagonist Parr über seine Kindheit und Jugend in der DDR, die durchaus ungewöhnlich für DDR-Verhältnisse verlief und insbesondere den lieblosen Umgang mit Kindern aufzeigt. Das Waisenkind Martin wird von den Adoptiveltern Parr aufgenommen. Häufige Umzüge, Trunksucht, Armut prägen die Kindheit und Schulzeit des Ich-Erzählers. Ein Leben in asozialen Verhältnissen, die in der DDR offiziell nicht existierten. Parr verbrachte sogar ein knappes Jahr im Gefängnis, aber nicht aufgrund seiner Beteiligung an einer Schlägerei, sondern weil er in den Augen des Gerichts einen asozialen Lebenswandel führte. Während es andere Familien in der Nachkriegszeit schafften, sich einen bescheidenen Wohlstand zu erarbeiten, rutschten die Parrs zunehmend in sozial prekäre Verhältnisse ab. Es bleibt fragwürdig, warum dem Ehepaar ein Adoptivkind zugesprochen wurde. Der Vater verliert durch seine Trunksucht und Aggressivität sehr häufig den Arbeitsplatz. Es folgen Obdachlosigkeit und Armut, die Familie lebt letztlich in einem Auto, mit dem sie umherzieht.

Diese Außenseiter-Biographie wäre im DDR-Kriminalroman nicht erzählbar gewesen. Mechtel holt durch die Ausgestaltung der Biographie einst verschwiegene Bereiche der DDR-Realität in seine in der Erzählergegenwart der Nachwendezeit der 1990er Jahre spielende Geschichte hinein. Das eigentlich Interessante an Mechtels erstem Teil der Trilogie *Der unsichtbare Zweite* ist die Tatsache, dass sich der Autor keineswegs auf die ostdeutsche Perspektive beschränkt, sondern durch das Doppelgänger-Motiv, hier in Gestalt des Zwillingsbruders Holger Schüssler, eine Konfrontation westdeutscher und ostdeutscher Biographien erreicht. Das Erzählen und Rekonstruieren des eigenen Lebens-wegs nimmt in diesem Kriminalroman viel Raum ein. Mechtel montiert und parallelisiert damit ganz bewusst den Werdegang des ostdeutschen Außenseiters Martin Parr mit dem behüteten und vorbestimmten Lebensweg des westdeutschen Holger Schüssler. Mit diesem Kunstgriff gelingt es ihm, das vereinigte Deutschland als eine Medaille mit zwei Seiten einzufangen und auf eine spezifisch individuelle Art und Weise darzustellen.

Die Bedeutung der Wende für Parr drückt sich in einem Satz aus: „Geboren bin ich 1949, zur Welt gekommen 1990." (DuZ, S. 44). Die DDR steht für Parr für emotionale und erzieherische Verwahrlosung, für Ungerechtigkeit und Ausgrenzung. Erst nach der Wende gelingt es ihm, ein selbstbestimmtes Leben aufzubauen. Dabei wird die Wende als Ereignis ausgespart, denn zu diesem Zeitpunkt liegt Parr durch einen schweren Unfall im Koma. Als er 1990 wieder in das Leben zurückkehrt, kehrt er tatsächlich in eine völlig andere, neue Welt zurück. Jenes „zur Welt gekommen 1990" ist daher in einem doppelten Sinn zu verstehen, zum einen durch die Genesung nach dem Unfall, zum anderen aber auch als Start in eine neue, offenere Gesellschaft.

Auf der ost- und westdeutschen Seite sind indes biographische Stereotype vorherrschend. Die Ostdeutschen sehen in den Wessis in erster Linie Abzocker und Altnazis, die Westdeutschen in den Ossis Stasi-Mitarbeiter und Neonazis. Der westdeutsche Kommissar Dietrich Kölling versucht dieses Bild zu relativieren, indem er auf die „Ratten" verweist, die sich in der Kanalisation einer jeden Gesellschaft herumtreiben, seien es nun die RAF-Mitglieder oder die Stasi-Leute (Rdma, S. 104).

Die ehemaligen Informellen Mitarbeiter des MfS treten in den Kriminalromanen nach der Wende nicht durchgängig auf, aber sie sind überaus präsent. In Bergers *Was ich weiss, macht mich heiss* steht die Leiterin des Schlosses unter dem ständig geäußerten Verdacht, für die Staatssicherheit als Informationszuträgerin zu arbeiten. Während der abschließenden Überführung des Täters ist eine namentlich nicht benannte, aber vom Ich-Erzähler eindeutig als Mitarbeiter des MfS identifizierte Person anwesend, die sich allein durch ihre Gestik und kurzen Kommentare über die ermittelnde Polizei stellt und einen anwesenden Repräsentanten und verdienten Schriftsteller des Staates zu schützen versucht. Erst als dieser Mitarbeiter gegangen ist, gelingt auch die Überführung des Täters. Bergers Schilderungen entsprechen dem realen Geschehen in ihrer literarischen Darstellung sehr eindrücklich, denn der Erzähler „ahnt" bzw. „vermutet" die informelle Zuträgerschaft, er weiß also um die Durchsetzung der Gesellschaft mit informellen Mitarbeitern, aber er kann die Personen nicht konkret benennen, weil sich niemand zu erkennen gibt.

> Traudel Schmidt war die Verwalterin des Heims, [...] allgemein hieß es, sie arbeite für die Firma „Horch und Guck" (was angesichts der Vielzahl der hier geführten Gespräche nur zu wahrscheinlich war) (Berger, S. 16).

Das Bewusstsein, ständig von jemandem belauscht zu werden, zieht sich durch die gesamte Handlung, denn es werden regelmäßig Vorkehrungen getroffen, um ungestört und offen miteinander reden zu können.

Dorothea Kleine gestaltet in ihrem Kriminalroman *Rendezvous mit einem Mörder* von 1992 die Schwierigkeiten von Jugendlichen mit der Wende. Das Mordopfer Maja Kramer, eine 17-jährige Schwesternschülerin, ist eine Jugendliche, die durch die Wende eine Menge Probleme mit ihrer Mutter und der eigenen Identitätssuche hat. Sie hat das Vertrauen in ihre Mutter verloren, die in der DDR Chefredakteurin der Lokalzeitung war und über Macht und Einfluss verfügte. Nach der Wende wurde sie entlassen und von den Menschen, die sie einst hofierten, gemieden und sogar bedroht. Maja als die Tochter einer einst privilegierten Frau hatte das Gefühl, dass sie nun selbst für die Funktionen ihrer Mutter büßen müsse. Sie wusste nicht mehr, wo sie hingehörte, und litt an dem Verlust der einstigen „Wahrheiten". Die Schuld dafür gab sie der Mutter, denn diese habe ihre Träume und ihre Zukunft aufs Spiel gesetzt. Aber die Mutter, Gerda Kramer, steht selbst hilflos vor diesen entzauberten „Wahrheiten" und sieht sich mit Tatsachen konfrontiert, von denen sie nichts wusste. Sie hatte an das, worüber sie schrieb und wofür sie sich einsetzte, geglaubt und nicht das doppelte Spiel der wirklich Mächtigen in der Partei durchschaut. Damit steht sie stellvertretend für die sozialistische Basis, also für jene Menschen, die sich tagtäglich in ihrem Lebensumfeld für die Sache des Sozialismus eingesetzt haben, weil sie von dieser Sache ehrlich überzeugt waren.

Die Figuren in Kleines Roman weisen fast durchgehend Brüche in ihren Biographien auf: da ist der frühere Theaterdramaturg, der nun ein Reisebüro führt, oder der ehemalige Bühnenbildner, der in eine Würstchenbude investiert hat.

Die beruflichen Veränderungen und Neuorientierungen, die die Wende zwangsläufig mit sich brachte, werden in sehr unterschiedlichen Bereichen dargestellt. Einen privilegierten Platz nimmt dabei die Polizeiarbeit ein, denn hier bietet sich die günstige Möglichkeit, Umstrukturierungen, Degradierungen und Machtkämpfe plastisch vor Augen zu führen. Waren die Ermittler im DDR-Krimi überwiegend auf ihre Ermittlungsarbeit beschränkt, so erhalten die Kommissare im vereinten Deutschland eine Biographie und eine eigene Geschichte. In diesem Sinn sind sie mehr als ermittelnde Kommissare, sie sind mit ihren individuellen Schicksalen Beispiele für die typischen Probleme der Menschen in dieser Zeit. Dienstjahre werden nicht anerkannt, Herabstufungen müssen hingenommen werden und Kompetenzbereiche werden eingegrenzt oder neu besetzt. Diese Entwicklungen waren nicht nur für den Polizeibereich, sondern auch für andere Arbeitsbereiche von Belang. Die Umstrukturierungen in der Polizei werden exemplarisch genutzt, um die Veränderungen in der Arbeitswelt zu veranschaulichen.

Bedingt durch die gesellschaftlichen Verhältnisse werden Ermittler aus dem Polizeiapparat herausgedrängt und arbeiten fortan als Privatdetektive wie Gunther Krey in Möckels oder Falk Iwers in Mechtels Kriminalromanen, die nach der Wende erschienen sind. Aus den größtenteils anonymen Mordkommissionen werden Ermittlerpaare mit individuelleren Charakteristika.

In Hartmut Mechtels *Tod in Grau* löst Falk Iwers seinen früheren Chef Hauptmann Krüger (aus *Unter der Yacht*) als leitender Ermittler ab und übernimmt Nachforschungen in einem Fall, an dem auch Krüger vor seinem Untertauchen gearbeitet hat. An der Figur des neuen Kommissars zeigt Mechtel die Isolierung und Orientierungslosigkeit eines Menschen nach der Wende. Iwers steht völlig allein da – sowohl beruflich als auch privat. Seine Ehe wurde gerade geschieden und das Vertrauen in seine Vorgesetzten ist durch den Fall gründlich zerstört worden. Er entwickelt sich nach dem Untergang der DDR zum Einzelkämpfer und als dieser tritt er in einem späteren Krimi Mechtels (*Der unsichtbare Zweite*) als Privatdetektiv auch auf.

Bei Mechtel wird die Entwicklung Iwers über mehrere Kriminalromane fortgeschrieben und ist durch den seriellen Charakter besonders aufschlussreich. Wir würden hier allerdings von einem sekundären Seriencharakter sprechen, da Iwers, aber auch andere Figuren wie Krüger oder der Mitarbeiter der Mordkommission Gahler, in den Kriminalromanen Mechtels vor und nach der Wende auftreten, aber in der Regel nicht die Hauptprotagonisten sind und in unterschiedlichen Positionen und Funktionen fungieren. Iwers ist nur in *Tod in Grau* die Hauptfigur, in der späteren Krimitrilogie ist er eine Nebenfigur wie auch in dem Vorwendekrimi *Unter der Yacht.* Hauptmann Krüger, der ermittelnde Polizist aus *Unter der Yacht,* tritt in dem nachfolgenden Kriminalroman *Tod in Grau* nicht persönlich in Erscheinung, ist aber durch seine bereits geleisteten Nachforschungen und die Berichte aus dritter Hand über ihn omnipräsent. Mechtel nutzt das serielle Element auf eine subtile Art und Weise, um einerseits eine personale Konstanz und damit für den Leser ein Identifikationsangebot zu schaffen, andererseits aber auch, um neue, originelle Plots und Erzählstrukturen zu entwickeln.

Ganz anders verfährt Tom Wittgen, deren Ermittlergespann Simosch und Olbricht bereits vor der Wende gemeinsam ermittelt hat und nach einer längeren Trennung auch nach der Wende wieder zusammenarbeitet. In den Kriminalromanen *Pilotenspiel* und *Staatsjagd* kann man zwar ebenfalls den Einfluss der gesellschaftlichen Entwicklungen auf die Biographien der beiden Polizisten verfolgen, doch gestaltet Wittgen ihr Ermittlerpaar sehr viel konventioneller und setzt es auf die typische traditionelle Erzählweise des seriellen Kriminalromans in Szene.

Die beiden Ermittler Simosch und Olbricht sind während des Mauerfalls in der Mecklenburgischen Provinz mit einem Fall beschäftigt und erfahren von den politischen Ereignissen nur aus der Zeitung. Simosch ist ein Polizist, der dem DDR-Staat loyal gedient und die sozialistische Ideologie nicht angezweifelt hat. Erst nach 1989 nimmt er eine kritischere Haltung ein und reflektiert die Veränderungen wie auch frühere Entwicklungen. Aber Simosch geht längst nicht so weit wie Hauptmann Krüger, obwohl er erkennt, dass er von seinen Vorgesetzten bewusst unter Druck gesetzt wird, um einen Täter zu decken. Er fügt sich in das neue System, akzeptiert die Rückstufung und ist nicht wie Mechtels Krüger von dem Ehrgeiz beseelt, die wahren, möglicherweise politischen Hintergründe und Zusammenhänge einzelner Fälle aufzuklären. Diese Haltung kann man in dem Kriminalroman *Staatsjagd* ebenso beobachten wie im *Pilotenspiel,* wo die beiden Männer, die das Spiel und damit viel Unglück und Leid in das kleine Spreewalddorf gebracht haben, mit einem lockeren Spruch auf den Lippen einfach davonfahren.

Die Botschaft ist letztlich bei Wittgen ebenso wie bei Mechtel und Goyke eindeutig: Der Kriminalität ist nicht wirklich beizukommen und zwangsläufig sind die ostdeutschen Ermittler zum Scheitern verurteilt. Iwers, Simosch oder Kölling: jeder scheitert auf seine individuelle Weise. Simosch hat sich arrangiert mit dem System, Kölling hat sich in seinen Zynismus zurückgezogen und Iwers versucht als Privatdetektiv einen geschäftlichen Nutzen aus der Kriminalität zu ziehen.

Nichtdestotrotz erscheint die ostdeutsche Herkunft als ein Makel und kann sogar die Qualitäten eines Schimpfwortes annehmen, wie in Frank Goykes *Felix, mon amour* deutlich wird. Selbst außerhalb Deutschlands, hier in Stockholm, empfindet der Protagonist Kunert diesen Makel: „Ich empfand es als Beleidigung, für eine Ostpflanze gehalten zu werden." (Fma, S. 427). Auch bei Jörg Köhler fühlen sich ehemalige DDR-Bürger ob ihrer Geschichte diskriminiert. Ironisierend äußert sich Konstantin von Iven, als er eine Kfz-Prüfstelle betritt:

> Ich benutzte die Tür und wunderte mich, daß ich nicht von einem strengen Pförtner aufgehalten wurde, der erst alles über meine Vergangenheit in der DDR, mein Sexualleben und meine Schuhgröße erfahren wollte, ehe er mich einließ. Das war das Übliche auf Ämtern (Strassenschlachten, S. 121).

Es überwiegt in den Kriminalromanen das Gefühl des Makels, eben jener Eindruck, ein Mensch zweiter Klasse zu sein, und allein die Herkunft aus dem Osten Deutschland scheint die jeweilige Person schon zu diskreditieren.

Die Biographien der Figuren sind typische Ostbiographien, wobei die Sozialisation in der DDR gern als ein gemeinsamer Faktor hervorgehoben wird. Die Kriminalromane zeigen aber auch eine Bandbreite von biographischen Wegen nach der Wende und somit vom Umgang mit einem einschneidenden historischen Ergebnis, sei es nun positiv oder negativ für den jeweiligen Menschen. Es wird ein breites und authentisches Spektrum von Lebensläufen entfaltet, die in anderen Gattungen kaum zu finden sind.

4.3.6 Die Verbrechen und ihre Motive

Mitunter kann man sich nicht des Eindrucks erwehren, dass die Kriminalität erst mit der Wende in die DDR eingebrochen ist. Insbesondere in den Kriminalromanen von Tom Wittgen entsteht dieser Eindruck. Ihre Ermittlerfiguren Simosch und Olbricht erleben diesen Wandel als eine drastische Veränderung der Formen kriminellen Verhaltens. Das neue gesellschaftliche Klima, nicht zuletzt auch die Unsicherheit und Entwurzelung vieler Menschen scheinen ein völlig anderes Bild der Kriminalität zu erzeugen, das insbesondere von brutalen Gewaltverbrechen gezeichnet ist. Für Kriminalisten wie Simosch und Olbricht stellt sich daher in diesem neuen System die Sinnfrage:

> Wenn bei uns Raub angezeigt wurde, bildete sich eine Arbeitsgruppe, die sich damit solange befaßte, bis der Räuber vor Gericht stand. Heute wird so was behandelt wie früher in der DDR ein Ladendiebstahl! Muß so behandelt werden, weil's auch ungefähr in dieser Häufigkeit auftritt. Was kann ich als Kriminalist denn noch bewirken? (PS, S. 60–61).

Sozusagen im Nachtrag werden die gewaltfreien Zeiten in der DDR idealisiert. In Wittgens *Rotlicht* wird das daran deutlich, dass Kommissar Simosch vor der Wende zu einer übergeordneten Ermittlungseinheit gehörte, die bei Mordfällen angefordert wurde. Nach der Wende jedoch war die Gründung einer örtlichen Mordkommission wie in Leipzig notwendig (Rotlicht, S. 14–15).

Zu den neuen Verbrechen, die ehemalige DDR-Ermittler nun aufzuklären haben, gehören Prostitution und Machtkämpfe im Rotlichtmilieu. Auch dieses Milieu findet bei Wittgen eine unmittelbare Darstellung:

> In der DDR hat es auch in Leipzig keinen Straßenstrich gegeben. [...] Nach der Wende war hier in Null Komma nichts der Straßenstrich präsent, die Prostitution, von der wir keine Ahnung hatten. So unbedarft, wie wir waren, haben wir das Sittendezernat aufgebaut und im Präsidium etabliert, aber die Rotlichtszene war uns immer ein Stück voraus. (Rotlicht, S. 62–63).

Die Komplexität des Lebens und damit auch der Kriminalität hat sich erhöht. Die Aufgaben der Ermittler und die Anforderungen an sie haben sich grundlegend verändert – mit einer eindeutig negativen Tendenz. Nicht nur Wittgen kritisiert, wie hier gesehen, diese neue Qualität krimineller Gewalt, auch bei den anderen Autoren des Textkorpus wird die Zunahme der Verbrechen, insbesondere der Tötungsdelikte, sowie einer eindeutigen Potenzierung der Gewalt deutlich.

Die Zukunftsangst als ein durch die Wende ausgelöstes neues, häufig pathologisches Angstmuster wird zu einem wichtigen Motiv für Verbrechen. Der einstige

NVA-Offizier Guido Welz gerät in Tom Wittgens *Tod im Regen* durch illegalen Waffenhandel auf die schiefe Bahn, da er für sich keine Perspektive außerhalb der Armee zu sehen vermag. Er ist selbst in die „Abwicklung" der Armee integriert und erkennt, dass er an seinem eigenen Untergang arbeitet. Die Arbeitslosigkeit steht als eine neue, bis dato weitgehend unbekannte Gefahr vor ihm wie auch vor anderen Figuren. Orientierungslosigkeit und der Verlust der materiellen Existenzgrundlage lassen ihn für Außenstehende zu einem typischen „Wendehals" werden, also zu einem Menschen, der seine Überzeugungen sehr schnell nach der neuen Macht auszurichten vermag. In seiner Selbstwahrnehmung ist Welz jedoch so verzweifelt, dass er vor kriminellen Taten nicht mehr zurückschreckt. Tom Wittgen verfolgt dabei eine differenzierte Figurenbeschreibung, die neben der Eigen- auch die Fremdwahrnehmung mitberücksichtigt. Durch eine variable Perspektivierung gelingt es dem Erzähler, die Gedankenwelt des NVA-Offiziers wie auch die seiner Untergebenen einzufangen. Die Angst des Guido Welz vor der Arbeitslosigkeit und vor einem neuen Job, sein Gefühl, nichts anderes zu können als Soldat und Offizier zu sein, steht neben der Wahrnehmung des Unteroffiziers, der in Welz denjenigen sieht, der erfolgreich die politische Seite gewechselt hat: „Der ist in Übung geblieben [...], zur rechten Zeit muß der am rechten Ort den Mund wieder aufgerissen haben [...]" (TiR, 27).

Goyke beschreibt in *Hexentanz* die andere Seite des sozialen Spektrums und zwar die typischen Profiteure der Wende, die sich an Steuergeldern bereichern. Dieser neue Typus des Kriminellen, wie Rüdiger von Wartenberg, präsentiert sich dank der von ihm eingeworbenen Subventionen, mit denen der Aufschwung Ost gefördert werden soll, auch noch in der Öffentlichkeit und erntet Ruhm und Anerkennung für sein „Engagement" (HT, S. 104–105).

In *Tod in Grau* kreisen die Ermittlungen um illegale Geschäfte der Stasi. Brisante Akten sind in einer Nacht-und-Nebel-Aktion beiseite geschafft worden. Der junge Soldat, der das zufällig beobachtet hat und damit an die Öffentlichkeit gehen will, muss sterben. In diesem Kriminalroman ist die Wende keine Kulisse, sondern sie wird direkt in einem Fall abgebildet und somit zum eigentlichen Thema. Denn das hier verübte Verbrechen, die Unterschlagung von geheimdienstlichen Akten und die anschließende Beseitigung eines unliebsamen Zeugen, ist ein für diese Epoche typisches Verbrechen. Falk Iwers, der ermittelnde Kommissar, versucht die politischen Hintergründe aufzudecken, doch sind seine Vorgesetzten daran keineswegs interessiert und wollen vielmehr den Fall möglichst schnell abschließen. Er stößt wiederum, wie bereits zu DDR-Zeiten, auf „Grenzen", die er sich im Unterschied zu den Zeiten vor der Wende aber nicht mehr erklären kann. Wir haben es in einigen Kriminalromanen daher auch mit „wendetypischen" Verbrechen zu tun, deren Motive sich aus den historischen Umständen herleiten lassen.

Mechtel thematisiert darüber hinaus in seinen Nachwende-Krimis nonkonformes Verhalten in der DDR. Für die Charakterisierung seines Hauptprotagonisten Martin Parr in der Krimitrilogie aus den späten 1990er Jahren ist die negative Einstellung zum Sozialismus ein wichtiges narratives und biographisches Element. Parr wurde von Seiten des Staates ein asozialer Lebenswandel vorgeworfen, der ganz offensichtlich schwerer wog bei seiner Verurteilung zu einer Gefängnisstrafe als die vorausgegangene Körperverletzung. Die DDR wird somit als Unrechtsstaat dargestellt, aber in gewisser Weise bleibt das Unrecht kalkulierbar und verblasst neben den für viele Nebenfiguren tödlichen Verwicklungen, in die Parr nach der Wende gerät.

Ein besonders verstörendes Verbrechen schildert Barbara Neuhaus in *Der letzte Schlüssel*: Ein vierjähriges Kind überlebt wie durch ein Wunder den Sturz aus dem sechsten Stock eines Wohnhauses. Danach behauptet es, eine unbekannte Person hätte es während des Schlafs vom Balkon hinabgeworfen. Die Mutter gerät unter Verdacht: Man wirft ihr vor, sie habe ihr eigenes Kind töten wollen. Alle Personen, die ihr nahestehen, ihr Verlobter Martin Broker, der Vater ihres Kindes Jens Reutter, Kollegen und Nachbarn gehen davon aus, dass sie die Tat begangen hat. Der Mutter wird untersagt, ihr Kind im Krankenhaus zu besuchen und da sie als Bauingenieurin ehrgeizig und erfolgreich im Beruf ist, wird in gewisser Weise mit automatisierter Logik darauf geschlossen, dass ihr Kind sie beruflich behindert habe. Die beruflich erfolgreiche und gut aussehende Mutter Julia Herzog wäre ohne Kind sehr viel schneller vorangekommen – so erzählt man.

Neuhaus problematisiert auf eine sehr eindrückliche und keineswegs plakative Art und Weise das gesellschaftliche Vorurteil von der schlechten, da berufstätigen Mutter. Dieser Kriminalroman ist auch einer der wenigen (neben *Nachtzug* von Müller), die sich sehr subtil mit der unterschiedlichen Wahrnehmung der Geschlechter auseinandersetzen und zeigt, wie überaus traditionell das Bild der Frau auch in einem Land wie der DDR war, das sich die Frauenförderung auf die Fahnen geschrieben hatte.

Die Handlung des Kriminalromans spielt im Sommer und Herbst des Jahres 1990 und speist ihre besondere Spannung gerade aus den zeithistorischen Umständen. Die Figur der Mutter, Julia Herzog, wird zum eigentlichen Opfer dieses Romans, denn sie reagiert nicht, wie ihre Umwelt das in so einem Fall erwartet. Sie verteidigt sich nicht, denn für sie steht außer Frage, dass sie als Mutter niemals ihr Kind vom Balkon werfen könnte. Das ist ein so absurder Gedanke, dass sie ihn nicht denken kann. Sie verdächtigt auch nicht ihre Mitmenschen eines so grausamen Verbrechens. Sie wägt ab, sie zweifelt und macht sich damit umso verdächtiger. Von ihren Mitmenschen wird sie als „Mörderin" beschimpft, ihr Verlobter trennt sich sofort von ihr und die Kollegen sehen sie schon „im Knast". Die gesellschaftliche Ächtung folgt sofort und zeigt letztlich, wie instabil die sozialen Beziehungen geworden sind.

Die „neue Zeit" – wie Neuhaus sie verschiedentlich nennt – hat die Menschen verändert und sie in erster Linie egoistischer gemacht. Jeder fühlt sich auf irgendeine Weise in seiner Existenz bedroht, zumeist durch Veränderungen im professionellen Bereich. Die Protagonistin Julia Herzog hat auf ihrem Bauabschnitt bei der Deutschen Reichsbahn mit Betriebseinschränkungen und Personalabbau zu kämpfen. Die Arbeiter suchen nach Orientierung und fordern feste Zusagen. Die Unsicherheit des Arbeitsplatzes ist auch hier allgegenwärtig und wirkt sich auf die Beziehungen der Menschen untereinander aus, die schnell von Misstrauen und gegenseitigen Verdächtigungen durchsetzt sind. Auch Julia Herzog muss erkennen, wie instabil ihr privates und professionelles Umfeld ist, wie schnell selbst als verlässlich eingeschätzte Beziehungen wegbrechen können. Das misslungene Verbrechen an dem Kind dient hierbei der Zuspitzung der Verhältnisse und der individuellen Dramatisierung.

Neuhaus verkehrt zudem ein Prinzip des Kriminalromans in sein Gegenteil: Während der Kriminalfall, von dem in der Haupthandlung die Rede ist, ein versuchter Mord mit gutem Ausgang ist, so kommt der Kriminalroman doch nicht ohne Leichen aus. Die Gattung kommt hier durchaus zu ihrem Recht. Nur auf eine andere Art und Weise, denn die Todesfälle sind Teil der Hintergrunderzählung, sie beschreiben die Atmosphäre der neuen Zeit. So wird ein Westberliner aus reiner Geldgier von einem jungen Ostdeutschen ermordet. Oder eine ältere Dame macht sich aus Angst um ihr Geld auf den Weg zur Sparkasse und verunglückt unterwegs tödlich, weil sie im wahrsten Sinne des Wortes die Orientierung verloren hat. Der auktoriale Erzähler gibt sich zwar vordergründig als Chronist, doch hält er sich mit gelegentlichen Wertungen nicht zurück: „Die Bereitschaft zu kriminellen Handlungen stieg, und die Hemmschwelle wurde immer niedriger." (Schlüssel, S. 75).

Zusammenfassend kann man zu den Verbrechen, die nach der Wende stattfinden, durchaus feststellen, dass die Grausamkeit, Brutalität und Unberechenbarkeit des Verbrechens zugenommen hat. Sei es der zuletzt ausführlicher behandelte Kriminalroman von Barbara Neuhaus mit dem besonders grausamen Mordanschlag an einem unschuldigen Kind oder die perfide geplanten und brutalen Morde in den Kriminalromanen von Frank Goyke: Es dürfte deutlich geworden sein, dass mit der neuen Zeit auch eine neue Kriminalität Einzug gehalten hat. In dieser Rücksicht wird das Leben in der DDR mitunter nostalgisch verklärt (insbesondere bei Tom Wittgen). Es lässt sich jedoch beobachten, dass dank der Erfahrungen der „neuen Zeit" die Lebensbedingungen in der DDR differenzierter wahrgenommen werden.

4.4 Ostdeutsche und Westdeutsche – die gegenseitige Wahrnehmung

Da der ostdeutsche Kriminalroman unmittelbar nach der Wende überwiegend in Ostdeutschland und Berlin, zumeist in Ostberlin, spielt, ist es aufschlussreich zu untersuchen, wie sich die Westdeutschen auf diesem für sie neuen Terrain bewegen und welche gegenseitigen Wahrnehmungsmuster dominieren. Drei Charaktergruppen lassen sich dabei ausmachen: zum Ersten sind das die Idealisten und Gestrandeten, zum Zweiten die Alteigentümer und Investoren und zum Dritten die Aufbauhelfer und Bürokraten.

Die Idealisten findet man hauptsächlich am Prenzlauer Berg in Berlin, wo es den gesättigten Westdeutschen dank einer alternativen Kunst- und Kulturszene hinzieht. Bei Goyke und Köhler werden die unterschiedlichen Wohn- und Lebensbedingungen zwischen dem Ost- und dem Westteil Berlins häufiger thematisiert. Der Umzug in den Osten ist etwas Besonderes für Westdeutsche, kann sich jedoch wie am Beispiel von Schäfer in Goykes *Knaben Liebe* als Fehlentscheidung entpuppen. Er hat seine komfortable Wohnung gegen ein – wie er es ausdrückt – „Loch" im Prenzlauer Berg getauscht und muss feststellen, dass es die spießige Bürgerlichkeit im Osten ebenso gibt wie im Westen (KL, S. 37).

Die meisten Westdeutschen kommen jedoch als Touristen und schauen sich die frühere DDR wie ein großes Museum aus ihren Reisebussen an. Anschließend wird bei einem üppigen Frühstück über deutsche Revolutionen diskutiert. In einer ironisch gebrochenen Erzählweise schildert Köhler in seinen Kriminalromanen das Aufeinanderprallen von zwei unterschiedlichen Lebensrealitäten, denen jeweils das Verständnis für die andere Seite fehlt.

Konstantin von Iven in Köhlers *Tötet Jack Daniels!* empfindet die mittlerweile imaginäre Demarkationslinie zwischen den beiden Teilen der Stadt als immer noch sehr präsent. Am Beispiel der geteilten Stadt Berlin wirft er die Frage nach einer gesamtdeutschen Identität auf, denn die Fremdheit, mit der sich die Deutschen aus beiden deutschen Staaten begegnen, wird nirgends so greifbar wie in Berlin. Anfang der 1990er Jahre gibt es für von Iven keine Wiedervereinigung, auch Deutschland gibt es nicht für ihn. Ihm scheint „Deutschland" die Erfindung einer Werbeagentur zu sein (TJD, S. 107–108).

Die Folgen der westdeutschen Investitionen sind für die mittelständische Wirtschaft der früheren DDR häufig überaus nachteilig bis verheerend, auch wenn sich die Investoren nicht durch besondere Brutalität oder sogar durch ein Verbrechen hervortun. Diesen Auswirkungen widmet sich Tom Wittgen in ihrem Kriminalroman *Das Pilotenspiel*, vor allem aber in dem Roman *Tod im Regen*. Das Lokal „Blue Dream" wird nach der Wende umgebaut und somit aufgewertet, sieht sich aber plötzlich durch eine übermächtige und unerwartete Konkurrenz bedroht. Die ursprünglich gute Lage des Lokals an der Fernverkehrsstraße, die zur Autobahn führt, verliert erheblich durch die Eröffnung einer neuen Raststätte, die noch näher an den potentiellen Kunden dran ist.

Ähnlich durchleuchtet Wittgen den Verdrängungskampf auf dem Leipziger Straßenstrich in *Rotlicht*. Der westdeutsche Investor plant im großen Stil, ohne Rücksicht auf bereits Vorhandenes und Geschaffenes. Dabei geht es nicht um das Wohl der Menschen, bzw. in Wittgens Fall um bessere Arbeitsbedingungen der Prostituierten, sondern um nichts anderes als um Gewinnmaximierung.

Für den Typus des Investoren bzw. des Alteigentümers ist die Wende vor allem eine willkommene Gelegenheit zur persönlichen Bereicherung. In Wittgens *Pilotenspiel* wird das sehr schön deutlich, denn die beiden Westdeutschen, der Bayer Sepp und der Kleine, René genannt, bringen das Pilotenspiel nach Wederan, bleiben aber die gesamte Handlung über im Hintergrund. Sie halten die Fäden in der Hand und kassieren von den jeweiligen Gewinnern ihre Prozente, ohne ein Risiko eingehen zu müssen. Sie sind in die aufbrechenden Streitigkeiten zwischen den Menschen nicht involviert, sie beobachten und reisen ab, als sie feststellen, dass das Spiel an seine natürlichen Grenzen gekommen ist. Zurück bleiben Menschen, die in ihren Hoffnungen und Wünschen enttäuscht wurden, die sich extrem verschuldet und in einem Fall den Ausweg Suizid gewählt haben.

Eine andere kritische Dimension fängt Frank Goyke in *Hexentanz* ein und zwar beschreibt er den Typus der Investoren, die auf den Erhalt von Fördergeldern spezialisiert sind. Hierbei werden im Osten Projekte organisiert, die unter dem Deckmantel der Sozialarbeit Fördergelder einspielen, aber zugleich auch einen hohen Gewinn abwerfen. Als Beispiel dient eine Diskothek, in der „bloß junge Bösewichter und Arbeitslose beschäftigt“ werden, „also 'ne höhere Form von Sozialarbeit“ (HT, S. 92–93).

Zur Kategorie der Aufbauhelfer und Bürokraten zählt Staatsanwalt Fröhlich in Kleines Kriminalroman *Rendezvous mit einem Mörder*. Aus der Perspektive des aus dem Westen gekommenen Staatsanwalts ist das Verhalten der Ostdeutschen vor allem von Larmoyanz geprägt: „Gab es denn niemanden im Osten, der sich freute, Bundesbürger zu sein und im vereinten Deutschland zu leben?“ (RmM, S. 74). Staatsanwalt Fröhlich hat den Eindruck, nur auf Verlierer der Vereinigung zu treffen, denn stets begegnet man ihm mit Misstrauen oder man erklärt ihm, dass er die Situation der Ostdeutschen ohnehin nicht verstünde. Die Bürger der ehemaligen DDR scheinen ihm einer großen Verschwörung anzugehören. Das Unverständnis ist reziprok, denn auch er fühlt sich in seinem Denken und Handeln von den Ostdeutschen nicht verstanden. Ein Gefühl der Ausgrenzung, das sich insbesondere in der Sprache und in den verschiedenen Mentalitäten festmacht: „Warum verstanden ihn die Leute nicht? Sie sprachen doch die gleiche Sprache. Er bezweifelte, sich je heimisch zu fühlen in diesem Teil des Landes.“ (RmM, S. 75).

Überall erkennt man ihn durch seine Art, sich zu kleiden, und sein selbstsicheres Auftreten sogleich als „Wessi“. Dabei war er in den Osten gekommen, um den Menschen beim Aufbau eines ordentlichen Rechtsstaats zu helfen.

Kleine gestaltet in der Figur des Staatsanwalts Doktor Fröhlich sehr einfühlsam, das ein Fremdheitsgefühl auch auf der Seite der Westdeutschen zu finden war. Sie zeichnet dabei differenziert die verschiedenen Mentalitäten nach, die Vorurteile auf beiden Seiten wie auch die unterschiedliche Bewertung von Handlungen. Das Verhältnis der ostdeutschen Kommissarin Franziska Wolf und des westdeutschen Staatsanwalts Doktor Fröhlich ist in dieser Hinsicht geradezu exemplarisch, denn es ist ein toleranter Umgang, um den sich beide bemühen, keineswegs frei von Missverständnissen und Ärger über die jeweils andere Seite.

Das Bemühen, mit dem Anderen klar zu kommen, zeigt sich in den kleinen Situationen, in denen die Figuren einen Schritt von sich selbst zurücktreten können und nicht auf ihren Meinungen und Befugnissen beharren. So übernimmt der Staatsanwalt auch schnöde Ermittlungsarbeit und die Kommissarin begleitet ihn entgegen ihrem Naturell zu einem offiziellen Empfang des Bürgermeisters.

Aber es waren nicht nur freiwillige Aufbauhelfer im Osten unterwegs, sondern wie Goykes Kriminalkommissar Dietrich Kölling auch unfreiwillige Beamte, die von ihrem Arbeitgeber, dem öffentlichen Dienst, in den Osten geschickt wurden. „Dietrich Kölling stammte aus Hannover und haßte das schmutzige und kaputte Leipzig, in das es ihn verschlagen hatte, weil die Politiker unbedingt Polizisten aus Westdeutschland an die Ostdeutschen verschenken wollten." (KP, S. 11)

Dieses Fremdheitsgefühl des westdeutschen Kommissars in Ostdeutschland ist besonders stark ausgeprägt und äußert sich in seiner Abneigung gegen den sächsischen Dialekt und gegenüber seinen Kollegen. Kölling wird durch seine ironisch-sarkastischen Äußerungen zu jenem häufig als Stereotyp dargestellten überheblichen und arroganten Wessi.

Eine dritte Gruppe Westdeutscher, die in den Osten gehen, sind Beamte der zweiten und dritten Reihe, die sich von einer herausgehobenen Position im ostdeutschen Verwaltungsapparat einen Karrieresprung versprechen, den sie in Westdeutschland nie geschafft hätten. Goyke bringt diesen Karrierismus auf eine sarkastisch-bösartige Formel: „Ein Landprediger mit kleiner Macke kann Innenminister werden." (KP, S. 23). Allerdings gibt es auch hier Ausnahmen, wie den gerade erwähnten Kommissar Dietrich Kölling, der keineswegs freiwillig in den Osten gegangen ist und auch in seiner Karriere nicht wesentlich weiterkommt.

Eine realistische Vorstellung vom Leben in der DDR haben die Westdeutschen kaum. Sie kennen einige Organisationen wie die Jungen Pioniere oder die FDJ. Die Rolle des Ministeriums für Staatssicherheit wird in vielen Gesprächen so stark aufgebaut, dass man den Eindruck gewinnen kann, die DDR und das MfS seien quasi synonym zu setzen. Die DDR-Befindlichkeiten werden von den Westdeutschen kaum wahrgenommen. Ein gegenseitiges tieferes Verständnis entwickelt sich daher auch nicht. Das typische hierarchische Verhältnis spiegelt die gegenseitigen Vorurteile: der Westdeutsche ist der Chef und der Ostdeutsche der Mitarbeiter. Diese Konstellation findet sich in einigen Kriminalromanen – sowohl im ostdeutschen als auch im westdeutschen Kriminalroman: Kölling und Becker bei Goyke oder Mannhardt und Teetzmann bei Bosetzky.

Schaut man sich die Dialoge zwischen den Kollegen an, so stellt man schnell fest, dass die Ostdeutschen mit einer Form des ironischen Sarkasmus auf die Vorurteile ihrer westdeutschen Vorgesetzten reagieren.

Ein Dialog zwischen Kölling und Becker illustriert das sehr anschaulich:

> Außerdem sind wir hier nicht bei den Jungen Pionieren, wo man Bekenntnisse ablegen mußte. Das mußte man doch damals im Osten, oder, Becker?
>
> Natürlich, sogar bevor man die Kaufhalle betrat. Sonst durfte man nicht hinein. Oder man wurde von der Stasi gefoltert. Zufrieden? (Rdma, S. 17–18)

Ein ganz ähnlicher Dialog findet sich in Bosetzkys *Ein Mann fürs Grobe*, in dem sich Kommissar Mannhardt mit seiner ostdeutschen Mitarbeiterin Yaiza Teetzmann unterhält:

> Zunächst hatten sie sich um Daniel Mindermann zu kümmern, Claudia Wuttkowskis Freund, den die brandenburgischen Kollegen in der Nähe des Großen Lotzinsees gesehen haben wollten. [...]
>
> „Wo issen dit?“ wollte Yaiza Teetzmann wissen.
>
> „In'er Schorfheide. Aber das müßtest du als Ex-DDR-Bürgerin doch am besten wissen...“
>
> „Weil ick mit Erich imma uff da Jagd jewesen bin, klar.“ (MfG, S. 77)

Die Probleme der Ostdeutschen mit den Westdeutschen sind stark geprägt von Misstrauen und Ängsten. Aber auch die offenen Westdeutschen, die sich voller Interesse dem ostdeutschen Leben zuwenden, spüren das Misstrauen und oft auch die Ohnmacht, da ihnen bewusst wird, wie wenig sie eigentlich vom Leben in der ehemaligen DDR wissen. Das Gefühl, das diese Dialoge sehr prägnant auf den Punkt bringt, ist die Fremdheit zwischen zwei Bevölkerungsgruppen. Eine Fremdheit, die sich nur mit viel Einfühlungsvermögen und Toleranz überwinden lässt.

Auch ehemalige DDR-Bürger, die zwischenzeitlich zu Westdeutschen „konvertiert“ sind, wie Steffen Queißer, fühlen sich im Osten diskriminiert. Queißer empfindet diese Ablehnung beim Betreten einer Kneipe, denn er beobachtet, dass die Ostdeutschen die Kneipe verlassen. Von der Frau, mit der er sich dort verabredet hat, wird diese Beobachtung bestätigt: „Immer wenn ein Wessi oder einer, der wie ein solcher aussieht, den Laden betritt, gibt es einen geordneten Rückzug.“ (FiD, S. 40).

Die Kommunikation zwischen Ost- und Westdeutschen bleibt schwierig. Das zeigen nicht nur die Krimis der ostdeutschen Autoren, sondern auch die der westdeutschen Autoren.

4.5 Erzählstrategien: Narrative Strukturen und Erzählperspektiven

Die Krimiautoren wenden in ihren Romanen nur auf den ersten Blick ähnliche Erzählstrategien wie im späten DDR-Krimi an. Auf jeden Fall ist es aufschlussreich, die Machart der Kriminalromane auch von der erzähltechnischen Seite her genauer zu betrachten. Wobei hier unter Erzählstrategie die „Summe der von einem Autor eingesetzten semantischen, stilistischen und erzähltechnischen Verfahren" verstanden werden soll, „mit denen er den intendierten Leser zur Übernahme der in einem narrativen Text angelegten Leserrolle und der vom Erzähler suggerierten Wertvorstellungen zu bewegen versucht".[269]

War der DDR-Krimi in seiner erzählerischen Gestaltung relativ festgelegt, so ist es vor allem die narrative Ebene, die im ostdeutschen Kriminalroman eine größere Innovation aufweist. Es wird ganz offensichtlich mit den einstigen Vorgaben gebrochen bzw. gespielt. Der auktoriale Erzähler dominiert zwar immer noch, zumeist ist er es, der die Handlung lenkt, doch treten zunehmend Ich-Erzähler auf oder – um mit Genette zu sprechen – extradiegetisch-homodiegetische Erzähler, also Erzähler, die auf der ersten Erzählebene anzusiedeln und gleichzeitig Teil des erzählten Geschehens sind.

Ein wichtiges erzählerisches Element bleibt die Arbeit mit unterschiedlichen Perspektiven. So gelingt es Wittgen erzähltechnisch, durch den Perspektivwechsel beide Seiten, sowohl den westdeutschen als auch den ostdeutschen Blick auf den jeweils anderen einzufangen. Durch die auktoriale Erzählersituation ist es möglich, eine Szene zweimal zu erzählen, jeweils aus einer anderen Perspektive. Dieses Montageverfahren lässt sich sehr gut an einer Eingangsszene aus dem *Pilotenspiel* nachvollziehen. In der ersten Szene (PS, S. 16–18) wird die Ankunft der beiden Westdeutschen, die das Pilotenspiel nach Wederan bringen, auf dem Parkplatz der Gaststätte „Goldener Stern" aus ihrer Perspektive beschrieben. Die Beobachtungen, die sie anstellen, werden mitgeteilt, das kurze Gespräch, das die beiden Ankömmlinge führen, wird wiedergegeben. Es wird streng aus ihrer Perspektive erzählt. In der nächsten Szene wechselt die Perspektive in die Gaststätte hinein und gibt aus der Perspektive der Wirtsleute die Ankunft der beiden Män-

269 Klescewski 1982, S. 387.

ner in ihrem BMW wieder (PS, S. 18–19). Die Männer und ihr Auftreten werden beschrieben, Vermutungen über die Gründe ihrer Anwesenheit werden angestellt und sofort entstehen Ängste und Unsicherheit macht sich breit: „Wessis in Sicht, und schon fragte man sich angstvoll, ob man behalten konnte, was einem gehörte." (PS, S. 18). Durch diese Perspektivenwechsel, die eine Szene aus zwei unterschiedlichen Blickrichtungen darzustellen vermögen, wird Spannung erzeugt, aber auch wichtige Informationen mitgeteilt. Der Leser kann sich bereits ein Bild von den beiden Seiten machen, die kurze Zeit später aufeinandertreffen werden.

Im DDR-Krimi waren serielle Erzählsegmente, z.B. eine Ermittlerperson in mehreren Kriminalromanen, absolut unüblich und geradezu verpönt. Obwohl es auch Ausnahmen gab, wie bei Fritz Erpenbeck, so finden sich sehr selten serielle Charaktere. Eine weitere Ausnahme ist der Ermittler Simosch in Tom Wittgens Romanen aus der späten DDR. Die Autorin lässt Simosch auch nach der Wende weiterermitteln und schafft damit eines der wenigen Beispiele eines Oberleutnants, der zum Kommissar wird. Wittgen nutzt auch die Chance, konkret am Schicksal Simoschs die professionellen Probleme darzustellen, die die Wende und Wiedervereinigung mit sich gebracht haben.

Mechtels Trilogie aus den 1990er Jahren praktiziert eine besonders subtile Form der seriellen Gestaltung. Wie kaum ein anderer Autor geht Mechtel mit seinen Figuren virtuos um, denn er etabliert gerade im Hinblick auf das Figurenensemble nachhaltige Traditionslinien zwischen seinen Kriminalromanen – über die Trilogie hinaus. Bestes Beispiel dafür ist Falk Iwers. In *Unter der Yacht* bleibt Iwers als Kollege des Oberleutnants Krüger noch im Hintergrund. In *Tod in Grau* ist Iwers der ermittelnde Kommissar, der aber selbst ins Visier der Verbrecher gerät. In *Der unsichtbare Zweite* begegnen wir Iwers erneut als Chef einer privaten Detektei. Für die Kriminalromane von Hartmut Mechtel sind diese intertextuellen Verweise besonders charakteristisch. Kein anderer Krimiautor schafft ein so subtiles intertextuelles Verweissystem innerhalb der eigenen Kriminalromane, wie das Hartmut Mechtel tut. Korrekterweise müsste man von einem metatextuellen Verweissystem sprechen, da es sich auf Mechtels eigene Kriminalromane begrenzt und weit über die Zitation von Figuren hinausgeht, wie z.B. folgende Textstelle zeigt: „[...] – ein Zweigbetrieb des Düngemittelkombinats Berlin, in dessen Hauptwerk Krüger und Iwers vor zwei Jahren den Mord an einem der Direktoren aufklärten, der unter seiner Yacht gestorben war" (Tod, S. 179). Durch diese Verweise schafft Mechtel eine Verbindung zu seinen Vorwendekrimis, bringt diese direkt wieder ins Spiel und weist den alten Kriminalfällen auch in den neuen Kriminalfällen eine Rolle und einen Einfluss zu.

Diese personellen Filiationen eröffnen eine weitere Deutungsebene, die über den einzelnen Kriminalroman hinausgeht. Am Beispiel Iwers' wird das Scheitern von DDR-Biographien im vereinigten Deutschland offenbar. Mechtels kritischer Blick auf die DDR verstärkt sich noch im Hinblick auf die postsozialistischen Entwicklungen der frühen 1990er Jahre. Auch eine Figur wie Martin Parr gehört keineswegs zu denjenigen, die von den neuen Verhältnissen uneingeschränkt profitieren.

Generell kann man feststellen, dass die Autoren im ostdeutschen Kriminalroman sofort auf die Möglichkeit der seriellen Gestaltung zurückgegriffen haben, ganz offensichtlich aus dem Grund eines hohen Identifikationspotentials mit einer Figur, die den Leser durch mehrere Fälle begleiten kann. In den Romanen von Hartmut Mechtel kehren die Figuren wieder. Auch bei ihm lässt sich eine Konstanz zwischen den Romanen vor und nach der Wende an den Figuren herstellen. Der im Kriminalroman *Tod in Grau* ermittelnde Kommissar Falk Iwers ist den Lesern bereits aus drei früheren Romanen als Mitarbeiter der Mordkommission unter Hauptmann Krüger bekannt.[270] In Mechtels Trilogie um Martin Parr wird der serielle Charakter dann sogar zum privilegierten narrativen Gestaltungsprinzip. In Dorothea Kleines Kriminalroman *Rendezvous mit einem Mörder* scheint der serielle Charakter in der Figur der Kommissarin Franziska Wolf angelegt zu sein, so nachdrücklich wird ihr „erster Fall" betont. Doch kommt hier offensichtlich keine Serie zustande, da die Autorin keinen weiteren Kriminalroman veröffentlicht hat.

In den Kriminalromanen von Frank Goyke fällt aus narrativer Sicht das erhöhte Erzähltempo auf. Goykes Krimis sind die Texte des Korpus, in denen am meisten passiert und in denen nur wenige deskriptive Textpassagen vorhanden sind. Die Kapitel bestehen aus einzelnen Abschnitten, die häufig nicht länger als zwei Seiten sind. Personen werden eingeführt und treten wenige Seiten später durch einen Mord schnell wieder ab. Das Figurenensemble ist dadurch sehr viel größer und weniger übersichtlich als in den personell begrenzteren, überschaubareren Kriminalromanen anderer Autoren.

In seiner Trilogie bedient Mechtel nicht das übliche Schema des Kriminalromans, sondern er versteht sich stärker als dem Genre des Thrillers zugehörig und der Tradition der amerikanischen *hard-boiled-school* verpflichtet. Am Anfang steht daher nicht der klassische Mordfall, und die Ermittlungen folgen in Form von Dialogen und Beobachtungen. Mechtel kehrt das Schema um, denn

270 Das sind folgende Kriminalromane: Hartmut Mechtel, *Auf offener Straße* (1986), *Das geomantische Orakel* (1987) und *Unter der Yacht* (1990).

als das potentielle Mordopfer ist der Ich-Erzähler immer im Visier seiner Verfolger.

Germer kommt in ihren Untersuchungen zu dem Schluss, dass man

> eine Tendenz von der personalen Erzählweise der DDR-Literatur, bei der verschiedene Reflektorfiguren als Perspektiventräger fungieren, hin zu einer stärker monoperspektivischen Darstellung des Geschehens.[271]

ausmachen kann. Hier werden Erzählperspektive und Erzählerstimme vermengt. Da die neuere Erzähltheorie Erzählsituationen präziser beschreiben kann, lässt sich auch dieser Befund genauer fassen. Germer ist zuzustimmen, dass sich im ostdeutschen Kriminalroman eine Perspektivverengung bzw. die Fokussierung auf eine Figurenperspektive konstatieren lässt. Seltener wird noch so streng wie in Eiks *Dann eben Mord* aus wechselnden Perspektiven des Opfers, Täters oder Ermittlers erzählt. Wenn Reflektorfiguren gewählt werden, so meist mit dem Ziel, dem Leser notwendige Informationen zukommen zu lassen, seltener haben diese Figuren jedoch einen entscheidenden Anteil am Krimiplot. Diese erzähltechnische Entwicklung kann durchaus als eine Verarmung der narrativen Gestaltungsmöglichkeiten gewertet werden. Betrachtet man vergleichsweise die Kriminalromane um Kommissar Kurt Wallander von Henning Mankell, so stellt man fest, dass die Perspektivierung ein wichtiges erzählerisches Mittel ist, um Identifikation und Empathie zu erzeugen. Die Täter-Perspektive zieht sich bei Mankell sehr häufig wie ein roter Faden durch die Romane und trägt entscheidend zur Spannungssteigerung bei.[272] Durch diese Multiperspektivität erzielt Mankell den Effekt einer gesteigerten Subjektivierung der beteiligten Akteure. Hinzu kommt, dass sich die Täter gerade durch diese Methode der Perspektivierung häufig als frühere Opfer entpuppen.

Anders sieht die Situation bei der Erzählerstimme in den Kriminalromanen aus. Hier finden wir im ostdeutschen Kriminalroman längst nicht mehr den alles dominierenden und omnipräsenten auktorialen Erzähler vor, sondern häufiger treten Ich-Erzähler auf, die entweder ihren eigenen Kriminalfall erzählen, wie im Fall des Privatdetektivs Krey in Klaus Möckels *Auftrag für eine Nacht*, oder Ich-Erzähler, die als Zeuge bzw. Beobachter in einen Fall verwickelt sind, wie im Fall

271 Germer 1998, S. 267.

272 Der erste Wallander-Krimi (1991) erschien 1993 in Deutschland: Henning Mankell, *Mörder ohne Gesicht*. Ein sehr gutes Beispiel für die Täter-Perspektive ist Mankells Kriminalroman *Die fünfte Frau* (1996, dt. 1998).

des Schriftstellers Bernhard Kummer in Karl Heinz Bergers Kriminalroman *Was ich weiss, macht mich heiss.*

Durch den Rückzug des auktorialen Erzählers und den verstärkten Einsatz von Ich-Erzählern sowie auch die geringere Perspektivierung innerhalb der ostdeutschen Kriminalromane entsteht eine gewisse Brüchigkeit und Fragmentierung der Realitätswahrnehmung. Die Fokussierung auf die Wahrnehmung einzelner Figuren unter Preisgabe der Multiperspektivität führt zu einer Unsicherheit der Wahrnehmung und im Endeffekt zu einer stärker subjektiven Sichtweise auf das Zeitgeschehen. Die Gesellschaft ist längst nicht mehr so überschaubar und beherrschbar, wie das die DDR-Gesellschaft noch gewesen war bzw. vorgab, gewesen zu sein. Die neuartige Komplexität der Lebenszusammenhänge schlägt direkt auf die narrative Gestaltung der Kriminalromane durch.

Die Sprachverwendung in den ostdeutschen Kriminalromanen ist sehr viel lockerer. Dialektgefärbte Ausdrucksweisen finden Eingang in die Krimis, ebenso werden sexuelle und vulgärsprachliche Wörter aufgenommen. Diese Entwicklungen sind Ausdruck dafür, dass der mündliche Sprachgebrauch eine stärkere Verwendung findet. Die Figurensprache in den Dialogen zeigt typische Merkmale der Alltagssprache, indem Sätze nicht vollendet, viele Füllwörter eingebaut und dialektale Lexik verwendet werden. Der Authentizitätsanspruch, den auch die ostdeutschen Kriminalromane – ganz ähnlich den DDR-Krimis – haben, realisiert sich sehr viel stärker über die sprachlichen Verwendungsweisen.

Eine interessante Sprachverwendung lässt sich an sprachlichen Relikten aus der DDR-Zeit feststellen und ihre Weiterverwendung im vereinigten Deutschland. So benutzt Konstantin von Iven eine typische ostdeutsche Redewendungen gegenüber seinem ebenfalls aus der früheren DDR stammenden Gesprächspartner Manuel Schönlieb: „Schon gut. Und übrigens vielen Dank für Ihre Mitarbeit an der Aufklärung des Falles, Bürger Schönlieb." (Strassenschlachten, S. 121). Dieser Scherz zwischen zwei Ostdeutschen mit dem „Bürger Schönlieb" hat etwas Verbrüderndes, ein gemeinsames Signal – nach dem Motto: Wir sprechen die gleiche Sprache. Verwenden jedoch Westdeutsche einstiges DDR-Vokabular, so stellt das ein untrügliches Zeichen von Arroganz und Überheblichkeit dar und kommt bei Ostdeutschen überhaupt nicht gut an.

Wir hatten bereits in den Ausführungen zum DDR-Kriminalroman festgestellt, dass die Autoren sehr gern die eigene Gattung thematisieren und metatextuelle Reflexionen in das Handlungsgeschehen einbauen. Der wohl anschaulichste und auch ausführlichste Metadiskurs über den Kriminalroman und das Schreiben von Kriminalromanen findet sich in Mechtels *Tod in Grau.* Hier tritt der Kriminalschriftsteller Richard Felsner auf, hinter dem, dank einiger Hinweise auf frühe Werke, der Autor selbst zu vermuten ist. Felsner kennt Iwers einstigen Chef Krüger und ist ebenfalls mit dem Journalisten Manger bekannt, der mit seinen eigenen Ermittlungen dem Kommissar häufig einige Schritte voraus ist. Iwers entpuppt sich als ein treuer Leser der DIE-Reihe, von der er dank guter Beziehungen zu einer Buchhändlerin achtzig Stück besitzt. Felsner gegenüber kommt er sich auch wie ein Leser vor, denn Felsner scheint sehr viel mehr über den Aufenthaltsort seines Chefs und den aktuellen Fall zu wissen, wie er aus einigen Andeutungen schließt. Felsner alias Mechtel tritt hier als der auktoriale Autor auf. Die Erkundigungen des Schriftstellers beim Kriminalisten nach technischen Details der Ermittlungsarbeit können nicht darüber hinwegtäuschen, dass Iwers der passive Part in diesem Dialog zufällt. Dabei wird deutlich, dass es der Autor ist, der über den Handlungsverlauf verfügt. Mechtel baut die Reflexion über den Aufbau eines Kriminalromans ein, indem er auf die „Trickkiste des Autors" (Tod, S. 102) verweist und damit auf den Kunstgriff, eine Beobachterfigur einzubauen, um die Handlung voranzutreiben.

> Ich sah sie nämlich am Fenster, die Schulzen. Das ist die Sorte Frau, die in mäßigen Krimis als Vehikel aus der Trickkiste des Autors gezaubert wird, um der Handlung einen Schubs zu geben, wobei die Figur realistischer ist als die meisten Papierdetektive, weil es für sie in der Wirklichkeit von Kleinstädten fast immer eine Entsprechung gibt (Tod, S. 102).

Der Erzähler demonstriert an dieser Stelle seine absolute Verfügungsgewalt über den narrativen Text, indem er die Verwendungsweise eines Handlungselements des eigenen Textes reflektiert. Mit dieser Selbstreflexion über das eigene Erzählen wird natürlich die Konstruiertheit des Genres ironisiert, wenn nicht sogar parodiert.

4.6 Zusammenfassung: Autorenbefragung

Betrachtet man die Entwicklung des DDR-Krimis zum ostdeutschen Kriminalroman, so lassen sich Kontinuitäten feststellen, aber auch Neuanfänge konstatieren. Für die Krimiautoren war diese historische Periode ambivalent, denn die komfortablen Publikationsbedingungen in der DDR gingen verloren, doch gewannen die Autoren zugleich völlig neue Freiheiten bei der Themenwahl und der Erzählweise. Die wichtigste Kontinuität in diesem Prozess besteht zweifelsohne darin, dass die Funktion des DDR-Krimis, den Alltag mit seinen teilweise problematischen Entwicklungen darzustellen, in den ostdeutschen Kriminalromanen fortgesetzt wurde. Während und nach dem Mauerfall blieb dieser geschärfte gesellschaftsanalytische Blick erhalten.

Was die Brüche betrifft, so bleibt es vor allem interessant zu sehen, was in den Nachwende-Kriminalromanen nicht dargestellt wird. Die Bürgerbewegung in der DDR, die in den historischen Darstellungen der Umbruchzeit stets eine privilegierte Rolle spielt, bleibt in den untersuchten Kriminalromanen ein Randphänomen. Lediglich Hartmut Mechtel widmet sich dem „Runden Tisch" in seinem Roman *Tod in Grau.* Die Bürgerbewegung scheint vergessen und ihre Forderungen obsolet geworden zu sein. Wenn es um oppositionelle Kräfte geht, so werden meist Punkrocker bemüht, wie bei Frank Goyke in *Grüsse vom Boss.* Auch die Kirche, die eine nicht zu unterschätzende Rolle im Herbst 1989 spielte, findet keinen Eingang in die Kriminalromane.

Um die Ergebnisse der Textanalyse zusätzlich zu fundieren, wurde eine schriftliche Autorenbefragung durchgeführt. Nicht alle angeschriebenen Autoren haben geantwortet, aber die beiden für die Arbeit überaus wichtigen Autoren, Jan Eik alias Helmut Eikermann und Hartmut Mechtel, haben sich dankenswerterweise den Mühen einer ausführlichen Beantwortung unterzogen. Ihre Kriminalromane zählen zweifelsohne zu den aussagekräftigsten Dokumenten über die Wendezeit.

Diese Autorenbefragung wurde als einer der letzten Schritte der Studie durchgeführt, so dass die Autoren gezielter und unter Berücksichtigung der bereits vorliegenden Ergebnisse befragt werden konnten.[273] Der Schwerpunkt der Fragen lag auf den Veränderungen, die die Wende auf die Autoren und ihr schriftstellerisches Werk ausgeübt hat.

Fasst man die Ergebnisse der Befragungen zusammen, so ergibt sich folgendes Bild: Sowohl Eikermann als auch Mechtel heben den drastischen Rückgang der Auflagenhöhe ihrer Werke hervor. Einerseits bedeutete die Wende für sie zwar schriftstellerische Freiheiten, die ihnen zuvor verwehrt waren, andererseits bricht für beide Autoren die Existenzgrundlage weg. Sie müssen sich beruflich umorientieren und das Schreiben wird mehr und mehr zum Nebenjob. Nichtsdestotrotz bewerten beide Autoren die neu gewonnenen Freiheiten höher als den Verlust ihrer sicheren Schriftstellerexistenz in der DDR. Mechtel hebt zudem noch das subversive Freiheitsmoment in der Kunst der DDR hervor, die An-

273 Im Anhang befinden sich beide Befragungen zum direkten Nachlesen.

spielungen und jenes Zwischen-den-Zeilen-lesen, das für viele literarische Werke typisch war.

Obwohl beide Autoren die Wende begrüßen, so stehen sie doch der neuen Gesellschaft nicht kritiklos gegenüber. Sie sehen deutliche Parallelen zwischen den Machtstrukturen der SED und aktuellen gesellschaftlichen Entwicklungen. Gerade Mechtel greift in seiner Parr-Trilogie die Skrupellosigkeit und Menschenverachtung westlicher Geheimdienste und damit auch westlicher Staaten an.

Ihren eigenen Werken messen beide Autoren innerhalb der Wendeliteratur eine geringe Bedeutung bei. Das ist hauptsächlich auf die Gattung zurückzuführen und den – leider – immer noch unterschätzten Status, den der Kriminalroman im literarischen Kanon einer Nationalliteratur einnimmt.

Sowohl Eik als auch Mechtel schätzen den DDR-Kriminalroman als besonders realistisch bzw. sogar systemkritisch ein. Mechtel relativiert diese Aussage zwar dahingehend, dass er dem Kriminalroman innerhalb der DDR-Literatur nur eine Außenseiterrolle zubilligt, denn allein schon durch die dem Krimi eigenen Sujets war Kritik in gewisser Weise vorprogrammiert. Die Inszenierung der Kriminalfälle und die Beschreibung ihrer Aufklärung – so Mechtel – wirkte letztlich doch wieder das politische Herrschaftssystem stabilisierend. Interessant ist auch Mechtels Einschätzung der Funktion des Kriminalromans in der DDR, die seiner Ansicht nach im teilweisen Ersatz der fehlenden Medienöffentlichkeit bestand. Damit gesteht er dem Kriminalroman in der DDR eine spezifische und gesellschaftlich durchaus relevante Funktion zu, die dieser Gattung in der westlichen Literatur jener Zeit nicht zugekommen ist und die auch der ostdeutsche Kriminalroman zu keinem Zeitpunkt erreicht hat.

Beide Autoren sind sich zudem relativ einig über die Entwicklung des Kriminalromans. Jene spezifische Realitätsnähe, die den DDR-Krimi ausgemacht hat, lässt sich noch eine gewisse Zeit auch in der Nachwendezeit aufrechterhalten, wird aber unweigerlich der gesellschaftlichen Weiterentwicklung weichen müssen. Neue Autoren mit neuen Themen und anderen Erzählstilen werden nachgefragter sein als die in der DDR sozialisierten Schriftsteller.

Was in eine noch zu schreibende Geschichte der deutschen Kriminalliteratur von den Anfängen bis zur Gegenwart aber durchaus eingehen kann, sind die Merkmale der Authentizität und Realitätsnähe des DDR-Krimis wie auch des ostdeutschen Kriminalromans der frühen 1990er Jahre. In den Kriminalromanen gelingt es, Alltagswirklichkeit und historische Umbruchsprozesse unter dem

Siegel der Unterhaltung zusammenzuführen. Der Leser soll am Beispiel eines konkreten Kriminalfalles an eine historische Zeitepoche herangeführt werden, er soll die Befindlichkeiten der Menschen kennenlernen und übergeordnete Zusammenhänge wie die zwischen Individuum und Machtapparat erkennen.

Ähnlich wie Eik und Mechtel schätzt auch Dorothea Kleine die Situation der DDR-Autoren nach der Wende ein. Sie spricht von „literarischer Tagelöhnerei, um Geld für das tägliche Leben zu haben."[274] In ihrer Wahrnehmung übt der Kommerz die Zensur aus, denn nun werden von den Verlagen wiederum Textpassagen gestrichen, bei denen man befürchten muss, dass sich die Leser nicht für die Themen interessieren. Kleine spricht hier ganz konkret von den „Ost-Problemen", mit denen westdeutsche Leser nicht belästigt werden wollen. In ihrer Wahrnehmung sind nur die Bücher von ostdeutschen Schriftstellern beliebt, die voller Selbstanklagen sind.[275]

274 Kleine 1995, S. 218.

275 Kleine 1995, S. 220.

5 Widerspiegelungen – die „Wende" im westdeutschen Kriminalroman

Im Folgenden steht der westdeutsche Kriminalroman im Mittelpunkt und es soll gefragt werden, wie die Wende in diesen Texten dargestellt wurde. Das Textkorpus ist mit drei repräsentativen Kriminalromanen zwar bedeutend kleiner, doch dient dieser Blick in die westdeutsche Krimiliteratur auch hauptsächlich der Konturierung der in den beiden vorangegangenen Kapiteln herausgearbeiteten Ergebnisse. Die Spezifik eines Phänomens ergibt sich ja erst, wenn man genauer auf ähnliche Texte schaut und die Unterschiede bzw. die anderen Verfahrensweisen herausstellen kann.

Dank des Kriminalromans ließe sich eine interessante Rezeptionsgeschichte der Teilung Deutschlands schreiben, die einige brisante Facetten der deutsch-deutschen Geschichte zum Vorschein bringen würde. Erwähnt sei an dieser Stelle lediglich Werner Steinbergs Kriminalroman *Und nebenbei ein Mord* aus dem Jahr 1968, in dem die Geschichte des erfolgreichen Journalisten Peter Grubbe erzählt wird, der unter seinem richtigen Namen Claus Peter Volkmann im Zweiten Weltkrieg an der Errichtung von Straflagern für die Vernichtung des jüdischen Volkes beteiligt gewesen war. Die Aufdeckung der wahren Identität Grubbes war in der Bundesrepublik erst nach 1989 möglich. Steinbergs Kriminalroman zählt heute durchaus zu den „vergessenen Texten", die eine erneute Rezeption verdient hätten.[276]

5.1 Der westdeutsche Kriminalroman

Als Geburtsstunde des westdeutschen Kriminalromans werden die ausgehenden 1960er und beginnenden 1970er Jahre angegeben. Zumindest gibt Roth diese Zeitspanne an und macht damit vor allem aufmerksam auf eine neue Qualität innerhalb der Gattung des bundesrepublikanischen Kriminalromans. Mit Ausnahme der Krimis von Frank Arnau waren die Kriminalromane der ersten Nachkriegsjahrzehnte offenbar nicht der Rede wert.[277] Und tatsächlich bleibt eine erschöpfende Geschichte des bundesrepublikanischen Kriminalromans bis heute ein Forschungsdesiderat.

Ende der sechziger Jahre traten Autoren wie Hansjörg Martin, der als einer der erfolgreichsten deutschen Kriminalautoren der nachfolgenden Jahre gilt, Tho-

276 Vgl. Weskott 2007, S. 259.

277 Vgl. Roth 1978, S. 79.

mas Andresen, Friedhelm Werremeier, Irene Rodrian und Horst Bosetzky, dessen Pseudonym -ky erst in den 1980er Jahren gelüftet werden konnte, mit Kriminalromanen in die Öffentlichkeit, die sich von den üblichen Publikationen des Genres absetzten. Gemeinsam war den Autoren, dass sie eine Veränderung der Gesellschaft für wünschenswert hielten und den Kriminalroman für eine geeignete Gattung hielten, diese Vorstellungen auszudrücken. Hinzu kam die Unterstützung von Verlagen wie Goldmann und Rowohlt, die entsprechende Krimireihen einrichteten.[278]

Suerbaum stellt auch noch für den Beginn der 1980er Jahre fest, dass große Verlagshäuser, die in ihrer Taschenbuchproduktion auf ein Image der Seriosität bedacht sind wie Suhrkamp, Fischer oder dtv, sich nicht oder nur ausnahmsweise mit Kriminalromanen abgaben.[279] Allein diese Feststellung offenbart den unterschiedlichen Stellenwert, den der Kriminalroman in der DDR und in Westdeutschland innehatte. Obwohl der Kriminalroman aus marktökonomischen Gründen eine beachtliche Rolle spielte – die Mehrzahl der Kriminalromane wurde von acht Verlagshäusern mit drei bis vier Neuerscheinungen pro Monat herausgebracht –, blieb die Gattung dem Unterhaltungsbereich verhaftet, was auf dem Literaturmarkt als ein Makel galt. Konsequenterweise fand der Kriminalroman kaum oder nur sehr schwer Eingang in die germanistische Literaturwissenschaft, sowohl in die Forschung als auch in die universitäre Lehre. Die Studien von Jäger, Roth und Suerbaum waren auf diesem Gebiet absolute Pionierarbeiten.

Die bundesrepublikanischen Kriminalromane erreichten bei Weitem nicht die Auflagenhöhe, die die DDR-Krimis aufwiesen. In der Erstauflage kann man von 18 000 bis 20 000 Stück ausgehen. Das Honorar für die Autoren war mit 3000 Mark bei Rowohlt keineswegs so üppig, dass die Autoren davon leben konnten. Häufig hatten sie einen Hauptberuf, wie Thomas Andresen, der als Arzt tätig war. Hansjörg Martins Romane erreichten Auflagen von 40 000 bis 50 000 Exemplaren, womit er als ein absoluter Spitzenreiter angesehen werden kann.[280] Wenn man bedenkt, dass in der DDR Kriminalromane häufig mit einer Anfangsauflage von 60 000 Stück erschienen, dann wird schnell die unterschiedliche Rolle deutlich, die diese Gattung in den beiden deutschen Staaten spielte.

Der bundesrepublikanische Kriminalroman spielt vorzugsweise im bürgerlichen Milieu, in den Familien von Fabrikanten, Ärzten und Architekten. Die Rei-

278 Vgl. Roth 1978, S. 79–80.

279 Vgl. Suerbaum 1984, S. 198.

280 Vgl. Roth 1978, S. 79.

chen sind es, die aus Gier oder Eifersucht morden. Der soziale Kriminalroman, wie er sich in Italien mit Giorgio Scerbanenco oder in Schweden mit Maj Sjöwall und Per Wahlöö in den sechziger Jahren etabliert hat, ist in der Bundesrepublik zu diesem Zeitpunkt noch längst nicht angekommen. Hansjörg Martin thematisiert zwar das „Dritte Reich" in seinen Krimis und versucht historisch gewachsene Beziehungsgeflechte und persönliche Abhängigkeiten abzubilden, doch bleibt die Gesellschaftskritik punktuell und häufig oberflächlich.[281]

Suerbaum spricht hingegen für den neuen deutschen Kriminalroman seit den 1970er Jahren von der Allgegenwart der Gesellschaftskritik und zwar in Form von Diskussionen politisch-gesellschaftlicher Probleme.[282] Als eine Besonderheit macht er Bosetzkys „Soziokrimis" aus und mit ihnen eine sozialkritische Didaktik für nationale Gegenwartsprobleme. Das, was Suerbaum Mitte der 1980er Jahre für die westdeutsche Krimiliteratur konstatiert, ist ein notorisch schwieriges Verhältnis zur Unterhaltung und damit verbunden ein schlechtes Gewissen.[283]

5.2 Die Darstellung der Wende im westdeutschen Kriminalroman

Um die Besonderheiten der Darstellung der Wende im ostdeutschen Kriminalroman deutlicher konturieren zu können, wurden drei Krimis von zwei westdeutschen Autoren gewählt. Der Berliner Soziologe Horst Bosetzky gehört zu den bekanntesten westdeutschen Kriminalschriftstellern und er hat sich dem Thema der Wende in den beiden Kriminalromanen *Ein Mann fürs Grobe* und *Fendt hört mit* konkret gewidmet. Günter Kükenshöners Krimi *Fenstersturz in Dresden* ist in erster Linie durch die Hauptfigur interessant: Der Privatdetektiv Queißer stammt aus der DDR, hat diese aber noch vor dem Mauerfall verlassen und kehrt im Zusammenhang mit einem Fall, den er übernommen hat, wieder in seine Heimatstadt zurück. Dieser biographischen Besonderheit begegnet man sehr selten im Kriminalroman, im hier gewählten Textkorpus ist sie einmalig.

Innerhalb der westdeutschen Krimilandschaft gehört Bosetzky – unter dem Pseudonym -ky – zweifelsohne zu den politischsten Autoren, denn er greift Missstände der Gesellschaft auf und stellt diese anschaulich bis drastisch in seinen Romanen dar. Seine originellen Fälle sind mehr oder weniger Ausschnitte

281 Vgl. Roth 1978, S. 79.

282 Vgl. Suerbaum 1984, S. 201.

283 Vgl. Suerbaum 1984, S. 205–206.

aus umfassenderen sozialen Verhältnissen, das Verbrechen hat ausgeprägte gesellschaftliche Dimensionen und spiegelt die allgemeinen Lebensumstände der Menschen wider. Der Realitätsanspruch dieser Kriminalromane liegt somit auf der Hand.

Erwähnt sei Bosetzkys Kriminalroman *Ein Toter führt Regie* aus dem Jahr 1974, in dem er einen psychologischen Mechanismus gestaltet und zwar die Zerstörung eines Menschen durch seine Umwelt. Erzählt wird der Rachefeldzug eines kleinwüchsigen Mannes, der von seinen Kollegen permanent drangsaliert wird. Bei seinem Suizid hinterlässt er eine Mitteilung, derzufolge er Sorge getragen habe, dass ihn seine Kollegen nicht lange überleben werden. So kommt es dazu, dass die gegenseitigen Aggressionen der Kollegen zum Mord führen. Die Beteiligten gehen physisch und psychisch deformiert aus diesem Fall heraus. Bosetzky gestaltet in diesem Kriminalroman die psychologischen Mechanismen innerhalb einer Gruppe und zeigt, dass sich entstehende Aggressionen quasi automatisch auf den Schwächsten richten.[284]

Der neue Typus des Kriminalromans, den Bosetzky mit diesen und anderen Kriminalromanen schuf, war der „Sozio-Krimi", in dem das möglichst genaue soziale Verhalten von Menschen bedingt durch die gesellschaftlichen Verhältnisse dargestellt wurde. Zu den Besonderheiten der Krimis Bosetzkys gehört der Entwurf der fiktiven norddeutschen Stadt Bramme an der Bramme, die als „urbaner Simulationsort" eine eigenständige Funktion übernimmt.[285] Bosetzkys Romane spielen aber nicht nur in fiktiven, sondern auch in realen Räumen, denn neben den Bramme-Krimis schreibt er Berlin-Krimis. Das lokale Setting stellt in allen seinen Krimis aber eine grundlegende soziologische Versuchsordnung an, die häufig durch eine ironische Brechung Einsichten in das Funktionieren der Gesellschaft ermöglicht.[286] Die fiktiven Biographien der in den Krimis auftretenden Personen sind durch Lebensabschnitte in den beiden Orten, dem realen West-Berlin und dem fiktiven Bramme, gekennzeichnet.

Auch der Berliner Hauptkommissar Mannhardt, der die Ermittlungen in *Ein Mann fürs Grobe* leitet, hat eine Vergangenheit in Bramme. Er war nach einer Nervenkrise zur psychologischen Behandlung in Bad Brammermoor, einem fiktiven Kurort in der Nähe von Bramme. Danach arbeitete er in Bramme an der „Hochschule für öffentliche Verwaltung".

284 Vgl. Schmiedt 1986, S. 51–62.

285 Warner 2004, S. 247.

286 Vgl. Warner 2004, S. 248.

In Bosetzkys Kriminalromanen entsteht eine Erzähltopographie zwischen Bramme und West-Berlin, wobei Bramme die Vorteile bietet, die man in West-Berlin vermisst. Bramme ist eine überschaubare Stadt, in der die Menschen noch gemeinsame Bezugspunkte haben. West-Berlin ist hingegen eine Insel, ohne feste Einbindung in das Umland, die geteilte Stadt, die sich auch in den Brüchen der Lebensläufe zeigt. Neben den Ortszusammenhängen entwickelt sich im Verlauf des Erscheinens der Kriminalromane ein immer engeres Netz an personalen Zusammenhängen.

Bosetzky reißt in plakativer, mitunter reißerischer Manier die Probleme der Wende an: Arbeitslosigkeit, Reisefreiheit, die Auseinandersetzungen zwischen Ost- und Westdeutschen und die Idealisierung der DDR-Zeit werden thematisiert (Fendt, S. 89). Hier wird der Leser gern brüskiert, indem in fast derber Manier die DDR-Prüderie vorgeführt wird. Exemplarisch dafür ist die Szene, in der Fendts Mutter ihren Dildo präsentiert und sich ein dialogischer Schlagabtausch anschließt: „[...] Det jab's bi uns früha nicht. – Klar, da habta beim Subotnik euan Orgasmus jekriegt.“ (Fendt, S. 91).

In Bosetzkys Kriminalromanen werden nicht die Feinheiten oder Zwischentöne des Ost-West-Verhältnisses ausgeleuchtet. So treffen die Westdeutschen, die sich im östlichen Berliner Umland ansiedeln, nicht auf Vorbehalte der Alteingesessenen. Es gibt auch keine Verständigungs- und Akzeptanzprobleme, obwohl sich die zugezogenen Westdeutschen mit ihren ökologischen Ideen wie Getreide aus biologischem Anbau oder Eier von freilaufenden Hühnern als recht fremd in der brandenburgischen Dorfgemeinschaft ausnehmen dürften. Aber Bosetzky setzt auf starke Effekte und nicht auf Authentizität oder Realitätstreue in der Darstellung. So dient der Ofen, in dem die „Westberliner Ökofreaks“ ihr Brot backen, dem Eigentümer Hartmut Tscharntke hauptsächlich dazu, die Opfer seiner Auftragsmorde zu beseitigen.

Bei Bosetzky wie auch bei Kükenshöner ist die Wendezeit Kulisse, also ein dankenswerter Hintergrund für einen Kriminalfall. Der Ostdeutsche wird klischeehaft und unbeholfen dargestellt: „Da Rico erst sein frisches Bier probieren mußte und eh nicht so schnell Druckreifes sagen konnte [...]“ (Fendt, S. 115).

5.2.1 Figuren, Orte, Themen: Ost- und Westdeutsche(s) aus westdeutscher Sicht

Im Gegensatz zur Arroganz vieler westdeutscher Romanfiguren streicht Bosetzky unter den ostdeutschen Eigenschaften vor allem mangelndes Selbstvertrauen und Bescheidenheit heraus. Der ostdeutsche Taxifahrer und Auftragsmörder Tscharntke erfährt dadurch eine fast sympathische Note. Das Fremdheitsgefühl ist auch hier hauptsächlich auf ostdeutscher Seite präsent. Tscharntke reflektiert über seine Unerfahrenheit und seine Unkenntnis vieler Dinge im Vergleich zu den Westberliner Taxifahrern. Die Profis sind die Wessis und ihre Lebenswelt bleibt ihm verschlossen:

> Mit den altgedienten Profis aus dem Westen kam er eh nicht klar. Wenn die mit ihren flotten Sprüchen loslegten, dann stand er immer nur da und wußte nichts zu sagen. Und deren Themen interessierten ihn wenig. (MfG, S. 20).

Dass die westdeutschen Profis letztlich am längeren Hebel sitzen, wird deutlich an einem nur vordergründig freundschaftlichen Gespräch zwischen Tscharntke und seinem Auftraggeber Catzoa. Tscharntke hat sich abgesichert und bei einem Notar hinterlegt, in wessen Auftrag er die Morde ausgeführt hat. Catzoa antwortet darauf lapidar: „Danke für die Warnung. [...] Wenn Sie's in Kauf nehmen wollen, daß Ihre Kinder...Aber lassen wir das“ (MfG, S. 121).

Auch Kükenshöner greift die ostdeutsche Bescheidenheit auf. Diese sei ein „Grundfehler der Ostdeutschen“, wie Queißer von seiner westdeutschen Auftraggeberin aufgeklärt wird (FiD, D. 154). Die Ursache für dieses ostdeutsche Bescheidenheitstopos wird nicht analysiert, doch kann man vermuten, dass in der Betonung des Kollektivs eine Ursache dafür liegt. Im Vergleich zum westdeutschen Individualismus galt in der DDR stets die Unterordnung des Einzelnen unter das Gemeinsame.

In der Figurendarstellung verfährt Bosetzky ähnlich holzschnittartig wie Tom Wittgen, beide Autoren sind in diesem Punkt sicherlich vergleichbar, auch wenn Bosetzky die soziologische Seite zwischenmenschlicher Beziehungen tiefgründiger auslotet. Über die bekannten Stereotype ostdeutscher Lebensmentalität kommt er jedoch nicht hinaus. Die Klischees über Ostdeutsche, wie sie sich in den Köpfen vieler Westdeutscher festgesetzt haben, gehören daher zu dem festen Repertoire an Charaktereigenschaften der Figuren aus dem Osten in Bosetzkys Romanen. Wenn Mannhardt in Ostberlin unterwegs ist, begleiten ihn immer noch Ängste vor der Willkür der Volkspolizei und er hört Sprüche wie „Nu machen Se doch mal den Kofferraum auf“ (MfG, S. 109). Sechs Jahre nach der Wende scheinen diese Stereotype längst ausgedient zu haben. In der verdeckten Ermittlerin Yaiza Teetzmann schafft Bosetzky im gleichen Roman eine Figur, die die Vorurteile über Ostdeutsche quasi vor sich herträgt und diese doch beständig konterkariert. Für Yaiza Teetzmann ist die Wende ein Glück, denn sie will ihre DDR-Vergangenheit nicht vermissen, hat aber mit dieser abgeschlossen und sich vollständig dem neuen Leben in der neuen Gesellschaftsordnung verschrieben. Denn dieses neue Leben hat viele vorteilhafte Seiten: „Mehr Geld zu haben, mehr Klamotten, ein schnelles Auto, die kleine Wohnung in Karlshorst, die Flüge auf die Kanaren, nach Thailand, in die Karibik und überallhin, wozu sie Lust hatte [...]" (MfG, S. 114). Diese durchaus typische Mischung aus nostalgischem Lokalpatriotismus und Akzeptanz der neuen Gesellschaft zeigt sich bei Yaiza Teetzmann in einem spürbaren Eigensinn und einem Widerstand gegen die schier übermächtige Konkurrenz aus dem Westen. Eine Konkurrenz, die die Wirtschaft betrifft, die westdeutschen Produkte oder den Einfluss des westdeutschen Lebensstils und somit alle ostdeutschen Lebensbereiche in ihrer Spezifik zu erdrücken scheint. Die Identifikation der aus dem Osten stammenden Figuren ist daher beinahe ostentativ mit dem, was vom Osten noch übriggeblieben ist. In der Figur der Yaiza Teetzmann wird eine typische, in der DDR sozialisierte junge Frau beschrieben, die die westlichen Länder nicht kennt und auch einige Jahre nach der Wende das Territorium der ehemaligen DDR kaum verlassen hat.

Kükenshöners Privatdetektiv Queißer, gebürtiger Dresdner, hat sich ähnlich wie Teetzmann bestens in die westdeutsche Gesellschaft integriert. Seine ostdeutsche Herkunft hat er erfolgreich verdrängt und möchte mit dieser auch nichts mehr zu schaffen haben (FiD, S. 7). Er fühlt sich trotzdem hin und her gerissen zwischen der eigenen Verdrängung seiner Geschichte und der öffentlichen Geringschätzung der DDR-Geschichte, die im Bonner *Haus der Geschichte* mehr als dürftig und oberflächlich dargestellt wird (FiD, S. 89). Mit dieser Figur des Privatdetektivs fängt Kükenshöner eine besonders interessante Ost-West-Konstellation ein, die z.B. in den ostdeutschen Kriminalromanen überhaupt keine Rolle spielt. Und zwar handelt es sich um das Schicksal derjenigen, die die DDR vor dem Mauerfall verlassen und somit eine tiefe Abneigung gegen das System entwickelt haben, aber nun, nach ihrer Rückkehr – wie im Falle Queißers – zwangsläufig von der eigenen, persönlichen Vergangenheit eingeholt werden und spüren, dass sie sehr viel stärker von den Veränderungen betroffen sind, als ihnen eigentlich bewusst ist. Auch nach fünfzehn Jahren im Westen ist er immer noch ein halber Ostdeutscher, d.h. ein Mensch mit einer DDR-Vergangenheit. So steht der Privatdetektiv Queißer vor seinem Elternhaus in Dresden, das bereits wieder an Westdeutsche rückübereignet wurde, und fragt sich, ob nicht auch Ostdeutsche im Westen Eigentumsrechte geltend machen konnten (FiD, S. 59). Auf den ersten Blick mag diese Frage berechtigt erscheinen, doch bleibt der historischen Korrektheit halber anzumerken, dass die Menschen aus der DDR geflüchtet bzw. vertrieben oder ausgebürgert wurden und somit auch auf der ostdeutschen Seite die rückwirkenden Eigentumsansprüche bestanden.

Queißers Sicht der Dinge ist durch seine persönliche Betroffenheit verzerrt und berücksichtigt nicht die historischen Gegebenheiten. Das ist eine völlig normale, da menschliche Betrachtungsweise der Realität, die Kükenshöner in dieser Szene vorführt. Nichtsdestotrotz macht diese Szene deutlich, dass der Hauptprotagonist gerade emotional nicht seiner Vergangenheit entkommen kann. Kükenshöner führt somit an einer Person und ihrer Ost-West-Zerrissenheit die tiefe Spaltung der gesamtdeutschen Gesellschaft vor.

Am Beispiel des Pornoproduzenten Horst Krüger stellt Günter Kükenshöner in *Fenstersturz in Dresden* die zwei Vorteile dar, die die Westdeutschen gegenüber den Ostdeutschen haben: Zum einen verfügen sie über eine spezielle Finanzkraft, d.h. sie investieren oder kaufen Immobilien oder Boden; zum anderen wissen sie, wie die kapitalistische Marktwirtschaft funktioniert und dass man schnell und skrupellos sein muss, um an sein Ziel zu gelangen.

Der Graben zwischen den Altbundesbürgern und den Menschen in den neuen Bundesländern scheint tief zu sein. Ignoranz und Arroganz sind vorherrschend. Die Ignoranz lässt sich schwer abbauen, denn die einstigen Vorurteile dominieren nach wie vor: Der Osten war immer noch zu sozialistisch und von „alten roten Utopisten" regiert, die zivilisatorische Rückständigkeit immer noch tonangebend. Mallorca oder Thailand lagen da einfach näher, weil vertrauter (FiD, S. 64–65).

Die Hauptpersonen sind bei Bosetzky in erster Linie Figuren, die sich stets am Rand des Scheiterns befinden. Bestes Beispiel ist der Oberkommissar Mannhardt, der eher planlos seine Ermittlungen durchführt, trotz seines engagierten Einsatzes von Missgeschicken verfolgt wird und dem es letztlich auch nicht gelingt, den Fall wirklich aufzuklären. Nur der Leser wird über die wahren Zusammenhänge nicht im Unklaren gelassen.

Bosetzkys Kriminalromane spielen vorzugsweise in Berlin und versuchen das frühere Ostberlin aufleben zu lassen, indem Erinnerungsarbeit mit Lokalpatriotismus verbunden wird:

> Gleich am Alexanderplatz war das Restaurant *Moskau* mit dem Wandmosaik am Eingang: das Leben der Sowjetvölker. Dann das Filmtheater *International* und unsere gute alte *Mokka-Milch-Eisbar*,

> wo ich meine Frau mal kennengelernt habe, die Katja. Am Strausberger Platz waren das *Haus Berlin* und das *Haus des Kindes.* Ja, 1951 hat unser Wilhelm Pieck auf der Weberwiese hier den Grundstein für das erste Hochhaus gelegt... (MvG, S. 22).

Dabei zeichnet sich Bosetzky durch eine profunde Ortskenntnis aus, nicht nur, was die Berliner Straßen und Stadtviertel betrifft, sondern auch das Berliner Umland, insbesondere das östliche Berliner Umland kennt der Autor vorzüglich. Man könnte sozusagen eine Straßen- und Landkarte neben seine Romane legen und den Handlungsverlauf auf den Karten nachzeichnen.

5.2.2 Westdeutsch? Ostdeutsch? Annäherungen an den deutschen Kriminalroman

Nach dem Fall der Mauer ist die Grenze noch in den Köpfen der Menschen vorhanden, sowohl auf der Ost- wie auch auf der Westseite. Die ersten Kontakte sind distanziert und voyeuristisch, denn der westdeutsche Besucher lässt sich vom Taxifahrer durch Ostberlin fahren und die Kontakte bleiben somit sehr beschränkt. Das Fremdheitsgefühl, das auf beiden Seiten, also auf der ostdeutschen und auf der westdeutschen Seite, nur in unterschiedlichen Ausprägungen zu beobachten ist, verliert sich mit den Jahren bzw. tritt in den Hintergrund.

Kükenshöners Privatdetektiv Queißer fühlt sich von den westdeutschen Institutionen keineswegs besser behandelt als von der Stasi. Zudem ist er über die Schnelligkeit und Präzision verwundert, mit der auch im Westen Informationen über seine Person verfügbar sind (FiD, S. 143–144).

Bosetzkys Kriminalromane der Nachwendezeit sind zutiefst pessimistische Romane, in denen nicht das Gute über das Böse siegt, sondern das Böse in Gestalt Catzoas dank besserer Anwälte davonkommt. Es sind die Handlanger, wie der Taxifahrer Tscharntke, die auf der Strecke bleiben. In dieser Hinsicht sind Bosetzkys Romane realistische Romane ähnlich wie bei Goyke und den späten Krimis von Hartmut Mechtel. Der Realismus bei Bosetzky und Kükenshöner wie auch bei Goyke, Köhler und Mechtel besteht nicht in der detailgetreuen Alltagsbeschreibung, wie sie der DDR-Krimi bzw. der frühe ostdeutsche Krimi praktiziert hat, sondern im Aufzeigen allgemeiner gesellschaftlicher Ungerechtigkeiten. Diese Annäherung in der Darstellung führt auch zu der konsequenten Schlussfolgerung, dass die Bezeichnung „ostdeutscher Kriminalroman" spätestens in der zweiten Hälfte der 1990er Jahre obsolet geworden ist. Was der Begriff des „ostdeutschen Kriminalromans" gerade in seiner narrativen Spezifik der

Darstellung der Auswirkungen der Wende in den frühen 1990er Jahren noch zu leisten vermochte, hebt sich mit den Kriminalromanen von Goyke und Köhler zunehmend auf. Etwas spezifisch „Ostdeutsches" lässt sich nicht mehr nachweisen, auch spielt die Sozialisation des Autors eine geringere Rolle.

Der Vergleich der Rolle der Wende im west- und ostdeutschen Kriminalroman macht also deutlich, dass man immer weniger zwischen ost- und westdeutscher Kriminalliteratur unterscheiden kann.

6 Was ist das Besondere am ostdeutschen Kriminalroman?

6.1 Ein weiterer Vergleich: die Wendeliteratur

Es liegt nahe, nach den erfolgten Analysen der Kriminalromane die provokante Einsicht zu formulieren: Warum auf den Wenderoman warten, er ist längst erschienen: in mehrfacher Ausführung sogar und zwar in der Form von Kriminalromanen! Das folgende Zitat über die Ansprüche an den definitiven Wenderoman unterstreicht diese Einsicht:

> Der Maßstab des Wenderomans ist die historische Wahrheit, die von typischen Figuren unter typischen Umständen repräsentiert werden soll. Das verlangte man auch von der Literatur des sozialistischen Realismus – erstaunlich, wie leicht diese Kriterien übernehmbar werden, wie sie einer irgendwie ‚guten Sache' dienlich sein sollen.[287]

Das Bemühen der Kriminalromane um die Darstellung der authentischen Realität liegt auf der Hand, denn alle untersuchten Kriminalromane sind mit ihren Plots in der Gegenwart verankert. Das Figurenensemble ist ebenfalls ein zeittypisches, wie die Untersuchungen ergeben haben. Auch die Lebensumstände werden in den ostdeutschen Kriminalromanen so wiedergegeben, dass der Leser einen Eindruck von der Atmosphäre und den Gefühlslagen ganz unterschiedlicher Bevölkerungsgruppen erhält. Obwohl also die analysierten Kriminalromane die von Gabler genannten Kriterien erfüllen, werden sie nicht als Wenderomane wahrgenommen. Aus diesem Grund dient dieses abschließende Kapitel der Reflexion, wie die Wendeliteratur bestimmt werden kann und worin die Unterschiede (und auch die Gemeinsamkeiten) eines „Wenderomans" – hier Brussigs *Helden wie wir* – zu den Kriminalromanen bestehen.

Gabler verweist darauf, dass der Ruf nach dem ultimativen Wenderoman hauptsächlich von der Literaturkritik des deutschen Feuilletons ausgeht.[288] Zudem kritisiert er eine vorrangig politisch-ideologische Auseinandersetzung mit den Wenderomanen und beklagt die fehlende ästhetische Bewertung der Arbeiten:

287 Gabler 2000, S. 75.

288 Vgl. Gabler 2000, S. 90–91.

„Das Urteil über Wenderomane ergibt sich aus dem Maß der Übereinstimmung mit den Bildern des Feuilletons von Wende und deutscher Vereinigung."[289]

Die Ambivalenz des Begriffs der „Wende" klang bereits verschiedentlich an, soll jedoch dank seiner Bekanntheit und Praktikabilität in diesem Zusammenhang für die Literatur verwendet werden, die sich mit den Ereignissen der Wiedervereinigung 1989 und in den Nachfolgejahren auseinandersetzt.[290] Die hier untersuchten Kriminalromane sind ein Teil der Wendeliteratur, werden aber bisher nicht als solcher wahrgenommen. Als besten Beweis für diese fehlende Wahrnehmung sei auf die immerhin dreibändige Anthologie *Von Abraham bis Zwerenz* verwiesen, die zahlreiche Texte in Auszügen versammelt, die sich mit den Ereignissen der Wendezeit auseinandersetzen. Kriminalautoren sind hier leider nicht vertreten.[291]

Vielleicht gelingt es im Zuge dieser Arbeit, das Bewusstsein dafür zu sensibilisieren, dass auch Kriminalromane ein wichtiger Bestandteil dieser literarischen Epoche sind.

Auch wenn zunächst kürzere Literaturformen wie Essay, Tagebuch oder Reportage die Wendeliteratur beherrschten, so ist gerade in den letzten Jahren die Anzahl der Romane, die sich mit der Wende auseinandersetzen, stark angestiegen. Die Wendeliteratur stellt einen eigenen Forschungsgegenstand dar, so komplex und umfangreich ist dieses Gebiet mittlerweile. Die geschichtlichen Ereignisse standen anfangs weniger im Vordergrund, das größere Interesse galt den Brüchen in den Biographien der Menschen und der Darstellung ihrer Befindlichkeiten.[292]

Eine Tendenz lässt sich in der Darstellung der historischen Umbruchsituation in der Wendeliteratur ausmachen. Die Wende wird vorrangig als eine Zerstörung und Auflösung gesicherter Lebensumstände wahrgenommen. Hinzu kommen nicht nachvollziehbare Verhaltensveränderungen von Menschen im unmittelbaren Umfeld, das führt in der Regel zu einem massiven Vertrauensverlust. Der Ehepartner wird plötzlich ein Fremder. Diese tiefgreifenden Verunsicherungen ergreifen natürlich auch die eigene Person und lösen Selbstzweifel und Unsi-

289 Gabler 2000, S. 91.

290 Vgl. Scholz 2000, S. 11.

291 Vgl. *Von Abraham bis Zwerenz* 1995.

292 Vgl. Fröhling 1999, S. 10; Reimann 2008 S. 10.

cherheit aus. Die eigene Identität steht auf dem Prüfstein.[293] Dieser Befund lässt sich problemlos auf den Kriminalroman übertragen; insbesondere die Kriminalromane von Tom Wittgen zeigen das destabilisierte Individuum angesichts der gesellschaftlichen Veränderungen.

Gerade für die DDR-Schriftsteller bedeutete die Wende einen radikalen Einschnitt, denn für viele war sie gleichbedeutend mit einem Bedeutungsverlust, mit sinkenden Auflagenzahlen und den daraus resultierenden existentiellen Nöten. Was geschieht mit einer Literatur und ihren Schriftstellern, die in und für ein Land stehen, das über Nacht verschwunden ist? Die systemtreuen Autoren verloren ihre Privilegien, die Oppositionellen verloren ihren Gegenstand der Kritik und ihre Positionen der Einzigartigkeit. Kritische Meinungsäußerungen oder stilistische Experimente waren und sind im pluralistischen Kanon der westlichen Literatur weder etwas Neues noch etwas Besonderes.[294]

Im Rahmen der Wendeliteratur werden die DDR-Literatur, ihre Vertreter und die konkreten individuellen Erfahrungen immer einen besonderen Stellenwert einnehmen. Die DDR-Literatur war ein eigenständiges Phänomen, dessen Konturen sich in den 1960er und 1970er Jahren herausbildeten.

Als Fritz J. Raddatz 1972 die Ansicht vertrat, dass es „zwei deutsche Literaturen" gebe, löste er noch heftige Reaktionen mit seiner Position aus. Doch sein Urteil erwies sich in den nachfolgenden Jahren als richtig: An der Sprache und an den ideologischen Debatten konnte man die Existenz zweier deutscher Literaturen festmachen.[295] Von der Existenz zweier deutscher Literaturen zu sprechen war von 1970 bis 1990 eine stabile Übereinkunft, die nach dem Untergang der DDR allerdings wieder vermehrt angezweifelt wurde, vor allem im deutsch-deutschen Literaturstreit von 1990. Die Wahrnehmung einer Differenz zwischen den Literaturen zeigt sich nicht zuletzt im bewusst anachronistischen Titel eines Sonderhefts von *Text + Kritik*: *DDR-Literatur der neunziger Jahre*.[296]

Der bereits erwähnte Literaturstreit macht das Dilemma sehr deutlich, in dem sich DDR-Autoren nach der Wende befanden. Der Literaturstreit entzündete sich an Christa Wolfs Erzählung *Was bleibt*, weil der Autorin nicht nur ästhetische Schwächen vorgeworfen, sondern auch moralische Bedenken im Hin-

293 Vgl. Herrmann 1998, S. 37.

294 Vgl. Fröhling 1999, S. 7–8.

295 Vgl. Ludwig / Meuser 2009, S. 19.

296 Vgl. Arnold 2000.

blick auf ihr Wirken in der DDR geäußert wurden. Christa Wolf habe, ebenso wie die loyalen Schriftsteller in der DDR, trotz ihrer kritischen Werke das System der DDR stabilisiert. Ihr oppositionelles Engagement sei falsch bzw. zu gering gewesen. In dieser westlichen Kritik trat der Verlust des „Solidaritätsbonus" deutlich zutage, den die DDR-Literatur grundsätzlich für alles, was auch nur ansatzweise als kritisch bzw. als oppositionell gelten konnte, bei der westdeutschen Rezeption für sich beanspruchen konnte.[297] Dieser „Bonus" war nun dahin, offenbart aber auch die politisch-ideologische Grundeinstellung der westlichen Literaturkritik.

Die Debatte zeigte ebenfalls auf, dass die kritische Literatur der DDR ihr Lebensthema, die Darstellung einer sozialistischen Utopie, mit dem Scheitern der DDR verloren hatte bzw. dass es nun einer neuen Perspektivierung bedurfte.

Das wohl wichtigste Kriterium einer Zuordnung zur DDR-Literatur ist die Biographie eines Schriftstellers.[298] Daraus kann man schlussfolgern, dass es die DDR-Literatur solange geben wird, wie Autoren schreiben, die hauptsächlich durch die DDR sozialisiert und geprägt wurden. Auch Schriftsteller, die erst nach dem Fall der Mauer oder nach ihrer Ausreise in den Westen begonnen haben, zu schreiben, lassen sich durch diese Bestimmung der Gruppe der DDR-Autoren zuordnen. Die Ereignisse der Wendezeit spielen für diese Gruppe von ostdeutschen Autoren eine herausgehobene Rolle und eine weniger wichtige für westdeutsche Autoren. Es wird keine kritische Bilanz der Bundesrepublik gezogen; wenn überhaupt, so wird allein die DDR an den Normen der westdeutschen Gesellschaft gemessen.[299]

Köhler kommt in ihrer vergleichenden Untersuchung von DDR-Autoren, die vor und nach der Wende geschrieben haben, zu der Erkenntnis, dass diese Autoren über die gesellschaftliche Zäsur der Wende hinweg an den für sie wichtigen Themen weiter gearbeitet haben. Auch sieht sie keine signifikanten Veränderungen in der Ästhetik der Werke. Sie stellt sogar explizit heraus, dass es Bezüge und Verweisungszusammenhänge zwischen den Texten vor und nach der Wende gibt.[300] Die Wendeliteratur geht insofern konsequent aus der DDR-Literatur hervor. Ihre Konstanten sind die Autoren, die Themen und die Ästhetik ihrer Werke.

297 Vgl. Ludwig / Meuser 2009, S. 48.

298 Vgl. Skare 1999, S. 39.

299 Vgl. Kemser 2006, S. 108.

300 Vgl. Köhler 2007, S. 214–215.

Diese Kontinuitätsthese Köhlers lässt sich auf den Kriminalroman übertragen, denn auch hier konnte eine Weiterentwicklung vom DDR-Krimi zum ostdeutschen Krimi beobachtet werden, der ähnliche ästhetische Kriterien verfolgt und in puncto Realitätsanspruch der Gattung gleiche Zielsetzungen verfolgt.

Im Zentrum der literarischen Auseinandersetzung von Texten, die der Wendeliteratur zuzurechnen sind, stehen ganz unterschiedliche Formen der Aufarbeitung der DDR-Vergangenheit. Das kann verklärend, ohne kritischen Impetus, also „ostalgisch" erfolgen, satirisch-ironisch wie bei Thomas Brussig (*Helden wie wir*, 1995), historisch wie bei Uwe Tellkamp (*Der Turm*, 2008) oder Eugen Ruge (*In Zeiten des abnehmenden Lichts*, 2011) oder kritisch-entlarvend wie bei Brigitte Burmeister in ihren Erzählungen (*Herbstfeste*, 1995).

Bevor wir uns konkret einem Werk der Wendeliteratur, und zwar Brussigs *Helden wie wir* von 1995, zuwenden, erscheint es an dieser Stelle legitim, einen allgemeineren Blick auf die Wendeliteratur und ihre prominentesten Vertreter zu werfen. Ohne Anspruch auf Vollständigkeit werden einige Autoren mit ihren Texten vorgestellt, um hier bereits Gemeinsamkeiten und Unterschiede in der Darstellung der Umbruchszeit zu den Kriminalromanen herausstellen zu können.

Brigitte Burmeister geht in ihrem Erzählungsband *Herbstfeste* sehr scharf mit der DDR ins Gericht. Ihre Kritik richtet sich gegen das Spitzelwesen, gegen die Ineffektivität der Planwirtschaft, und sie thematisiert die Umweltzerstörung und die Verseuchung der Böden. Nach der Maueröffnung beschreibt sie die Freudenfeste, richtet ihren Blick aber zugleich auch auf die Ernüchterung und das Befremden, das viele DDR-Bürger angesichts der grundlegenden Umwälzungen ihrer Lebenswelt erleben.[301]

Hervorzuheben ist zudem ihr Roman aus dem Jahr 1994 *Unter dem Namen Norma*, in dem sie den Zerfall einer ostdeutschen Ehe beschreibt.[302] Um Arbeit zu finden, geht der Mann nach Westdeutschland, die Ehefrau, die sich mit ihrer DDR-Vergangenheit identifiziert, bleibt zurück. Als sie auf einer Feier im Scherz ihre Tätigkeit als informelle Mitarbeiterin enthüllt, nimmt der Mann das zum Anlass, um sich von ihr zu trennen. Die fragmentarische Erzähltechnik Burmeisters steht in der Tradition des französischen *Nouveau Roman* und

301 Vgl. Burmeister 1995. Hier insbesondere die Erzählungen: „Abendspaziergang", „Taubstummeninstitut", „Der Aussichtsturm", „Herbstfest" und „Unterkunft in schöner Umgebung."

302 Vgl. Burmeister 1994.

basiert auf Erinnerungen und Reflexionen sowie auf dem Wechsel von Zeitebenen, Traum- und Wirklichkeitsbildern, so dass die Figuren nie einem exklusiven Deutungsanspruch unterzogen werden können. Die Geschichte wird auf die familiären Verhältnisse heruntergebrochen, denn das ist der Erlebnisbereich des Individuums.[303]

Christoph Hein geht es in seinen Büchern vor und nach der Wende nicht um die Bewältigung der Vergangenheit, sondern um das Verstehen von Geschichte.[304] Gegen alle Formen der Verdrängung und des Vergessens erzählt er Geschichte, um ihre Präsenz in der Gegenwart deutlich zu machen. Eindrücklich gelingt ihm das in dem Roman *Willenbrock*.[305] Bernd Willenbrock ist ein Gebrauchtwagenhändler im Ostteil Berlins, der nach der Wende arbeitslos geworden ist und den Schritt in die Selbstständigkeit gewagt hat. Dank seiner Leistungsbereitschaft hat er es zu einem materiellen Wohlstand wie nie zuvor geschafft. Eindeutig gehört er zu den Gewinnern der Wiedervereinigung. Sein Glück wird allerdings durch vermehrte kriminelle Übergriffe gestört. Als es zum gewaltsamen Einbruch in sein Wochenendhaus kommt, bricht er mit seinen einstigen Vorsätzen von Friedfertigkeit und sein Vertrauen in die Polizei und Justiz ist tief erschüttert. Der Besitz einer Schusswaffe und die Überzeugung von der notwendigen Selbstjustiz bestimmen fortan seine Gedanken. Mit dieser Auffassung von Verteidigung seines Privat- und Geschäftslebens ähnelt Willenbrocks Verhalten dem eines Kriminellen. Der Zynismus besteht darin, dass die Gesellschaft, die Willenbrock so hartnäckig verteidigt, ihrerseits die Kriminellen, die sie bedrohen, ja selbst geschaffen hat. Zumeist sind es Jugendliche, die ihre Teilhabe auf diesem Weg einklagen bzw. denen das satte Leben der westlichen Zivilisation und ihre verlogene Moral nicht mehr tragbar erscheinen.[306] Es ist die Selbstentfremdung des Menschen in der wiedervereinigten Gesellschaft, die Hein hier zur Darstellung bringt.

Erich Loest gestaltet in *Nikolaikirche* den Konflikt zwischen Staatsgewalt und Kirche am Beispiel der evangelischen Kirche in Leipzig.[307] Der Roman verfolgt die sich formierende Bürgerbewegung seit der Mitte der achtziger Jahre und ihre Ziele, die keineswegs in der Vernichtung der DDR bzw. der Eingliederung der DDR in die Bundesrepublik bestanden, sondern die eine innere, vor allem gewaltfreie Veränderung und Demokratisierung der realsozialistischen Verhältnis-

303 Vgl. Koopmann 2003, S. 105; Lorou 2003, S. 81.

304 Vgl. Köhler 2007, S. 131.

305 Vgl. Hein 2000.

306 Vgl. Köhler 2007, S. 136–137.

307 Vgl. Loest 1997.

se anstrebten.[308] Durch eine ausgefeilte Technik der Perspektivierung fängt der Roman die Sicht des Ausreisewilligen, des Christen und Umweltschützers ebenso ein wie die Sicht des Angehörigen der Staatssicherheit. Vielschichtig werden die charakterlichen und seelischen Verkrüppelungen menschlicher Schicksale aufgezeigt, die die Frage nach dem Maß an Menschlichkeit und Anstand, das im Sozialismus der DDR möglich war, ad absurdum führen.[309]

Aus thematischer Sicht finden sich viele Gemeinsamkeiten zwischen der Wendeliteratur und den Kriminalromanen. Die starke Konsumorientierung, insbesondere auf westliche Waren, die bereits lange vor der Wende den DDR-Alltag bestimmte, greift Thomas Rosenlöcher in der Erzählung *Der Untergang der Banane* auf.[310] Der späte DDR-Kriminalroman legt von dieser Entwicklung ebenfalls ein beredtes Zeugnis ab. Die zunehmende Brutalität unter Jugendlichen, für die Freiheit mit Langeweile, Sinnentleerung und Wertefall einhergeht, greift Uwe Saeger in *Landschaft mit Dornen* auf.[311] Auch hier ist der Weg nicht weit bis zu den Szenarien, die Goyke und Köhler in ihren Kriminalromanen entwerfen.

Ein offensichtlicher Unterschied der Wendeliteratur zur Kriminalliteratur der 1990er Jahre besteht in der Komplexitätsreduktion gesellschaftlicher Probleme, die im Kriminalroman vorgenommen werden kann. Sei es formal wie bei Burmeister, gesellschaftsanalytisch wie bei Hein oder thematisch wie bei Loest, die literarischen Mittel und Inhalte der Romane, die sich mit der Umbruchsituation in der DDR und den menschlichen Schicksalen dieser Zeit auseinandersetzen, sind weiter gefasst und konkreter wiedergegeben. Das relativ enge Korsett, das die Gattung des Kriminalromans vorgibt, begrenzt natürlich auch die Darstellungsmöglichkeiten gesellschaftlicher Problemlagen. So tendiert die Darstellung in den Kriminalromanen zu einer Zementierung ohnehin bestehender Stereotype, zu einer Schwarz-Weiß-Malerei, die wichtige Nuancierungen außer Acht lässt, und zu einer oberflächlichen Geschichtsklitterung. Die Betonung liegt hierbei auf „Tendenz", denn Komplexitätsreduktion, Ausschnitthaftigkeit und Popularität der Textgattung sehen wir als durchaus positive Aspekte der Darstellung der Wendezeit an.

Die Kritik an der ökonomischen „Abwicklung", wie sie in der ehemaligen DDR praktiziert wurde, stammt indes nicht nur von ostdeutschen Autoren. Günter Grass hat in seinem Roman *Ein weites Feld* von 1995 sowohl diesen Prozess kri-

308 Vgl. Lorou 2003, S. 36–37.

309 Vgl. Würffel 2003, S. 65.

310 Vgl. Rosenlöcher 1992.

311 Vgl. Saeger 1993.

tisiert als auch seine grundsätzlichen Bedenken gegen die Vereinigung beider deutscher Staaten zu einer politischen Nation geäußert.

6.2 Thomas Brussig: *Helden wie wir* (1995)

Als Vergleichstext soll im Folgenden Thomas Brussigs *Helden wie wir* genauer untersucht werden. Die leitende Fragestellung der Interpretation dieses Textes bezieht sich auf die Unterschiede bzw. die Gemeinsamkeiten, die sich bei Brussig und den analysierten Kriminalromanen in Bezug auf die Darstellung der Wende und ihrer Auswirkungen feststellen lassen. *Helden wie wir* ist ein typischer Wenderoman, der Skares enger Definition der Wendeliteratur voll gerecht wird und somit direkt die Gründe der Wende reflektiert und Erklärungen für die Ereignisse des Herbstes 1989 sucht.[312]

Warum gerade Brussigs Text als Vergleichstext ausgewählt wurde, lässt sich mit zwei Aspekten begründen: Zum einen gehört Brussigs Text der neueren, sogenannten Pop-Literatur an und ist damit dem Unterhaltungsroman zuzuordnen. Es ist ein locker-leicht geschriebener Text mit humoristischen Zügen, der durchaus ein ähnliches Publikum anzusprechen vermag wie der Kriminalroman. Zum anderen war Brussigs Roman ein Verkaufserfolg auf dem Buchmarkt und ein Erfolgsstück an verschiedenen Theatern. Der Roman wurde in zehn Sprachen übersetzt und erreichte durch die auf der Grundlage des Buches realisierte Kinofassung ein noch größeres Publikum, als es allein mit der Buchpublikation möglich gewesen wäre.[313]

Aber auch aus inhaltlicher Sicht bietet sich Brussigs Roman als Vergleichstext an, denn wie für die Krimiauswahl wichtig, so erzählt auch Brussig vom Leben in der späten DDR, kommt dann zur Wende und den Auswirkungen auf individuelle Schicksale. Die Geschichte vom Ende der DDR wird in diesem Roman neu geschrieben und mit einer besonderen Symbolik ausgestattet.[314]

Brussig wurde 1965 geboren und gehört zu der Generation von Autoren, die erst nach der Wende mit literarischen Texten hervorgetreten sind. Für seine Generation der 1989 Zwanzig- bis Dreißigjährigen bedeutete die Wende eher Aufbruch statt Einbruch der Lebensperspektiven. Die Wende war für diese Generation kein Randphänomen, sondern ein ganz zentrales Ereignis, das zur Reflexion

312 Vgl. Skare 2002, S. 82–83.

313 Vgl. Gabler 2000, S. 76.

314 Vgl. Neuhaus 2002, S. 474–481.

zwang und neue Lebenswege öffnete. In der Regel profitierte diese Generation von einer positiven Neuorientierung, denn die Handlungsmöglichkeiten nach der Wiedervereinigung waren bedeutend vielgestaltiger und freier. In gewisser Weise kam für diese Generation die Wende zum richtigen Zeitpunkt, denn es mussten noch keine Besitzstände gewahrt werden.

Das Nachdenken-Müssen und der Wille zur Auseinandersetzung mit den historischen Ereignissen benennt auch Brussig als Motivation für seinen Roman. Es sei der Ärger über die fehlende Auseinandersetzung mit der DDR gewesen, die einfach nicht stattgefunden habe.[315]

In Brussigs Roman verfolgen wir die Entwicklungsgeschichte des 1968 geborenen Klaus Uhltzscht, der seine Erfahrungen und Erlebnisse mit den Mitteln der Groteske erzählt. Insbesondere die Sexualsymbolik des Romans kippt immer wieder ins Groteske um, etwa auf dem Höhepunkt, wenn der Hauptprotagonist mit seinem vergrößerten und erigierten Penis die Mauer zum Einsturz bringt. Die sexuelle Verklemmtheit des Ich-Erzählers als Folge psychischer Probleme hat natürlich ihre Wurzeln in den gesellschaftlichen Verhältnissen der späten DDR. Symbolisch parallelisiert Brussig daher die Staatsneurose mit der privaten Neurose des Klaus Uhltzscht.[316]

Der Roman besteht aus den Monologen Uhltzschts, die dieser auf Anfrage der *New York Times* auf sieben Tonbändern aufgezeichnet hat. Uhltzscht erzählt seine eigene Geschichte als die Geschichte eines verklemmten und bevormundeten Kindes und Jugendlichen. Im Mittelpunkt steht demzufolge ausschließlich die häufig provozierende Sicht des Ich-Erzählers, nur seine Perspektive dominiert. Da der Erzähler mit dem Versuch gescheitert ist, seine Autobiographie niederzuschreiben, nutzt er die Möglichkeit zum mündlichen Bericht und kündigt historisch neue Einsichten an, die sich wie „Mosaiksteine der historischen Wahrheit" (Hww, S. 8) zusammenfügen würden.

Der Roman versucht somit innerhalb der Erzählfiktion bisher unbekannt gebliebene, wahre Zusammenhänge über die historische Umbruchzeit der Wende mitzuteilen. In der mündlichen Rede, die sich letztlich als Monolog erweist, da der Journalist der *New York Times* den Erzähler nicht ein einziges Mal unterbricht, zeigt sich nach Zachau eine „spielerische postmoderne Erzählhaltung".[317]

315 Vgl. Interview mit Thomas Brussig: Gunske / Poser 1999.

316 Vgl. Neuhaus 2002, S. 476.

317 Zachau 1997, S. 387.

Die postmoderne Qualität erhält Brussigs Roman aber in erster Linie durch den Umgang mit dem historischen Material, denn dieser Umgang hat längst den Glauben an Fakten und Tatsachen hinter sich gelassen.

Brussigs Erzähler kündigt nämlich an, die allgemein vorherrschende Auffassung über die Umstände, die zum Fall der Berliner Mauer führten, richtig zu stellen und die sich anschließende Version bleibt natürlich nur innerhalb der Fiktion plausibel.[318]

Der Erzähler Uhltzscht nutzt als Stilmittel der Selbstdarstellung die Groteske, indem er auch über die Wende in einer grotesken Art und Weise reflektiert. Seine möglichen Schuldkomplexe, die er als Mitarbeiter der Staatssicherheit und damit als Täter entwickeln könnte, werden in groteske Omnipotenzphantasien überführt.

Brussig zeigt auf diese Weise den Glauben an die eigene, selbst geschaffene Realität vieler DDR-Bürger, insbesondere der MfS-Mitarbeiter, und die Überraschung über die Ereignisse, die zum Sturz der SED führten. Der anfängliche Protest Einzelner war zu einer unaufhaltbaren Massenbewegung geworden, der sich die Partei und der gesamte Staatsapparat nicht mehr entgegenstemmen konnte.

Durch die Erzählweise der Kombination von komischen und tragischen Momenten, von grauenhaften und lächerlichen Erlebnissen entsteht ein Schelmenroman, der unterhaltsam mit der Generation der Eltern und Großeltern abrechnet. Plakativ, schockierend und zugleich lächerlich wirken die häufig verwendete genitalbezogene Lexik und die Missverständnisse, in die Uhltzscht immer wieder gerät. Die einzelnen Szenen zeigen den autoritären Charakter der DDR-Gesellschaft, die aus dem Erzähler einen unmündigen Erwachsenen gemacht hat. Er scheint geradezu bestimmt für die Position eines Mitarbeiters der Staatssicherheit zu sein.

Brussig nähert sich den spezifischen Problemen der Wende- und Nachwendezeit auf eine zumeist witzige, kalauernde Art und Weise. Seine Beschreibung der informellen Mitarbeiter des Ministeriums für Staatssicherheit erfolgt in der Form von Witzen über die Dummheit der MfS-Mitarbeiter (Hww, S. 162) oder als ironische Anklage (Hww, S. 113–114). Hinter dieser beißenden Ironie steht die präzise Sichtbarmachung der Verstrickungen vieler Menschen in das System, die

318 Vgl. Widmann 2009, S. 214–215.

auch vor dem Hauptprotagonisten Klaus Uhltzscht nicht Halt macht. Er führt sämtliche Befehle aus, die man ihm überträgt, auch wenn sie völlig sinnlos erscheinen. Selbst wenn sein eigenes Leben auf dem Spiel steht, verweigert er nicht die Ausführung des Befehls, wie bei der Bluttransfusion, die Erich Honecker am Leben halten soll. Diese an vielen Stellen verharmlosende Darstellung der Staatssicherheit, die mangelnde Reflexion von Schuld und Moral ist dem Autor mitunter in ostdeutschen Rezensionen vorgeworfen worden. Dieses „Weglachen der Geschichte als Erfolgsrezept" konnte insbesondere im Osten nicht alle Leser und auch nicht die Literaturkritik überzeugen.[319]

Der Höhepunkt der grotesken Darstellung ist natürlich die Behauptung Uhltzschts, nicht das Volk, sondern sein Penis hätte die Mauer zu Fall gebracht. Klaus Uhltzscht hatte sich auf dem Alexanderplatz am 4. November bei einer großen Demonstration verletzt. Nach der Operation wuchs sein Penis so sehr, dass er die Grenzsoldaten mit dessen Größe so nachdrücklich beeindrucken konnte, dass sie den Weg freigaben und die Mauer öffneten. Die ganze Maueröffnung wird somit als Folge eines Unfalls dargestellt und ohne diesen Unfall würde die Mauer vielleicht noch heute stehen. Das, was Brussig hier ausklammert, ist vor allem der Aspekt der friedlichen Revolution.

Der fundamentale Unterschied zwischen Brussigs Text und den Kriminalromanen besteht im Verhältnis zur Realität. Brussig hat sich selbst dahingehend geäußert, dass er den Plan hatte, in einem politischen Raum eine Geschichte zu erzählen, von der man nicht weiß, ob sie stimmt oder nicht.[320] Den Realismus-Anspruch, wie er für die Kriminalromane als programmatisch herausgearbeitet wurde, vertritt der Autor Brussig also nicht.

Im Gegensatz zu den Kriminalromanen erhält die Bürgerbewegung in Brussigs Roman eine Funktion und zwar tritt sie als Gegnerin des MfS, des Ministeriums für Staatssicherheit, auf. Er zeigt die Herausbildung der oppositionellen Bewegung und die Verstrickungen ihrer Mitglieder in das herrschende System.

Für Brussigs *Helden wie wir* spielt eine offene Form von Intertextualität ebenfalls eine wichtige Rolle. So wird die Rede Christa Wolfs, die sie am 4. November auf dem Alexanderplatz gehalten hat, fast wortwörtlich wiedergegeben. Auf einer impliziten intertextuellen Ebene setzt sich Brussig mit Christa Wolfs Erzählung *Was bleibt* auseinander, auf die er an verschiedenen Stellen im Text anspielt. Somit entsteht der Eindruck, dass Klaus Uhltzscht die Gegenperspektive

319 *Wochenpost* vom 2. Mai 1996.

320 Brussig 1995.

zur Ich-Erzählerin in *Was bleibt* einnimmt. In diesem Sinne ist Brussigs Kritik an Christa Wolf natürlich als Teil seiner Abrechnung mit der Elterngeneration zu lesen. Diese intertextuelle Erzählstrategie, die den Roman durchzieht, ist zugleich eine Form der Auseinandersetzung der jungen Schriftstellergeneration mit den gestandenen älteren, durch die DDR geprägten Schriftstellern. Dieser „Kampf der Generationen", wie es Neuhaus treffend formuliert,[321] bleibt oft unerkannt und damit nicht genügend wertgeschätzt hinter der überbordenden Groteske des Romans. Die DDR-Gesellschaft war eine Gesellschaft, die sehr stark durch die Gründergeneration geprägt war. Dass das zu einer psychischen Fehlentwicklung gerade der jüngeren Generation geführt hat, zeigt Brussig an der Biographie seines Protagonisten sehr deutlich. Die Prüderie und Spießigkeit des Elternhauses von Klaus Uhltzscht wird ganz anders als im Kriminalroman durch die groteske Übersteigerung gezeigt. Diesen Verfremdungseffekt findet man im Kriminalroman nicht, in dem sich die Autoren bemühen, Realität quasi direkt, ohne formale Umwege abzubilden.

Wenn man den Roman ausschließlich als eine Groteske und Satire lesen will, dann stört natürlich diese intertextuelle Ebene der Auseinandersetzung mit Christa Wolf. Gerade westdeutsche Rezensenten haben diese Kritik an Christa Wolf als störend empfunden.[322] Allerdings würde eine ausschließlich groteske und satirische Rezeption des Romans zu kurz greifen, denn dadurch, dass Klaus Uhltzscht seine eigenen Tonbandkommentare aufzeichnet, reflektiert er über die Szenen der Hörigkeit und der Unmündigkeit. In der Rückschau stellt er die Fragen nach Schuld und Verantwortung und kritisiert auch das feige Verhalten vieler Informeller Mitarbeiter nach der Wende. Die Groteske wird bei Brussig zu einem erzählerischen Mittel, Missstände aufzudecken und Erfahrungen aufzuarbeiten. Diese durchaus vorhandenen gesellschaftskritischen Elemente werden bei einer oberflächlichen Lektüre zumeist übersehen.

Stellt man den Vergleich zu den Kriminalromanen her, so wird deutlich, dass gerade die wenigen Monate der Umbruchzeit und die kurz aufblühende Hoffnung auf einen anderen, demokratischen Sozialismus, wie sie in der Bürgerbewegung zum Ausdruck gekommen ist, bei Brussig sehr viel ausführlicher und detaillierter beschrieben werden als in den Kriminalromanen. Den Versuch der Rettung der DDR durch einen Teil ihrer Intellektuellen nimmt Brussig durch die Auseinandersetzung mit Christa Wolf bewusst in seine Handlungskonzeption mit auf und gibt damit einer Minderheitenmeinung, die häufig aus dem Blick gerät, eine Stimme. Man kann diese Auseinandersetzung als Parodie auf

321 Neuhaus 2002, S. 477.

322 Vgl. Zucker 1995; ausführlicher zur Rezeption Skare 2002, S. 97–98.

eine Utopie lesen, die nicht zu realisieren war. Man kann und sollte aber nicht die Ernsthaftigkeit der Auseinandersetzung übersehen, die – wie bereits ausgeführt – einen Diskurs der Generationen initiiert. In die Kriminalromane finden diese Diskussionen kaum Eingang. Eine Reflexion über den möglichen Weg der gescheiterten DDR ist kein Thema. Lediglich Falk Iwers stellt sich an einer Stelle selbstkritische Fragen:

> Er, Iwers, begann gar erst nach der Zeitenwende damit, ernsthaft nachzudenken. Waren sie denn alle blind gewesen? Warum spielten sie so lange mit, wenn ihnen die Spielregeln längst mißfielen? Warum spielten einige noch jetzt mit, da das Spiel längst verloren war? (Tod, S. 105).

Die Reflexion über das Potential und die Entwicklungsmöglichkeiten der Umbruchzeit, wenn auch unter dem Deckmantel der Parodie, ist typisch für Brussigs Text und nicht für die Kriminalromane.

Das Leben von Brussigs Protagonist Klaus Uhltzscht spielt sich auch vorzugsweise in den für die DDR typischen Plattenbaugegenden ab und eben nicht am Prenzlauer Berg wie bei den Krimiautoren. Die Trennung der beiden deutschen Staaten wird zumeist am Beispiel der Berliner Mauer thematisiert, wobei diese Trennung der Stadt in zwei Teile für den Protagonisten das Höchstmaß an denkbarer Perversion darstellt. Schließlich ist es ja auch Uhltzscht, der die verhasste Mauer zum Einsturz bringt.

Die Schilderungen der Demonstrationen und das Vorgehen der Sicherheitskräfte sind wiederum ein Thema, das Brussig sehr viel ausführlicher und detaillierter aufgreift als die Kriminalautoren. Die einzige Ausnahme bildet Hans Schneider mit seinem Krimi *Der Mauertänzer*, in dem Szenen von der Maueröffnung und den Aktivitäten der Staatssicherheit dargestellt werden.

Bei Brussig sind die Bürgerbewegung und das Ministerium für Staatssicherheit, das MfS, die zentralen Themen. Auch hier zeigt sich ein deutlicher Unterschied zu den Kriminalromanen, denn nur in Mechtels *Tod in Grau* kommt die Bürgerbewegung als Kulisse vor, nicht als aktiver Handlungsteil. Der Widerstand in der DDR ist ein Thema, mit dem sich Klaus Uhltzscht auseinandersetzt. Für ihn beginnt der Widerstand dort, wo „man selbst mal aufmuckte“ (Hww, S. 105).

Der Roman *Helden wie wir* rekurriert auf die Tatsache, dass jeder Leser mehr oder weniger die von den Massenmedien verbreiteten Fernsehbilder des Mauerfalls vor Augen hat. Diese Fernsehbilder bestätigen die offizielle Version, doch Brussigs Erzähler wendet sich zwangsläufig auch gegen diese Bilder. Im Glückstaumel, so argumentiert er, hatte keiner „begriffen, was wirklich passiert war" (Hww, S. 319). Auch Bilder zeigen immer nur einen Ausschnitt dessen, wovon im Roman die Rede ist. Diese postmoderne Erzählhaltung äußert sich ebenfalls darin, dass Uhltzschts wahre Version durch die Auswertung von Videomaterial, also auch durch Bildmaterial, herausgekommen ist. „Sie sagten am Telefon, daß Sie durch die Analyse von Videomaterial auf mich gestoßen wären. Was soll ich da noch leugnen?" (Hww, S. 7). Das Vertrauen auf Bilder und das Misstrauen in die Ausschnitthaftigkeit von Bildern gehen sozusagen Hand in Hand und verweisen auf die fragwürdige Medienpluralität unserer Wahrnehmung. Dabei wird deutlich, dass die offizielle Version des Mauerfalls ohne Bildmedien keineswegs auskommt und zugleich kann auch Klaus Uhltzscht seine Version des Mauerfalls nur über den (fiktiven) Rückgriff auf vermeintliches Bildmaterial legitimieren.

Brussig wendet sich in seinen Beschreibungen am intensivsten der Staatssicherheit und ihren Methoden zu. Er beschreibt MfS-Mitarbeiter in ihren Anschauungen und alltäglichen Verhaltensweisen. Was in den Kriminalromanen höchstens am Rande zum Ausdruck kommt, gestaltet er ausführlich. Er beschreibt das MfS als eine gehässige, hinterhältige und erschreckend kleingeistige Schar. Die alltägliche Heimtücke des MfS diente dazu, die Menschen zu verunsichern und ein Gefühl der Bedrohung zu erzeugen. Von der umfassenden Einflussnahme war stets der gesamte Freundes- und Bekanntenkreis betroffen. Die wichtigste Grundlage und die Voraussetzung des Erfolgs der Maßnahmen waren intime Informationen über das Opfer. Immer unter dem Deckmantel der Parodie gelingt es Brussig, die Perfidie dieser geheimdienstlichen Machenschaften offenzulegen.

Brussig strebt keine ausgewogene, differenzierte Darstellung der Ereignisse an, wie sie für die Kriminalromane typisch ist, obwohl er eine Fülle von Details, die die Lebenswirklichkeit der DDR-Gesellschaft widerspiegeln, aufgreift und darstellt. In der Darstellung der außertextuellen Realität dominieren indes die Überzeichnungen in der Schilderung der Kindheit und Jugend des Ich-Erzählers. Brussigs Mittel dieser grotesken Überinstrumentierung verweisen natürlich auf den fiktionalen Charakter und die Konstruiertheit des Textes. Durch diese Übertreibung wird die Darstellung der historischen Realität unterminiert und genau darin liegt auch der Unterschied zur Darstellung der Wirklichkeit in den Kriminalromanen. Die Autoren der Kriminalromane streben eine realistische, möglichst authentische und authentifizierende Wiedergabe der historischen Umbruchzeit an. Brussig strebt dieses Ziel keineswegs an. Bei ihm dominieren das Spiel mit der Wirklichkeit und das Spiel mit den Abweichungen vom konsensfähigen Wissen um die historischen Vorgänge.[323]

Der Erfolg eines Textes hängt maßgeblich davon ab, dass der Leser auch im Text findet, wonach er sucht. Gelingt es dem Erzähler dank seiner Strategie, den Leser zu überzeugen und damit Zustimmung zu seinem Erzählakt herzustellen, so kann man davon ausgehen, dass der Text zu einem Erfolg auf dem Buchmarkt wird. Passt zudem noch die Vermarktungsstrategie des Verlags – die Gestaltung des Umschlagbildes mit einbegriffen – so steht auch der Weiterverwertung des Textes in anderen Medien wie dem Film nichts mehr im Wege. Im Falle von Thomas Brussigs Roman *Helden wie wir* kann man von einem Erfolg auf allen Gebieten ausgehen. Der Roman erzielte immerhin eine Auflage von 200.000 Exemplaren.[324] Der Erfolg war so enorm, dass er die Wahrnehmung der Wendezeit nachhaltig beeinflusst hat und das allerdings nicht unbedingt zum Vorteil.

323 Vgl. Widmann 2009, S. 226.

324 Vgl. Skare 2002, S. 96.

7 Zusammenfassung und Ausblick

Ein Anliegen dieser Arbeit bestand vordergründig darin, eine Literaturgattung erneut und nachdrücklich ins Blickfeld zu rücken, die trotz des seit Jahren anhaltenden Krimi-Booms von der wissenschaftlichen Forschung zu wenig wahrgenommen wird. Der Krimi ist auch heute noch „leichte" Literatur mit einem starken Unterhaltungsaspekt. In den literarischen Kanon schafft es die Gattung nur in Ausnahmefällen, wenn man an Patricia Highsmith denkt und auch in ihrem Fall hat der Kanonisierungsprozess sehr lange gedauert. Dabei beobachtet man zunehmend, dass auch Werke der anspruchsvollen bzw. der sogenannten „hohen" Literatur Elemente des Kriminalromans aufnehmen. Diese Entwicklung spricht für die Gattung des Kriminalromans, obwohl immer noch viel zu selten auf die lange Tradition des sozialkritischen Kriminalromans abgehoben wird, der mit seinen Mitteln gesellschaftliche Konflikte zu thematisieren sucht.

Die Darstellung der historischen Ereignisse des Herbstes 1989 sowie der sich anschließenden Wiedervereinigung ist ein Höhepunkt des sozialkritischen Kriminalromans. In den 1990er Jahren setzt sich diese Entwicklung innerhalb der Gattung mit den Ethnokrimis (das sind Kriminalromane mit ethnischen Ermittlern, in denen marginalisierte Kulturen und deren problematische gesellschaftliche Stellung eine wesentliche Rolle spielen) fort. In diesen Krimis findet ebenfalls eine Auseinandersetzung mit den Identitätsproblemen unterschiedlicher Bevölkerungsgruppen statt.[325] Waren es beim Wendekrimi in erster Linie politische, kulturelle, biographische und ökonomische Identitätsprobleme, so spiegeln sich diese Problemlagen doch auch in den Konflikten multikultureller und postkolonialer Gesellschaften. Um diese Problemlagen anschaulich darzustellen, werden sie in eine spannende Geschichte um Mord und Totschlag verpackt.

Die Arbeit hat einen, wenn auch nicht vollständigen, so durchaus repräsentativen Textkorpus von Kriminalromanen zusammengestellt, der das Thema der Wende in privilegierter Stelle behandelt.

In der Einleitung hatten wir nach dem Beitrag gefragt, den der Kriminalroman leisten kann, um gesellschaftliche Probleme literarisch darzustellen. Die Ausführungen dürften gezeigt haben, dass eine authentische Darstellung konkreter sozialer und individueller Probleme, die mit der gesellschaftlichen Umbruchsituation zusammenhängen, Eingang in die erzählten Kriminalgeschichten findet.

325 Vgl. Ruffing 2011.

Für den späten DDR-Kriminalroman und für die ostdeutschen Kriminalromane der unmittelbaren Wendezeit, also die untersuchten Kriminalromane aus dem Zeitraum 1990 bis 1992, gilt daher in besonderer Weise, dass der Alltag, die sozialen und gesellschaftlichen Probleme der Menschen in das Romangeschehen Eingang finden, in Dialogen diskutiert werden und teilweise ausschlaggebend für den jeweiligen zu lösenden Kriminalfall sind. Erinnert sei hierbei vor allem an die Kriminalromane von Tom Wittgen, Hans Schneider und Karl Heinz Berger aus den frühen 1990er Jahren.

Die Alltagsnähe des DDR-Krimis hat eine feste Tradition, wie auch eine interessante Passage aus Hartmut Mechtels Krimi *Der unsichtbare Zweite* verdeutlicht. Der Doppelgänger des Haupthelden der Geschichte, Holger Schüssler, hat eine neue Identität erhalten, die ihn als Flüchtling aus der DDR ausweisen soll. Um sich mit dieser Identität vertraut zu machen, werden ihm „Ost-Krimis" empfohlen:

> [...] er verdonnerte mich, ein paar Ost-Krimis zu lesen. Stinklangweiliges, biederes Zeug, die Guten sind die Bullen, und die gewinnen immer; freiwillig hätte ich das nicht angefasst, aber Schüssler meinte, aus Kriminalromanen erfährt man viel über den Alltag. Was die Leute denken, wie sie reden, worüber sie meckern. (DuZ, S. 171).

Das negative Urteil über den DDR-Krimi – „stinklangweilig" und „bieder" sei er gewesen – verweist tatsächlich auf eine Veränderung innerhalb des ostdeutschen Kriminalromans. Mit Goyke, Köhler und den späten Kriminalromanen Mechtels entwickelt sich der ostdeutsche Kriminalroman zu einer rasanten, nach wie vor die Gesellschaft kritisch betrachtenden Gattung, die den Alltagsbezug jedoch zugunsten spezieller Milieus (wie die Schwulenszene bei Goyke), randständiger Themen (wie die geheimdienstlichen Aktivitäten in Mechtels Trilogie) oder expressiv-voyeuristischer Sujets (wie die Kinderpornographie bei Goyke) aufgegeben hat. Mit dem Alltag des Krimilesers haben diese Fälle nichts mehr zu tun, eher wird hier eine Neugier an Erfahrungsbereichen befriedigt, die für Außenstehende schwer zugänglich sind. Vor allem Goyke greift Themen auf, die in den 1990er Jahren noch über eine gewisse Brisanz verfügten. Die Diskriminierung und öffentliche Ausgrenzung von Homosexuellen war sehr viel ausgeprägter, als das heutzutage der Fall ist. Kinderpornographie und Kindesmissbrauch wurden in der Gesellschaft kaum diskutiert, da die Dimensionen dieser Delikte längst noch nicht erkannt wurden. Die Innovation der Kriminalromane Goykes liegt vor allem in dem Aufgreifen gesellschaftlich brisanter Themen.

Werke von Autoren wie Hartmut Mechtel, Karl Heinz Berger oder Hans Schneider reflektieren das unmittelbare Zeitgeschehen. Ihr Erkenntnisinteresse bezieht sich auf die Darstellung der sozialen und wirtschaftlichen Auswirkungen der Wende, auf die Verhaltensweisen der Menschen, insbesondere die Ermittler, Täter und Opfer, aber auch auf die Zeichnung von Nebenfiguren wie ehemalige Funktionäre oder Emporkömmlinge.

Auch der Erzählstil und das Erzähltempo haben sich im ostdeutschen Krimi verändert. Konnte man dem DDR-Krimi und sicherlich auch den frühen ostdeutschen Kriminalromanen noch eine gewisse Betulichkeit vorwerfen, so bringen Goyke, Köhler und Mechtel *„action"* in den Krimi. Damit ist ein erhöhtes Erzähltempo gemeint, eine Annäherung an filmisches Erzählen mit schnellen Schnitten, eine Steigerung der dargestellten Brutalität und nicht zuletzt ein Versagen der Ordnungskräfte. Weder bei Goyke noch bei Mechtel vertrauen die Protagonisten auf die Polizei. Lieber verlassen sie sich auf sich selbst, dem Staat wird als potentiellem Gegner misstraut.

Dem Alltag der späten DDR und der Zeit der Wiedervereinigung kommt man auf die Spur, wenn man die Kriminalromane von Schneider, Berger, Wittgen oder Kleine liest.

Insbesondere für die Vermittlung des historischen Ereignisses der Wende kann der Kriminalroman im Deutschunterricht genutzt werden. Die Hemmschwelle, einen Kriminalroman zu lesen, der sich zudem durch Spannung und Denkaufgaben auszeichnet, ist dabei geringer als bei anderen literarischen Gattungen.

Natürlich beschreiben die Kriminalromane nicht die DDR-Realität, doch sie vermitteln die Vorstellung davon, wie diese Realität gewesen sein könnte. Das wichtigste Ergebnis der Untersuchung besteht in der vielschichtigen Darstellung dieser historischen Situation. Das, was die Literatur kann, ist, durch Simulation möglicher Wirklichkeiten eine konkrete Situation mit Leben zu erfüllen. Die Fiktion zeigt sich als geeignetes Mittel, den Konflikten, Wünschen und Ängsten einer Zeit nahe zu kommen. Der Chor der potentiellen Einzelschicksale ist es, der einem genaueren Verständnis historischer Entwicklungen zuarbeitet. Der ostdeutsche Kriminalroman zeigt sich als Medium, das die besonderen Umstände der Zeit in der Fantasie der Leser entstehen lässt und zugleich kommentiert.

Will man die Entwicklung des DDR-Krimis konkret fassen, so kann man exemplarisch vorgehen und sich zwei Arbeiten von Hans Pfeiffer ansehen. Zum ersten seinen Aufsatz „Die Mumie im Glassarg" von 1960[326] und zum zweiten seine Monographie *Phantasiemorde. Ein Streifzug durch den DDR-Kriminalroman*, die 25 Jahre später erschienen ist.[327] Pfeiffer bekennt sich bereits in seinem frühen Aufsatz zu seiner Leidenschaft für Kriminalromane, doch stellt er sich gegen seine eigene Leseleidenschaft und betont den weltanschaulichen Standpunkt. Demzufolge ist Edgar Allan Poe inhuman, Sherlock Holmes der Formalist schlechthin und Agatha Christie eine Konstruktivistin. In seinen *Phantasiemorden* bekennt er sich dann jedoch offen und einmütig zum Kriminalroman und verweist darauf, dass der DDR-Krimi so „manche Kinderkrankheiten überstanden" habe.[328] Allein diese Veränderung in der Haltung Pfeiffers ist bemerkenswert. Schämte er sich 1960 noch für die Lektüre von Kriminalgeschichten, so war sie ihm 25 Jahre später eine kenntnisreiche und detaillierte Abhandlung wert. Der Kriminalroman hatte sich seinen literarischen Platz in der DDR-Literatur erkämpft.

Abschließend sei noch der Ausblick auf weitere, mögliche Forschungsfelder gewagt, denn wie jede Forschungsstudie, so hat auch die vorliegende gezeigt, dass der DDR-Kriminalroman und der ostdeutsche Kriminalroman ein dankbares Forschungsfeld für weiterführende Studien sein können. Insbesondere der DDR-Kriminalroman birgt ein Potential, das seiner Aufarbeitung wartet. Ein interessanter Ansatzpunkt wäre die Rezeption Westdeutschlands in den zahlreichen Kriminalromanen, die in der DDR erschienen sind und die ihr Handlungsgeschehen in der Bundesrepublik entfalten. Hier könnte den Formen der Propaganda, aber auch den Themen, der Plausibilität der Verbrechensdarstellung oder den Milieubeschreibungen nachgegangen werden. Dass diese Krimis nicht nur Propaganda waren, zeigt Steinbergs *Und nebenbei ein Mord*, der durchaus ein Stück westdeutscher Vergangenheitsbewältigung bietet.

Es ließe sich ebenfalls in umgekehrter Richtung den Lizenzausgaben westdeutscher Kriminalromane nachgehen, die in der DDR erschienen sind. So sind von Bosetzky 1977 und 1983 zwei seiner erfolgreichsten Kriminalromane auch

326 Pfeiffer 1960.

327 Pfeiffer 1985. Zitiert wird hier nach der 2. Auflage von 1987.

328 Pfeiffer 1985, S. 7.

in der DDR publiziert worden.[329] Da der Buchmarkt in der DDR relativ überschaubar war und nur spezielle Verlage Kriminalromane publizieren durften, ließe sich hier sicherlich ein interessanter Textkorpus zusammenstellen und untersuchen. Die Leitfragen wären nach den Autoren und den Themen zu stellen, die vorzugsweise Eingang in den Literaturmarkt der DDR fanden. Fragen nach Auflagenhöhen oder der Rezeption würden sich anschließen.

Ein weiterer interessanter Untersuchungsaspekt wäre die Analyse der in der Bundesrepublik erschienenen DDR-Kriminalromane. Lassen sich Auswahlkriterien für die Publikation in Westdeutschland feststellen? Welches Bild sollte von der DDR in Westdeutschland vermittelt werden? Wie wurden DDR-Kriminalromane im anderen Teil Deutschlands rezipiert? Ein Weg in die entsprechenden Verlagsarchive wäre unvermeidbar und sicherlich sehr aufschlussreich.

Die in der DDR verbotenen Kriminalromane wären ebenfalls einer genaueren Untersuchung wert. Exemplarisch könnten Gründe für Verbotsverfahren aufgearbeitet und somit die wesentlichen Faktoren herausgestellt werden, die zum Verbot eines Kriminalromans führen konnten. Der Fall von Wolfgang Kienasts *Das Ende einer Weihnachtsfeier* bietet wohl die einmalige Möglichkeit, durch einen genauen Textvergleich der Originalausgabe von 1981 mit der gekürzten Ausgabe von 1987 und der Neuauflage nach der Wende von 1990 die Zensurpraktiken in der DDR textnah aufzuzeigen.

Von formalem wie auch inhaltlichem Interesse wäre weiterhin eine intensivere Analyse der Blaulicht-Krimis und damit der Form der Kriminalerzählung in der DDR-Literatur. Wir haben bereits die besondere erzählerische Innovation einiger der Erzählungen hervorgehoben, die sich doch noch einmal von der Großgattung des Kriminalromans unterscheidet. Bei einer genaueren Untersuchung der Kriminalerzählungen sind eine größere Formvielfalt zu erwarten und ein häufigeres Unterlaufen der allgemein verbindlichen Vorgaben für den DDR-Kriminalroman.

In dieser Studie sollten neue Erkenntnisse und Einsichten zu einem bisher vernachlässigten Genre, dem ostdeutschen Kriminalroman, vermittelt werden, um zugleich die Notwendigkeit einer weiteren Aufwertung und wissenschaftlichen Aufarbeitung der Gattung innerhalb des Literaturkanons zu unterstreichen.

329 Vgl. Eikermann 1997.

Literaturverzeichnis

1. Siglen

Berger = Karl Heinz Berger, *Was ich weiss, macht mich heiss.*

DeM = Jan Eik, *Dann eben Mord.*

FiD = Günter Kükenshöner, *Fenstersturz in Dresden.*

Fma = Frank Goyke, *Felix, mon amour*

GJB = Hartmut Mechtel, Gesucht: Jo Böttger.

GvB = Frank Goyke, *Grüsse vom Boss.*

HT = Frank Goyke, *Hexentanz.*

Hww = *Thomas Brussig, Helden wie wir.*

Yeti = Max D. Adam, *Yeti sei tot.*

KL = Frank Goyke, *Knaben Liebe.*

KP = Frank Goyke, *Der kleine Pariser.*

MfG = Horst Bosetzky, *Ein Mann fürs Grobe*

Nachtzug = Reinhard Müller, *Nachtzug.*

PS = Tom Wittgen, *Pilotenspiel.*

Rdma = Frank Goyke, *Ruf doch mal an.*

RmM = Dorothea Kleine, *Rendezvous mit einem Mörder.*

Schlüssel = Barbara Neuhaus, *Der letzte Schlüssel.*

Strassenschlachten = Jörg Köhler, *Strassenschlachten.*

TiR = Tom Wittgen, *Tod im Regen.*

TJD = Jörg Köhler, *Tötet Jack Daniels!*

TM = Wolfgang Kienast, Tamerlan oder die Familienbande.

Tod = Hartmut Mechtel, *Tod in Grau.*

UdY = Hartmut Mechtel, *Unter der Yacht.*

Vau = Gerhard Johann, Das seltsame Ende des Doktor Vau.

Winter = Jan Eik, *Der siebente Winter.*

2. Primärliteratur

Adam, Max D.: *Yeti sei tot*, Berlin 1992.

Balke, Bärbel: *Pas de deux in den Tod*, Berlin 1991.

Berger, Karl Heinz: *Was ich weiss, macht mich heiss*, Berlin 1992.

Bosetzky, Horst: *Fendt hört mit*, Berlin 1994.

Bosetzky, Horst: *Ein Mann fürs Grobe*, Hamburg 1996.

Brussig, Thomas: *Helden wie wir*, Berlin 1995.

Burmeister 1994: Burmeister, Brigitte: *Unter dem Namen Norma*, Stuttgart 1994.

Burmeister 1995: Burmeister, Brigitte: *Herbstfeste. Erzählungen*, Stuttgart 1995, S. 99–128.

Eik, Jan: *Dann eben Mord*, Berlin 1990.

Eik, Jan: *Der siebente Winter*, Berlin 1990.

Eik, Jan: Wer nicht stirbt zur rechten Zeit, Berlin 1991.

Goyke, Frank: *Der kleine Pariser*, Leipzig 1992.

Goyke, Frank: *Grüsse vom Boss*, Berlin 1992.

Goyke, Frank: *Ruf doch mal an*, Berlin 1994.

Goyke, Frank: *Knaben Liebe*, Berlin 1995.

Goyke, Frank: *Felix, mon amour*, Berlin 1996.

Goyke, Frank: *Hexentanz*, Berlin 1997.

Johann, Gerhard: Das seltsame Ende des Doktor Vau (Blaulicht, Heft 270, 1988), Nachdruck in: *Ein bißchen Alibi hat jeder. Die besten Kriminalgeschichten aus der legendären Reihe.* Berlin 2006, S. 183–211.

Kienast, Wolfgang: Tamerlan und die Familienbande, Nachdruck in: *Ein bißchen Alibi hat jeder. Die besten Kriminalgeschichten aus der legendären Reihe.* Berlin 2006, S. 267–282.

Köhler, Jörg: *Tötet Jack Daniels!* Berlin 1993.

Köhler, Jörg: *Strassenschlachten*, Berlin 1995.

Kleine, Dorothea: *Rendezvous mit einem Mörder*, Berlin 1992.

Kükenshöner, Günter: *Fenstersturz in Dresden*. Münster 1997.

Mechtel, Hartmut: Gesucht: Jo Böttger (Blaulicht, Heft 256, 1988), Nachdruck in: *Ein bißchen Alibi hat jeder. Die besten Kriminalgeschichten aus der legendären Reihe*. Berlin 2006, S. 297–314.

Mechtel, Hartmut: *Unter der Yacht*, Berlin 1991.

Mechtel, Hartmut: *Tod in Grau*, Berlin 1992.

Mechtel, Hartmut: *Der unsichtbare Zw*eite, Hamburg 1996.

Mechtel, Hartmut: *Das Netz der Schatten*, Hamburg 1996.

Mechtel, Hartmut: *Die Spitze des Kreises*, Hamburg 1998.

Möckel, Klaus: *Auftrag für eine Nacht*, Berlin 1992.

Müller, Reinhard: *Nachtzug*, Halle / Leipzig 1987.

Neuhaus, Barbara: *Der letzte Schlüssel*, Berlin 1992.

Schneider, Hans: *Der Mauertänzer*, Berlin 1992.

Wittgen, Tom: *Die letzte Madonna*, Berlin 1982.

Wittgen, Tom: *Das Schwarze-Peter-Spiel*, Berlin 1983.

Wittgen, Tom: *Die letzte S-Bahn*, *Der Ziegenhirt*, Berlin 1988.

Wittgen, Tom: *Das Pilotenspiel*, Hamburg 1992.

Wittgen, Tom: *Tod im Regen*, Hamburg 1994.

Wittgen, Tom: *Rotlicht*, Düsseldorf 1996.

3. Sekundärliteratur

Alewyn 1974: Alewyn, Richard: *Probleme und Gestalten. Essays*, Frankfurt a.M. 1974.

Allkemper / Eke 2010: Alo Allkemper, Norbert Otto Eke: *Literaturwissenschaft*, Paderborn 2010[3].

Arnold 2000: Arnold, Heinz-Ludwig (Hrsg.): *DDR-Literatur der neunziger Jahre.* Sonderband Text + Kritik. München 2000.

Aust 2009: Aust, U.: Bitterfelder Weg, in: Michael Opitz, Michael Hofmann (Hrsg.): *Metzler-Lexikon DDR-Literatur: Autoren – Institutionen – Debatten*, Stuttgart 2009, S. 41–43.

Becher 1938: Becher, Johannes R.: Von den großen Prinzipien in unserer Literatur, in: Jarmatz 1980, S. 159–165.

Becker 1990: Becker, Jurek: *Warnung vor dem Schriftsteller.* Drei Vorlesungen in Frankfurt, Frankfurt 1990.

Beilein / Stockinger / Winko 2012: Beilein, Matthias, Claudia Stockinger, Simone Winko: Einleitung: Kanonbildung und Literaturvermittlung in der Wissensgesellschaft, in: Matthias Beilein, Claudia Stockinger, Simone Winko (Hrsg.): *Kanon, Wertung und Vermittlung. Literatur in der Wissensgesellschaft*, Berlin 2012, S. 1–15.

Bock 1980: Bock, Stephan: Literatur – Gesellschaft – Nation. Materielle und ideelle Rahmenbedingungen der frühen DDR-Literatur (1949–1956), Stuttgart 1980.

Borgwardt 2002: Borgwardt, Angela: Im Umgang mit der Macht. Herrschaft und Selbstbehauptung in einem autoritären politischen System, Wiesbaden 2002.

Bosetzky 2006: Bosetzky, Horst: Vorwort, in: Ein bißchen Alibi hat jeder. Die besten Kriminalgeschichten aus der legendären Reihe, Berlin 2006, S. 7–9.

Bouvier 1970: Bouvier, Arwed: *Zur Theorie der sozialistischen Unterhaltungsliteratur* (Diss. Maschinenschr.), Greifswald 1970.

Brecht 1938: Brecht, Bertolt: Volkstümlichkeit und Realismus, in: Jarmatz 1980, S. 166–174.

Bredel 1952: Bredel, Willi: *Über die Aufgaben der Literatur und Literaturkritik.* Vortrag auf dem III. Deutschen Schriftstellerkongreß in Berlin Mai 1952, Berlin 1952.

Brohm 2001: Brohm, Holger: Die Koordinaten im Kopf. Gutachterwesen und Literaturkritik in der DDR in den 1960er Jahren. Fallbeispiel Lyrik, Berlin 2001.

Brussig 1995: Brussig, Thomas: „Feiglinge wie ich", Frankfurter Buchmesse: Gespräch mit dem jungen Autor aus dem ehemaligen Ost-Berlin, in: *Münchner Merkur* vom 14./15. Oktober 1995.

Dehmelt 1975: Dehmelt, Norbert: Die Kriminalliteratur der DDR. Wesen und Haupterscheinungsformen, in: Hillich 1989a, S. 137–154.

Deutscher Schriftstellerverband 1969: *VI. Deutscher Schriftstellerkongreß*, vom 28. – 30. Mai 1969, Berlin 1969.

Deutscher Schriftstellerverband 1979: *VIII. Schriftstellerkongreß der Deutschen Demokratischen Republik*, vom 29. – 31. Mai 1978, Berlin 1979.

Dworak 1974: Dworak, Anselm: *Der Kriminalroman der DDR*, Marburg 1974.

Ebert 1961: Ebert, Günter: Männer, die im Keller husten. Kriminal-Roman – Literatur linker Hand?, in: Hillich 1989a, S. 81–89.

Eik 2011: Eik, Jan: Besondere Vorkommnisse: politische Affären und Attentate in der DDR, Berlin 2011[5].

Eikermann 1997: Eikermann, Helmut: Das Ende der Ost-Krimis? Bemerkungen zur Kriminalliteratur in den neuen Bundesländern, in: http://www.luise-berlin.de/lesezei/blz97_05/text01.htm (vom 26.09.2012).

Emmerich 2000: Emmerich, Wolfgang: *Kleine Literaturgeschichte der DDR*, erweiterte Neuausgabe 1995, Berlin 2000.

Erpenbeck 1968: Erpenbeck, Fritz: Muß der Buchhalter sterben? In: Hillich 1989a, S. 114–118.

Erpenbeck 1970: Erpenbeck, Fritz: Zehn Rezepte, in: Hillich 1989a, S. 130–133.

Faktor 1995: Faktor, Jan: Brief vom 2. Januar 1993, in: Richard Zipser (Hrsg.): *Fragebogen: Zensur. Zur Literatur vor und nach dem Ende der DDR*, Leipzig 1995, S. 121–126.

Firle 1992: Firle, Marga: *Vom Umgang mit trivialen Lesestoffen*, Berlin 1992.

Fludernik 2008: Fludernik, Monika: *Erzähltheorie. Eine Einführung*, Darmstadt 2008[2].

Fröhling 1999: Fröhling, Jörg: Vorwort zur dritten Auflage, in: Jörg Fröhling (Hrsg.): *Wende-Literatur. Bibliographie und Materialien zur Literatur der deutschen Einheit*, 3. überarb. und erw. Auflage, Frankfurt a.M. 1999, S. 7–12.

Gabler 2000: Gabler, Wolfgang: Der Wenderoman als neues literarisches Genre. Thesen, in: Wolfgang Gabler, Nikolaus Werz (Hrsg.): *Zeiten-Wende – Wendeliteratur*, Rostock 2000, S. 70–92.

Gelbhaar 1981: Gelbhaar, Dorle: Chancen eines Genres. Hasso Magers Essay über den Kriminalroman, in: *Weimarer Beiträge* 12, 1981, S. 175–180.

Gelbhaar 1983: Gelbhaar, Dorle: Tom Wittgens *Herbstzeitlose*. Unwirklich-geheimnisvoll oder spannend und wirklichkeitsbezogen, in: *Weimarer Beiträge* 2, 1983, S. 274–280.

Gelbhaar 1984: Gelbhaar, Dorle: Der Beitrag der Kriminalliteratur der DDR zur Erkundung von Wirklichkeit und Aspekte ihres wertorientierten Wirkens (Diss.), Berlin 1984.Gelbhaar 1989: Gelbhaar, Dorle: Warum Kriminalliteratur erforschen? Versuch über die Spezifik und Wirkungsmöglichkeiten unserer Kriminalliteratur, in: Hillich 1989a, S. 210–230.

Genette 1998: Genette, Gerard: *Die Erzählung*, München 1998².

Germer 1996: Germer, Dorothea: Die ‚dicken Hunde' wurden gestrichen. Dorothea Germer im Gespräch mit Jan Eik, Wolfgang Mittmann, Reinhard Hillich und Hartmut Mechtel, in: *die horen* 2, 1996, S. 91–105.

Germer 1998: Germer, Dorothea: Von Genossen und Gangstern. Zum Gesellschaftsbild in der Kriminalliteratur der DDR und Ostdeutschlands von 1974–1994, Essen 1998.

Glucksmann 1967: Glucksmann, André: La métacensure, in: *Communication* 9, 1967, S. 74–83.

Gotsche 1949: Gotsche, Otto: Wo steht die Gegenwartsliteratur? In: Jarmatz 1978, Erster Band, S. 126–129.

Graupner 1957: Graupner, Manfred: Das Dilemma des ‚realistischen' Kriminalromans, in: Hillich 1989a, S. 48–59.

Günther 1936: Günther, Hans: Erbschaft unserer Zeit? In: Jarmatz 1980, S. 53–91.

Gunske / Poser 1999: Volker Gunske / Sven S. Poser: Nachdenken über Thomas B., in: *Tip-Magazin* (21) 1999.

Hager 1982: Beiträge zur Kulturpolitik. Reden und Aufsätze 1972 bis 1981, Berlin 1982.

Hein 2000: Hein, Christoph: *Wiilenbrock*, Frankfurt a. M. 2000.

Helbig 2007: Helbig, Holger: Weiterschreiben. Zum literarischen Nachleben der DDR, in: Holger Helbig (Hrsg.): *Weiterschreiben. Zur DDR-Literatur nach dem Ende der DDR*, Berlin 2007, S. 1–7.

Herrmann 1998: Herrmann, Hans Peter: Der Platz auf der Seite des Siegers. Zur Auseinandersetzung westdeutscher Literaturwissenschaft mit der ostdeutschen Literatur, in: Andreas Erb (Hrsg.): *Baustelle Gegenwartsliteratur. Die neunziger Jahre*, Wiesbaden 1998, S. 32–46.

Heydebrand / Winko 1996: Heydebrand, Renate von / Simone Winko: Einführung in die Wertung von Literatur. Systematik – Geschichte – Legitimation, München 1996.

Heydebrand 1998: Heydebrand, Renate von (Hrsg.): *Kanon – Macht – Kultur. Theoretische, historische und soziale Aspekte ästhetischer Kanonbildungen*, Stuttgart, Weimar 1998.

Hickethier / Lützen 1976: Hickethier, Knut, Wolf Dieter Lützen: Der Kriminalroman. Entstehung und Entwicklung eines Genres in den literarischen Medien, in: Annamaria Rucktäschel / Hans Dieter Zimmermann (Hrsg.): *Trivialliteratur*, München 1976, S. 267–295.

Hillich 1989a: Hillich, Reinhard (Hrsg.): *Tatbestand. Ansichten zur Kriminalliteratur der DDR 1947–1986*, Berlin 1989.

Hillich 1989b: Hillich, Reinhard: Damm – Brücke – Fluß. Sachdienliche Hinweise zur Diskussion über Kriminalliteratur in der DDR, in: Hillich 1989a, S. 9–36.

Hillich 1989c: Hillich, Reinhard: Ein kühner Streifzug, in: Hillich 1989a, S. 247–251.

Hillich / Mittmann 1991: Hillich, Reinhard / Mittmann, Wolfgang (Hrsg.): *Die Kriminalliteratur der DDR 1949–1990. Eine Bibliographie*, Berlin 1991.

Honecker 1976: Honecker, Erich: *Bericht des Zentralkomitees der Sozialistischen Einheitspartei Deutschlands an den 9. Parteitag der SED*, Berlin 1976.

Honecker 1981: Honecker, Erich: *Bericht des Zentralkomitees der Sozialistischen Einheitspartei Deutschlands an den 10. Parteitag*, Berlin 1981.

Iser 1972: Iser, Wolfgang: *Der implizite Leser. Kommunikationsformen des Romans von Bunyan bis Beckett*, München 1972.

Jäger 1978: Jäger, Manfred: Zeitlassen beim Absterben. Die Metamorphosen des DDR-Krimis, in: Erhard Schütz (Hrsg.): *Zur Aktualität des Kriminalromans. Berichte, Analysen, Reflexionen zur neueren Kriminalliteratur*, München 1978, S. 86–112.

Jäger 1982: Jäger, Manfred: Kultur und Politik in der DDR. Ein historischer Abriß, Köln 1982.

Jarmatz 1978: Klaus Jarmatz, Christine Berger, Renate Drenkow (Hrsg.): *Kritik in der Zeit. Literaturkritik in der DDR 1945–1975*. Erster Band: 1945–1965; Zweiter Band: 1966–1975, Halle / Leipzig 1978.

Jarmatz 1980: Klaus Jarmatz, Simone Barck (Hrsg.): *Kritik in der Zeit. Antifaschistische deutsche Literaturkritik 1933–1945*, Halle/Leipzig 1980.

Jauß 1970: Jauß, Hans Robert: *Literaturgeschichte als Provokation*, Frankfurt 1970.

Kaemmel 1962: Kaemmel, Ernst: Literatur unterm Tisch. Der Detektivroman und sein gesellschaftlicher Auftrag, in: Hillich 1989a, S. 92–97.

Kaiser 1997: Kaiser, Monika: Der Machtwechsel von Ulbricht zu Honecker. Funktionsmechanismen der SED-Diktatur in Konfliktsituationen 1962–1972, Berlin 1997.

Karsunke 1978: Karsunke, Yaak: Ein Yankee an Sherlock Holmes' Hof. Der Kriminalromancier Raymond Chandler, in: Erhard Schütz (Hrsg.): *Zur Aktualität des Kriminalromans. Berichte, Analysen, Reflexionen zur neueren Kriminalliteratur*, München 1978, S. 113–122.

[Der] Kampf gegen den Formalismus in Kunst und Literatur, für eine fortschrittliche deutsche Kultur. Entschließung des ZK der SED vom 17.3.1951, in: Jarmatz 1978, Erster Band, S. 152–157.

Kaul 1955: Kaul, Friedrich Karl: Der Kriminalroman gestern und heute, in: Hillich 1989a, S. 43–48.

Kehrberg 1998: Kehrberg, Brigitte: *Der Kriminalroman der DDR 1970–1990*, Hamburg 1998.

Kemser 2006: Kemser, Dag: Zeitstücke zur deutschen Wiedervereinigung. Form – Inhalt – Wirkung, Tübingen 2006.

Kleine 1995: Kleine, Dorothea: Brief vom 27. Februar 1993, in: Richard Zipser (Hrsg.): *Fragebogen: Zensur. Zur Literatur vor und nach dem Ende der DDR*, Leipzig 1995, S. 218–220.

Klescewski 1982: Klescewski, Reinhard: „Erzählen als Kriegskunst. Zum Begriff Erzählstrategie“, in: Eberhard Lämmert (Hrsg.): *Erzählforschung.* Ein Symposium. Stuttgart 1982, S. 384–402.

Klussmann / Hoffmann: Klussmann, Paul Gerhard / Hoffmann Frank: Neue Leben? Kulturpolitische Transformationen vom ‚Leseland‘ zum ‚literarischen Markt‘, in: Holger Helbig (Hrsg.), *Weiterschreiben. Zur DDR-Literatur nach dem Ende der DDR,* Berlin 2007, S. 9–24.

Koch 1960: Koch, Hans: W. I. Lenins Schrift „Parteiorganisation und Parteiliteratur“ und ihre aktuelle Bedeutung, in: *Weimarer Beiträge* VI, 1960, 4, S. 669–706.

Köhler 2007: Köhler, Astrid: Brückenschläge. DDR-Autoren vor und nach der Wiedervereinigung, Göttingen 2007.

Könner 1954: Könner, Alfred: Kriminalromane und Wirklichkeit, in: *Neue Deutsche Literatur* 10, 1954, S. 139–148.

Koopmann 2003: Koopmann, Helmut: die Wirklichkeit der Kopfgeburten. Zu Brigitte Burmeisters *Unter dem Namen Norma,* in: Hans-Jörg Knobloch/ Helmut Koopmann (Hrsg.): *Der „gesamtdeutsche“ Roman seit der Wiedervereinigung,* Tübingen 2003, S. 99–117.

Kuczynski 1961: Kuczynski, Jürgen: Keller, die im Manne husten, in: Hillich 1989a, S. 90–91.

Kulturelle Aufgaben im Rahmen des Zweijahresplanes. Entschließung der I. Parteikonferenz der SED (Auszug), 1949, in: Jarmatz 1978, Erster Band, S. 80.

Kunert 1979: Kunert, Günter: Die Schreie der Fledermäuse. Geschichten, Gedichte, Aufsätze, München, Wien 1979.

Kusche 1956: Kusche, L.: Gute Kriminalromane gesucht, in: *Die Weltbühne* 32, 1956, S. 1030–1033.

Kü 1964: [Kü – offensichtlich Namenskürzel]: Neuer Sherlock Holmes gesucht. Arbeitstagung unserer Kriminalautoren, in: *Neues Deutschland* (Ausg. A) v. 2. Juni 1964, S. 4.

Lange 1947: Lange, Hans Friedrich: Von Kolportage, Kriminalromanen und Unterhaltungsliteratur der DDR, in: Hillich 1989a, S. 39–43.

Lehmstedt 1997: Lehmstedt, Mark: Im Dickicht hinter der Mauer – der Leser, in: Mark Lehmstedt, Siegfried Lokatis (Hrsg.): *Das Loch in der Mauer. Der innerdeutsche Literaturaustausch*, Wiesbaden 1997, S. 348–357.

Loest 1997: Loest, Erich: *Nikolaikirche*, München 1997.

Lokatis 1997a: Lokatis, Siegfried: Die Hauptverwaltung Verlage und Buchhandel, in: Simone Barck, Martina Langermann, Siegfried Lokatis: *„Jedes Buch ein Abenteuer". Zensur-System und literarische Öffentlichkeiten in der DDR bis Ende der sechziger Jahre*, Berlin 1997, S. 173–226.

Lokatis 1997b: Lokatis, Siegfried: Phasen deutsch-deutscher Literaturpolitik der DDR unter Ulbricht. Devisenprobleme, Außenhandelsinstrumente und Kontrollinstanzen, in: Mark Lehmstedt, Siegfried Lokatis (Hrsg.): : *Das Loch in der Mauer. Der innerdeutsche Literaturaustausch*, Wiesbaden 1997, S. 32–55.

Lenin 1958: Lenin, Wladimir I.: Parteiorganisation und Parteiliteratur, in: Wladimir I. Lenin: *Werke*, Bd. 10, Berlin 1958, S. 29–34.

Lorou 2003: Lorou, Blé Richard: „Erinnerung entsteht auf neue Weise". Wende und Vereinigung in der deutschen Romanliteratur, Kiel 2003.

Ludwig / Meuser 2009: Ludwig, Janine / Meuser, Mirjam: DDR-Literatur in vier Generationen engagierter Literaten, in: Janine Ludwig, Mirjam Meuser (Hrsg.): *Literatur ohne Land? Schreibstrategien einer DDR-Literatur im vereinten Deutschland*, Freiburg 2009, S. 11–71.

Lüsebrink / Berger 1987: Lüsebrink, Hans-Jürgen, Günter Berger: Kanonbildung in systematischer Sicht, in: Günter Berger (Hrsg.): *Literarische Kanonbildung in der Romania. Beiträge aus dem Deutschen Romanistentag 1985*, Rheinfelden 1987, S. 3–32.

Mager 1968a: Mager, Hasso: Stirbt der Krimi? In: Hillich 1989a, S. 97–107.

Mager 1968b: Mager, Hasso: Der Buchhalter darf leben! In: Hillich 1989b, S. 119–122.

Mager 1970: Mager, Hasso: Sozialismus im Krimi, in: Hillich 1989a, S. 133–136.

Mann 1996: Mann, Ekkehard: Untergrund, autonome Literatur und das Ende der DDR, Frankfurt a. M. 1996.

Mechtel 1979: Mechtel, Hartmut: Die Märchenwelt der Moralisten, in: Hillich 1989a, S. 174–188.

Meier 1976: Meier, Peter: Hilft uns ein Sherlock Holmes mit sozialistischem Vorzeichen? Unsere Kriminalliteratur im Disput: Gegenstand, Spezifik, DDR-Wirklichkeit, Lesererwartungen (Peter Meier führte das Gespräch, 1976), in: Hillich 1989a, S. 165–174.

Meier 1990: Meier, Artur: Abschied von der sozialistischen Ständegesellschaft, in: *Aus Politik und Zeitgeschichte*, 1990, Bd. 16–17, S. 3–14.

Mittmann 2003: Krimis in der DDR – Agitprop? Vortrag, gehalten auf der Tagung „Krimis in Deutschland und Frankreich – Spiegel der Gesellschaft?“ vom 21. bis 23. November 2003 am BBI im Schloß Genshagen (Manuskript).

Neuhaus 2002: Neuhaus, Stefan: *Literatur und nationale Einheit in Deutschland*, Tübingen 2002.

Nusser 2003: Nusser, Peter: *Der Kriminalroman*, Stuttgart, Weimar 2003[3].

Petersell 1996: Petersell, Andreas: DDR-Literatur der 70er und 80er Jahre, Berlin 1996, unter: http://www.petersell.de/ddr-literatur.html (vom 27.5.2011).

Pfeiffer 1960: Pfeiffer, Hans: Die Mumie im Glassarg. Bemerkungen zur Kriminalliteratur, Rudolstadt 1960.

Pfeiffer 1985: Pfeiffer, Hans: Phantasiemorde. Ein Streifzug durch den DDR-Kriminalroman, Berlin 1985; 1987[2].

Pieck 1946: Pieck, Wilhelm: Um die Erneuerung der deutschen Kultur. Ruinenfelder der Kultur, in: Jarmatz 1978, Erster Band, S. 34–39.

Protokoll der Verhandlungen des VI. Parteitages der Sozialistischen Einheitspartei Deutschlands, vom 15. bis 21. Januar 1963, Berlin 1963.

Przybylski 1970: Przybylksi, Peter: Krimi im Sozialismus, in: Hillich 1989a, S. 127–129.

Reimann 2008: Reimann, Kerstin: Schreiben nach der Wende – Wende im Schreiben? Literarische Reflexionen nach 1989/1990, Würzburg 2008.

Rosenlöcher 1992: Rosenlöcher, Thomas: Der Untergang der Banane, in: Wilhelm Solms (Hrsg.): *Begrenzt glücklich. Kindheit in der DDR*, Marburg an der Lahn 1992, S. 7–11.

Rossade 1982: Rossade, Werner: Literatur im Systemwandel. Zur ideologiekritischen Analyse künstlerischer Literatur aus der DDR, Frankfurt am Main 1982.

Roth 1978: Roth, Wilhelm: Der Bürger als Verbrecher. Materialien zum deutschen Kriminalroman, in: Erhard Schütz (Hrsg.): Zur Aktualität des Kriminalromans. München 1978, S. 76–85.

Rucktäschel / Zimmermann 1976: Rucktäschel, Annamaria, Hans Dieter Zimmermann: Vorwort, in: Annamaria Rucktäschel / Hans Dieter Zimmermann (Hrsg.): *Trivialliteratur*, München 1976, S. 7–9.

Ruffing 2011: Ruffing, Jeanne: Identität ermitteln. Ethnische und postkoloniale Kriminalromane zwischen Popularität und Subversion, Würzburg 2011.

Saadhoff 2007: Saadhoff, Jens: Germanistik in der DDR. Literaturwissenschaft zwischen ‚gesellschaftlichem Auftrag' und disziplinärer Eigenlogik, Heidelberg 2007.

Saeger 1993: Saeger, Uwe: *Landschaft mit Dornen*, Halle 1993.

Scharsich 2003: Scharsich, Anja-Franziska: Zwischen Engagement und Resignation. Darstellungsformen und Funktionen der ‚Intelligenz' im DDR-Roman, Hamburg 2001.

Scheuffler 1959: Scheuffler, Gottlieb (Hrsg.): *Die gute Kriminalgeschichte*, Rudolstadt 1959.

Scheuffler 1959a: Scheuffler, Gottlieb: Nachwort, in: *Die gute Kriminalgeschichte*, Rudolstadt 1959, S. 381–392.

Schmidt 1980: Schmidt, Siegfried J.: *Grundriss der Empirischen Literaturwissenschaft*, Bd. 1: Der gesellschaftliche Handlungsbereich Literatur, Braunschweig, Wiesbaden 1980.

Schmiedt 1986: Schmiedt, Helmut: Gesellschaftskritische Mordfälle. Themen und Techniken des Neuen deutschen Kriminalromans am Beispiel -kys und Richard Heys, in: *die horen*, Bd. 4 / 1986, Nr. 144, S. 51–62.

Schmitt / Schramm 1974: Schmitt, Hans-Jürgen, Schramm, Godehard (Hrsg.): Sozialistische Realismuskonzeptionen. Dokumente zum 1. Allunionskongreß der Sowjetschriftsteller 1934, Frankfurt a. M. 1974.

Scholz 2000: Scholz, Hannelore: Die unheimliche Suche nach der deutschen Identität. Reflexionen über die „Wende“ acht Jahre danach, in: Hannelore Scholz et al. (Hrsg.): *ZeitStimmen. Betrachtungen zur Wende-Literatur*, Berlin 2000, S. 11–20.

Schön 2000: Schön, Erich: Sozialgeschichtliche Literaturwissenschaft, in: Helmut Brackert, Jörg Stückrath (Hrsg.): *Literaturwissenschaft. Ein Grundkurs*, Hamburg 2000[6], S. 606–618.

Schreyer 1953: Schreyer, Wolfgang: Für eine fesselnde Unterhaltungsliteratur, in: *Börsenblatt für den Deutschen Buchhandel* 50, 1953, S. 1075.

Schreyer 1954: Schreyer, Wolfgang: Über Tatsachen in der Literatur, in: *Der Schriftsteller* 19/20, 1954, S. 7–8.

Schreyer 1966: Schreyer, Wolfgang: Plädoyer für den Spannungsroman, in: *Neue Deutsche Literatur* 8, 1966, S. 68–88.

Schreyer 1995: Schreyer, Wolfgang: Brief vom 5. März 1993, in: Richard Zipser (Hrsg.): *Fragebogen: Zensur. Zur Literatur vor und nach dem Ende der DDR*, Leipzig 1995, S. 293–296.

Schulz-Buschhaus 1997: Schulz-Buschhaus, Ulrich: Funktionen des Kriminalromans, in: Ulrich Schulz-Buschhaus, Karlheinz Stierle (Hrsg.): *Projekte des Romans nach der Moderne*, München 1997, S. 331–368.

Skare 1999: Skare, Roswitha: Eine Wende in der deutschen Literaturgeschichte? Tendenzen der neueren Literaturgeschichtsschreibung, in: Skare, Roswitha, Hoppe, Rainer (Hrsg.), *Wendezeichen. Neue Sichtweisen auf die Literatur der DDR*, Amsterdam 1999, S. 15–43.

Skare 2006: Skare, Renate: „Panorama und Groteske – Erzähl- und Vermarktungsstrategien populärer Wendeliteratur. Zu Thomas Brussigs *Helden wie wir* und Erich Loests *Nikolaikirche*, in: Thomas Jung (Hrsg.): *Alles nur Pop? Anmerkungen zur populären und Pop-Literatur seit 1990*, Frankfurt a. M. 2002, S. 81–102.

Sommer 1978: Sommer, Dietrich, Löffler, Dietrich, Walter, Achim, Scherf, Eva Maria (Hrsg.): *Funktion und Wirkung. Soziologische Untersuchungen zur Literatur und Kunst*, Berlin 1978.

Suerbaum 1984: Suerbaum, Uli: *Krimi. Eine Analyse der Gattung*, Stuttgart 1984.

Stalin 1924: Stalin, Josif V.: *Über die Grundlagen des Leninismus*, o.O. 1924.

Todorov 1977: Todorov, Tzvetan: *The poetics of prose*, New York 1977.

Verfassung der Deutschen Demokratischen Republik, Berlin 1950.

Von Abraham bis Zwerenz. Eine Anthologie als Beitrag zur geistig-kulturellen Einheit in Deutschland, hrsg. v. Bundesministerium für Bildung, Forschung und Technologie, Bonn und dem Ministerium für Bildung, Wissenschaft und Weiterbildung des Landes Rheinland-Pfalz, Fulda 1995. 3 Bde.

Walenski 2008: Walenski, Tanja: Verweigerte Entstalinisierung. Die Beziehungen des ‚Literatursystems DDR' zur Sowjetunion 1961–1989, Frankfurt a. M. 2008.

Walther 1963: Walther, Klaus 1963: Die Erben von Sherlock Holmes. Randbemerkungen zur Kriminalliteratur, in: *Humanitas* 3, 1963, 26, S. 13.

Walther 1968: Walther, Klaus: Der Krimi lebt! In: Hillich 1989, S. 108–119. [Erstveröffentlichung: *Neue Deutsche Literatur* 16, 1968, 2, S. 183–188.]

Warner 2004: Warner, Ansgar: Sim-City zwischen Weser und Ems. Die fiktive Kleinstadt Bramme in den Kriminalromanen von -ky als urbaner Simulationsraum, in: Bruno Franceschini / Carsten Würmann (Hrsg.): *Verbrechen als Passion. Neue Untersuchungen zum* Kriminalgenre, Berlin 2004, S. 247–256.

Westdickenberg 2004: Westdickenberg, Michael: Die ‚Diktatur des anständigen Buches'. Das Zensursystem der DDR für belletristische Prosaliteratur in den sechziger Jahren, Wiesbaden 2004.

Westkott 2007: Westkott, Martin: Weiterlesen. Vernachlässigte und übersehene Texte der DDR, in: Holger Helbig (Hrsg.), *Weiterschreiben. Zur DDR-Literatur nach dem Ende der DDR*, Berlin 2007, S. 253–267.

White 1978: White, Hayden: Tropics of Discourse: Essays in Cultural Criticism, Baltimore 1978.

Widmann 2009: Widmann, Andreas Martin: Kontrafaktische Geschichtsdarstellung. Untersuchungen an Romanen von Günter Grass, Thomas Pynchon, Thomas Brussig, Michael Kleeberg, Philip Roth und Christoph Ransmayr, Heidelberg 2009.

Würffel 2003: Würffel, Stefan Bodo: Der Eckermann der Wende. Erich Loest und sein Roman *Nikolaikirche*, in: Hans-Jörg Knobloch / Helmut Koopmann (Hrsg.): *Der „gesamtdeutsche" Roman seit der Wiedervereinigung*, Tübingen 2003, S. 63–76.

Zachau 1997: Zachau, Reinhard K.: „Das Volk jedenfalls war's nicht!" Thomas Brussigs Abrechnung mit der DDR, in: *Colloquia Germanica* 30, 1997, H. 4, S. 387–395.

Ziegler 1946/47: Ziegler, Klaus: Vom Recht und Unrecht der Unterhaltungs- und Schundliteratur, in: *Die Sammlung* 2 / 1946/47, 10, S. 568.

Zucker 1995: Zucker, Renée: *Der Tagesspiegel* v. 19. November 1995.

Zwahr 1993: Zwahr, Helmut: Ende einer Selbstzerstörung. Leipzig und die Revolution in der DDR, Göttingen 1993.

Zweig 1949: Zweig, Arnold: Die Vermenschlichung des Menschen, in: Jarmatz 1978, Erster Band, S. 107–114.

Anhang: Textkorpus – Übersicht und Kurzdarstellung der Kriminalromane

Übersicht:

1 Kriminalromane der späten DDR
1.1 Übersicht der untersuchten Kriminalromane unmittelbar v o r und w ä h r e n d der Wende
1.2 Kurze Inhaltsdarstellungen

2 Der ostdeutsche Kriminalroman
2.1 Übersicht der untersuchten Kriminalromane unmittelbar n a c h der Wende
2.2 Kurze Inhaltsdarstellungen

3 Der westdeutsche Kriminalroman
3.1 Übersicht der untersuchten westdeutschen Kriminalromane
3.2 Kurze Inhaltsdarstellung

4 Autorenbefragung
4.1 Helmut Eikermann
4.2 Hartmut Mechtel

1 Die Kriminalromane der späten DDR

1.1 Übersicht der untersuchten DDR-Kriminalromane unmittelbar v o r und w ä h r e n d der Wende

	Autor	Titel	Jahr	Zeit der Handlung	Ort der Handlung	Milieu /Bereich	Verbrechen	Personen	Besonderheiten
1	Reinhard Müller	*Nachtzug*	1987	Gegenwart	Größere Stadt	Private und berufliche Probleme	Mord	Oberleutnant Kranz	Einblicke in die Gerichtsmedizin
2	Hartmut Mechtel	*Gesucht: Jo Böttger*	1987	Gegenwart	Provinzstadt N.	Kinderheim, soz. Probleme Jugendlicher	Mord	Gerichtspsychiater	Blaulicht-Krimi
3	Gerhard Johann	*Das seltsame Ende des Doktor Vau*	1988	Gegenwart	Berliner Umland	Ärzteschaft	Suizid / Unfall	Ich-Erzähler, private Recherchen	Blaulicht-Krimi
4	Tom Wittgen	*Die letzte S-Bahn*	1990	Gegenwart	Berlin	Alkohol, Penner	Mord in der S-Bahn	Hauptkommissar Simosch	
5	Jan Eik	*Der siebente Winter*	1989	Gegenwart	Ostberlin	Industriekombinat	Raubüberfall, Mord	Polizei & Siegfried Korn (Ermittlungen auf eigene Faust)	
6	Wolfgang Kienast	*Tamerlan und die Familienbande*	1989	Gegenwart	Berlin-Friedrichshain	Randexistenzen der Gesellschaft	Diebstahl	Streifenführer Klaus Bankel	Blaulicht-Krimi
7	Jan Eik	*Dann eben Mord*	1990	Gegenwart der späten DDR	Potsdam und Umgebung	Dorfgemeinschaft	Mord, Sexualstraftat	Oberkommissar Werner Jarosch	
8	Hartmut Mechtel	*Unter der Yacht*	1991	1988	Am Müggelsee, bei Berlin	Verschiedene gesell. Kreise	Mord	Kommissar Krüger	

1.2 Inhaltsangaben

1.2.1 Reinhard Müller, *Nachtzug* (1987)

Karin Tahlberg, eine junge verheiratete Frau, wird tot an einem Bahndamm gefunden. Sie ist aus dem Zug gestürzt und die Untersuchungen ergeben, dass sie schwanger war. Sie wollte ihren Mann verlassen und es wird schnell klar, dass sie von ihm kein Kind erwartet. Oberleutnant Robert Franz kommt einem Verhältnis mit dem Arbeitskollegen und stellvertretenden Direktor Siegfried Linz auf die Spur, dessen Ehefrau von dem Verhältnis erfahren hatte und Karin Tahlberg zu einer Abtreibung drängte. Durch Bestechung versucht sie dank der Mittelsfrau Olinde Schnerrholz, der Sekretärin und ehemaligen Geliebten von Linz, auf Karin Tahlberg Druck auszuüben. Die einsame und immer noch in Linz verliebte Olinde Schnerrholz spielt mit und sieht in der Tahlberg auch ihre Konkurrentin. Der Ehemann Heinz Tahlberg gerät durch Alkoholismus und Probleme am Arbeitsplatz in den Verdacht, seine Frau aus dem Zug gestoßen zu haben. Als er von Olinde Schnerrholz erfährt, mit wem seine Frau ein Verhältnis hatte, will er Siegfried Linz zur Rede stellen und tötet ihn während des Zusammentreffens.

1.2.2 Harmut Mechtel: *Gesucht: Jo Böttger* (Blaulicht-Reihe) 1987.

Ein junges Mädchen wird vergewaltigt und erwürgt aufgefunden. Der Täter scheint bereits am Tatort überführt, denn neben der Leiche liegt sein Ausweis: Jo Böttger, ebenfalls ein junger Mann, der das Opfer aus dem Heim kannte. Der Gerichtspsychiater Tanneberg begibt sich auf die Suche nach Jo Böttger, der sich durch seine Flucht noch zusätzlich verdächtig macht. Aber Tanneberg entdeckt bei seinen Recherchen einen völlig anderen jungen Mann, als er den Akten entnimmt. Statt mit einem grenzdebilen Triebtäter hat er es mit einem intelligenten, aber völlig resignierten Jugendlichen zu tun, der seinen Glauben in die Gesellschaft verloren hat.

1.2.3 Gerhard Johann, *Das seltsame Ende des Dr. Vau* (Blaulicht 1988)

Der Ich-Erzähler dieses Blaulicht-Krimis arbeitet als Übersetzer aus dem Französischen und wohnt im Berliner Umland. Eines Tages trifft er auf eine Bekannte aus Kindertagen, die Tochter Susanne des Dr. Valentin. Sie hilft ihrem Vater in der Praxis, als dieser eines Tages bei einem mysteriösen Autounfall ums Leben kommt. War es Selbstmord oder Mord? Gemeinsam stellen sie nun Nachforschungen an, welche Gründe zum Tod des Vaters geführt haben könnten. Dabei entdecken sie einen ganz anderen Menschen als den, den sie ursprünglich kannten. Sie kommen einer Erpressung auf die Spur, die auf eine Fehldiagnose des Vaters zurückzuführen ist.

1.2.4 Tom Wittgen, *Die letzte S-Bahn* (1988)

In der letzten Fahrt der S-Bahn wird eine Frau brutal durch mehrere Messerstiche ermordet. Simosch und Olbricht beginnen ihre Ermittlungen mit der mühsamen Suche nach den Fahrgästen. Dabei kommt heraus, dass einige der Fahrgäste mit dem Opfer bekannt waren und durchaus ein Motiv hätten, sie umzubringen. In dem letzten Zug versammeln sich hauptsächlich Betrunkene, deren Erinnerungsvermögen eingeschränkt ist, und Kleinkriminelle, die aus Gründen des Selbstschutzes ihre Beobachtungen ungern preisgeben. Als Täter wird ein junger, alkoholkranker Mann überführt, der sich mit Einbrüchen über Wasser hält und längst außerhalb der Gesellschaft steht. Er war während dieser letzten Fahrt mit dem Opfer in Streit geraten.

1.2.5 Jan Eik: *Der siebente Winter* (1989)

Bei einem Raubüberfall in Ostberlin wird die Jahresendprämie des Kombinats *Universal* gestohlen. Die Ermittlungen werden von der Sondereinsatzgruppe um Major Peter Fiebig geführt. Die Täter gehen nach einem Plan vor, den vier Fernstudenten Jahre zuvor entwickelt hatten. Einer dieser vier, Siegfried Korn, ist der Leiter eines der beiden betroffenen Betriebsteile und das Wissen um die vergangene Gemeinsamkeit lässt ihn eigene Ermittlungen anstellen, so dass die Kriminalgeschichte überwiegend aus seiner Perspektive erzählt wird. Ein weiterer Eingeweihter ist der alkoholabhängige Gerd Weidner, der ebenfalls im Werk beschäftigt ist. Hannes Rosanke, ein Restaurantbesitzer, und Rudolf Dettenberg, ein leitender Angestellter des Kombinats, sind die beiden anderen ehemaligen Freunde.

Da einige Mitarbeiter von der vorzeitigen Auszahlung Kenntnis hatten, geraten sie unter Verdacht. Korn stellt nun Nachforschungen nach seinen ehemaligen Kommilitonen an und erfährt, dass jeder von ihnen ein Motiv gehabt hätte, den damaligen Plan in die Tat umzusetzen. Als Weidner bei einem Autounfall tödlich verunglückt, erhält Korn durch eine letzte Notiz des Verunglückten den entscheidenden Hinweis. Die Ermittler kommen auch auf die Namen der vier Fernstudenten. In der Zwischenzeit begibt sich Korn zu Dettenberg, konfrontiert diesen mit seinem Wissen und unterstellt ihm die Tat. Dettenberg gesteht, dass er den Mord verübt hat, da er seine enormen Spielschulden begleichen wollte. Die Ermittler finden im Wagen, in dem Weidner verunglückte, eine Geldbanderole, die aus dem Raub stammt. Diese wurde von Dettenberg dort deponiert, da er den Unfall fingiert hatte.

1.2.6 Wolfgang Kienast: *Tamerlan oder die Familienbande* (Blaulicht-Reihe) 1989.

Der Streifenpolizist Klaus Bankel ermittelt in Berlin-Friedrichshain in einem Diebstahl. Einer älteren Dame wurden 800 Mark gestohlen. Sehr schnell ist klar, wer die Täterin ist: Traude Grether, eine junge Frau, die die ältere Dame regelmäßig bestiehlt. Nach einer kurzen Verfolgungsjagd wird die Täterin gestellt und einige Ermittlungen unter ihren Bekannten führen den Polizisten zum Diebesgut.

1.2.7 Jan Eik: *Dann eben Mord* (1990)

Eine junge Frau wendet sich an Oberleutnant Werner Jarosch und erzählt ihm, dass sie von einem Unbekannten vergewaltigt wurde. Jarosch nimmt die Ermittlungen auf und kommt trotz seiner Hartnäckigkeit lange nicht voran. In das Visier des Täters gerät zwischenzeitlich die Lehrerin Swetlana Schildhauer, die er zu sexuellen Diensten erpresst, da er von ihrem Verhältnis zu einem Kollegen erfahren hat. Die Vorgänge werden jeweils aus der Perspektive des Ermittlers, des unbekannten Täters und des Opfers erzählt, wodurch eine besondere Vielschichtigkeit der Erzählung entsteht. Erst als Klaus Ney, der Hausmeister einer Ferienanlage, schwer verletzt aufgefunden wird, kommt Jarosch voran. Ney war von einem Auto vorsätzlich überfahren worden und wird als der Täter überführt. Mit eindeutigen Fotos hat er versucht, sein Opfer zu erpressen. Die Spur scheint erst zu Swetlana Schildhauer und ihrem Geliebten zu führen, doch Jarosch überführt die Ehefrau Neys als Täterin. Sie wollte ihren Mann beseitigen, da sie jahrelang unter seinen Affären und Schlägen gelitten hat.

1.2.8 Hartmut Mechtel, *Unter der Yacht* (1991)

Siegfried Mashold, stellvertretender Direktor eines chemischen Großbetriebs in der DDR, wird von seiner Yacht erschlagen. Was zuerst wie ein Unfall aussieht, stellt sich als ein brutaler Mord heraus. Die Anzahl der Verdächtigen ist überschaubar, denn es waren zum Tatzeitpunkt nur wenige Bootsinhaber in den Bootshallen. Hauptmann Krüger leitet die Ermittlungen und verfolgt den Lebensweg des Ermordeten. Dabei stößt er auf viel Widersprüchliches im Umfeld von Mashold. Viele hätten ein Motiv zur Tat gehabt. Er führt mit allen Verdächtigen intensive Gespräche und langsam kristallisiert sich eine alte Geschichte aus den Karriereanfängen Masholds heraus. Ganz offensichtlich ist Mashold über

Leichen gegangen, um auf der Karriereleiter voranzukommen. Der Sohn eines früheren Weggefährten Masholds, dessen Vorankommen dieser mehrfach verhindert hat, rächt sich nun für das Leid, das Mashold nicht nur dem Vater, sondern der gesamten Familie zugefügt hat.

2 Ostdeutsche Kriminalromane

2.1 Übersicht der untersuchten ostdeutschen Kriminalromane unmittelbar n a c h der Wende

	Autor	Titel	Jahr	Zeitrahmen d. Handlung	Ort der Handlung	Milieu/Bereich	Verbrechen	Personen	Besonderheiten
1	Bärbel Balke	*Pas de deux in den Tod*	1991	Wendezeiten	Berlin	Kulturkreisen: Tänzermilieu	Mord	Maria Kollberg als Ermittlerin	Sprachliche Gestaltung
2	Tom Wittgen	*Pilotenspiel*	1992	Gegenwart	Spreewald, Wederan, Dorf	Alltägliche Lebenssituationen,	Mord	Kommissar Simosch	
3	Karl Heinz Berger	*Was ich weiss, macht mich heiss*	1992	1987	Schloss, Ferienheim für Schriftsteller	Schriftstellerkreise, Verlagsgeschäft, Zensurmaßnahmen	Mord	Der Ich-Erzähler und Krimiautor Bernhard Kummer	Bei Hillich Erscheinungsjahr 1991 angegeben
4	Hartmut Mechtel	*Tod in Grau*	1992	Unmittelbar zu Wendezeiten	Berlin, Luckenau, Cottbus	Armee (NVA), Behörden, MfS,	Mord	Kommissar Falk Iwers	
5	Max D. Adam	*Yeti sei tot*	1992	Zu Wendezeiten	Berlin, Berliner Umland	Staatssicherheit	Mordversuch, Mord	Privater Ermittler: Klaus Engler, westdeutscher Kommissar	
6	Hans Schneider	*Der Mauertänzer*	1992	November 1989, mit Rückblenden 1987	Berlin	Rechtssystem der DDR, Staatssicherheit	Mord	Oberleutnant Wolfgang Hellwich	Der Ermittler tritt erst im letzten Drittel des Romans auf.
7	Dorothea Kleine	*Rendezvous mit einem Mörder*	1992	1991	Elstertal (kleiner Ort in Brandenburg, bei Potsdam)	Verschiedene gesell. Kreise (vorw. sozial gehobene Schichten	Mord	Kommissarin Franziska Wolf (erster Fall)	
8	Klaus Möckel	*Auftrag für eine Nacht*	1992	Kurz nach der Wende	Berlin (Ost- und Westteil)	Unternehmerkreise: Baufirmen	Mord	Privatdetektiv Gunther Krey	

9	Frank Goyke	*Der kleine Pariser*	1992	Gegenwart	Leipzig	Homosexuelle, Neonazis	Mord	1. Fall des Kommissars Dietrich Kölling	
10	Barbara Neuhaus	*Der letzte Schlüssel*	1992	Sommer 1990	Eine nicht konkretisierte Stadt	Deutsche Reichsbahn, Privatbereich	Mordversuch an einem Kind	Kommissar Peter Dunkel	
11	Frank Goyke	*Grüsse vom Boss*	1996	Gegenwart	Berlin	Obdachlose	Mord	Dietrich Kölling	Mord liegt drei Jahre zurück
12	Jörg Köhler	*Tötet Jack Daniels!*	1993	Gegenwart	Berlin, Prenzl. Berg	Kneipenmilieu, Rauschgift	Mord	Konstantin von Iven	Fall wird aufgeklärt, aber nicht zur Anzeige gebracht
13	Tom Wittgen	*Tod im Regen*	1994	Gegenwart	Ranau, Ländliche Gegend	Veränderungen der Wendezeit, Waffenhandel	Mord	Kommissarin Tanja Voigt	
14	Frank Goyke	*Ruf doch mal an*	1994	Gegenwart	Berlin, Hohenschönhausen	Kindesmissbrauch	Mord	Dietrich Kölling	
15	Jörg Köhler	*Strassenschlachten*	1995	Gegenwart	Berlin, Prenzl. Berg	Schickeria, Rotlicht, Drogendealer	Mord	Privatermittler und Dealer Konstantin von Iven	Ich-Erzählperspektive
16	Frank Goyke	*Knaben Liebe*	1995	Gegenwart	Ostberlin	Pädophile	Mord	Ermittler Matzak	
17	Tom Wittgen	*Rotlicht*	1996	Gegenwart	Leipzig	Rotlichtmilieu	Mord	Kommissar Simosch	Konkurrenz westdt. Investoren
18	Hartmut Mechtel	*Der unsichtbare Zweite*	1996	Gegenwart mit Bezug zur Vergangenheit	Berlin	Geheimdienste	Mord	Martin Parr, Ermittler wider Willen	Ich-Erzähler
19	Frank Goyke	*Hexentanz*	1997	Gegenwart	Ostberlin, Prenzlauer Berg	Hausbesetzerszene, Naziszene	Morde	Dietrich Kölling	

2.2 Inhaltsangaben

2.2.1 Bärbel Balke: *Pas de deux in den Tod* (1991)

Im April 1990 wird in einem Ostberliner Hotel für internationale Gäste die Tänzerin Nora Stein ermordet. An ihrer Leiche vergeht sich ein betrunkener Mann. Die ermittelnde Kommissarin Maria Kollberg steht vor einem Rätsel. Es ist ihr erster eigener Fall, da ihr Chef kurzfristig erkrankt ist. In den Mittelpunkt der Ermittlungen geraten der Arzt Dähne, seine Frau und sein Sohn. Nora Stein hat eine Tochter mit Dähne, die einer länger zurückliegenden Affäre entstammt. Der Arzt hatte sich aber für seine Familie und gegen Nora Stein entschieden. Aus Rache beginnt die Tänzerin nach vielen Jahren eine Affäre mit dem Sohn des Arztes, so dass insbesondere die Mutter Gisela Dähne in Verdacht gerät. Da der Arzt weitere Affären hatte, stellt sich letztlich eine Kollegin als die Täterin heraus, die in der Tänzerin eine unliebsame Konkurrentin sah.

2.2.2 Tom Wittgen: *Pilotenspiel* (1992)

Das „Pilotenspiel" bringen zwei Westdeutsche in den kleinen Spreewaldort Wederan und versprechen den Menschen das Ende ihrer existentiellen Sorgen. Jeder Mitspieler bringt einen Einsatz von 3000 DM und muss zwei neue Mitspieler einwerben, um vom einfachen Soldat zum Leutnant befördert zu werden. Je mehr Spieler nachrücken, umso schneller kann der erste Mitspieler die Spitze der Pyramide erreichen, also General werden und die gesamten Einsätze gewinnen minus einer Gewinnbeteiligung an die beiden westdeutschen Spielbetreiber.

Der alte Willi Brahm war gerade General geworden, als man ihn tot am Fluss findet. Die Aufklärung übernimmt Kommissar Simosch und lernt dabei die Bewohner des Dorfes und die Lebensverhältnisse unmittelbar nach der Wende kennen. Willi Brahms Tod stellt sich letztlich als ein tragischer Unglücksfall heraus, doch gleichzeitig geschieht tatsächlich ein Mord: die Drogeriebesitzerin und zweifache Generalin Rita Golz wird in ihrem Geschäft ermordet. Sie hatte mit Hilfe ihres Sohnes das Pilotenspiel professionell organisiert, Geld verliehen und sich somit viele Neider gemacht. Fast alle Personen sind durch die Wende in wirtschaftliche Nöte geraten, so dass der Kreis der Verdächtigen groß ist. Als Motiv für den Mord stellt sich schließlich Eifersucht heraus, das Pilotenspiel und das Geld wirkten in gewisser Weise als Katalysator.

2.2.3 Karl Heinz Berger: *Was ich weiss, macht mich heiss* (1992)

Die Handlung spielt zu DDR-Zeiten, im Jahr 1987. Der Ich-Erzähler und Krimiautor Bernd Kummer erholt sich in einem Schriftstellerheim gemeinsam mit anderen verdienten Schriftstellern der Republik. Sein Verlagsdirektor Schmolke gemeinsam mit seinem langjährigen Lektor Fabricius kommen ihn während des Urlaubs besuchen, um ein Manuskript durchzusprechen. Während der Geburtstagsfeier eines anwesenden Schriftstellers wird der Verlagsdirektor erschlagen und am nächsten Morgen gefunden. In den nachfolgenden Ermittlungen des jungen Kommissars Friedlich kommen die Rivalitäten zwischen den Autoren zum Ausdruck, insbesondere zwischen dem Opfer und dem Staatsdichter Meißner, die beide trotz Unfähigkeit und auf Kosten anderer im sozialistischen Kultursystem eine steile Karriere gemacht haben. Der Lektor Fabricius versucht durch ein intrigantes Spiel, beide aufeinander zu hetzen, so dass letztlich mehrere Schriftsteller als mögliche Täter in Verdacht geraten. Die durch den Kriminalfall zugespitzte Geschichte führt insbesondere die Arroganz der Mächtigen und die Abhängigkeit der Schriftsteller vor Augen, so dass gleich mehrere Protagonisten durch die tiefe menschliche Verletzung, die sie erfahren mussten, nur einen Ausweg im Totschlag sahen.

2.2.4 Hartmut Mechtel: *Tod in Grau* (1992)

Kommissar Iwers, bereits aus *Unter der Yacht* bekannt, wird von einer jungen und schönen Frau um Hilfe gebeten. Ihr Verlobter Guido Morawietz ist seit einigen Wochen verschwunden. Zögerlich begibt sich Iwers auf die Suche, da es sich offensichtlich nicht um einen „Fall" im herkömmlichen Sinne handelt. Als Iwers jedoch die Leiche des Verlobten findet, kommen die Ermittlungen in Gang. Morawietz' Tod scheint mit dem Verschwinden von Stasi-Akten im Zusammenhang zu stehen, deren Abtransport er während seiner Zeit als Soldat der NVA beobachtet haben will. Iwers stößt immer wieder auf Hindernisse: die Kameraden aus Morawietz' Einheit sind plötzlich nicht mehr auffindbar, und hat er einen gefunden, so ist dieser einen Tag später verreist, umgezogen oder verschwunden. Je weiter er ermittelt, umso stärker gerät er selbst ins Fadenkreuz unbekannter Mächte. Während einer Fahrt nach Luckenau versucht ein Unbekannter, ihn von der Fahrbahn abzudrängen. Es gelingt Iwers, einen Tatverdächtigen auszumachen und zwar den Leutnant Peter Strauß, den er in einer spektakulären Verfolgungsjagd stellen will, der aber in einem Teich mit seinem Wagen ertrinkt. Iwers wird auch nach der scheinbaren Lösung des Falls das Gefühl nicht los, dass Strauß ein Bauernopfer war und dass die „alten Seilschaften" und Verbindungen aus Vorwendezeiten zwischen NVA, Polizei, Stasi und Stadtbehörde immer noch bestens funktionieren.

2.2.5 Max D. Adam: *Yeti sei tot* (1992)

Im Jahr 1990, kurz vor der Währungsunion, ist die Existenz mehrerer Personen bedroht: Der Häuslebauer Thoma erfährt, dass das Land, auf dem sein Haus steht, einem westdeutschen Apotheker gehört; der pensionierte Stasi-Offizier Lange versucht unterschlagene Gelder unauffällig und gewinnbringend einzusetzen, der entlassene Stasi-Mitarbeiter Kutzer wird von Unbekannten verfolgt und weiß nicht, warum. Ein Mitarbeiter des Bürgerkomitees, das mit der Auflösung des Ministeriums für Staatssicherheit befasst ist, kommt einigen Ungereimtheiten im Fall Kutzer auf die Schliche und versucht wiederum persönlichen Profit daraus zu schlagen. Durch die geschiedene Ehefrau des Häuslebauers Thoma gerät der Journalist und Fotograf Klaus Engler in diese Geschichte hinein und beginnt zu recherchieren. Ein ostdeutscher und ein westdeutscher Kommissar stoßen bei ihren Ermittlungen immer wieder auf Engler, der seine Informationen jedoch zurückhält. Jeder der Protagonisten setzt die Geschichte aus der eigenen Perspektive zusammen, so dass es immer den Falschen trifft. Der Stasi-Offizier wollte seinem Mitarbeiter nur einen kleinen Denkzettel verpassen, löst jedoch damit eine Kettenreaktion der Gewalt aus, in deren Verlauf ein Apotheker von einer Paketbombe verletzt, das Mitglied des Bürgerkomitees fälschlicherweise erschossen und ein weiterer Auftragsmord geplant wird. Die Verbindung zwischen den männlichen Protagonisten ist eine junge Frau, über die der Journalist Engler an die notwendigen Informationen gelangt, um den verwickelten Fall zu lösen.

2.2.6 Hans Schneider: *Der Mauertänzer* (1992)

Ostberlin 1987. Der Rechtsanwalt Hartmut Rokosch wird von seinen beiden ehemaligen NVA-Kameraden Ronald Damian und Ingolf Kahleis viele Jahre nach dem gemeinsamen Dienst gebeten, die Verteidigung in einem brisanten Fall zu übernehmen. Damian ist des Kunstraubs und des Mordes angeklagt. Die Freunde haben es zu Wohlstand in der DDR gebracht und können regelmäßig ins Ausland reisen. Rokosch wird mit hochwertigen Konsumgütern geködert. Ihm gelingt es auch, einen Freispruch für Damian zu erwirken, doch gerät er nach dessen Flucht aus der DDR selbst ins Netz der Stasi und wird zu zwei Jahren Gefängnis wegen Beihilfe zur Republikflucht verurteilt. Besonders schwer wiegt, das Damian mit Rokoschs Freundin geflohen war. Als im November 1989 die Mauer fällt, versucht Rokosch das frühere Geschehen aufzuklären. Das Aufeinandertreffen der Freunde endet in einer Katastrophe, bei der Damian und Rokosch erschossen werden.

2.2.7 Dorothea Kleine: *Rendezvous mit einem Mörder* (1992)

Die Schwesternschülerin Maja Kramer, 17 Jahre alt, wird brutal ermordet. Sie führte ein normales, unauffälliges Leben, besaß kein Vermögen und auch sonst nichts, weshalb es sich lohnen würde, sie zu töten. Niemand kann mit Bestimmtheit sagen, ob sie einen Freund hatte. Kommissarin Franziska Wolf tappt lange im Dunkeln bei ihrem ersten Mordfall. Die mysteriöse Reise Majas nach Paris bringt sie ebenso wenig weiter wie die Erkenntnis über den lange verheimlichten wahren Vater der jungen Frau. Erst die Vorliebe des Mädchens für Gingkoblätter bringt die Ermittler auf die richtige Spur und sie müssen feststellen, dass der Mörder stets in unmittelbarer Nähe der Ermittlungen gewesen war.

2.2.8 Klaus Möckel: *Auftrag für eine Nacht* (1992)

Privatdetektiv Gunther Krey freut sich über jeden Auftrag und besonders über den lukrativen Auftrag der Frau des Berliner Bauunternehmers Kellenhorst, der lediglich darin besteht, den exzentrischen Bruder und Schwager während einer Party zu überwachen und dann sicher nach Hause zu begleiten. Nur ist Uwe Knef kurze Zeit später tot und Krey gerät unter Verdacht. Er ist gezwungen unterzutauchen und selbst zu ermitteln, um seine Unschuld beweisen zu können. Dabei kommt er lukrativen Grundstückspekulationen auf die Schliche und einem Gutachter, der für ansehnliche Summen die passenden Gutachten verfasst. Uwe Knef war dahintergekommen und wollte den Machenschaften ein Ende setzen.

2.2.9 Frank Goyke: *Der kleine Pariser* (1992)

Hauptkommissar Dietrich Kölling ist von Hannover nach Leipzig versetzt worden und ermittelt in seinem ersten Fall. Der homosexuelle Lehrer David Olschewski wird in einem Park ermordet aufgefunden. Da in dem Park jugendliche Nazis auf Homosexuelle Jagd machen, geraten diese zuerst ins Visier von Kommissar Kölling. Vor allem Thomas Pichler, der als Schüler von Olschweski sexuell missbraucht wurde, steht unter Mordverdacht. Nach dem zweiten Mord an einem Besucher des homosexuellen Stammlokals gerät der ‚kleine Pariser', ein junger Mann, der sich von älteren Homosexuellen für sexuelle Dienste aushalten lässt, in das Blickfeld des Serientäters. Dieser beobachtet ihn, schüchtert ihn ein und versucht ihn zu erpressen. In einem Showdown überfährt der ‚kleine Pariser' seinen potentiellen Mörder.

2.2.10 Barbara Neuhaus: *Der letzte Schlüssel* (1992)

Wie durch ein Wunder überlebt der vierjährige Timmy den Sturz aus dem sechsten Stock seines Wohnhauses. Der pensionierte Kriminalist Rudi Gretko findet den Jungen und leistet sofort erste Hilfe. Im Krankenhaus sagt Timmy, dass ihn jemand vom Balkon geworfen habe. Seine Angaben sind so überzeugend und nachvollziehbar, dass der Kommissar Peter Dunkel zu ermitteln beginnt. Gretko zieht selbst Erkundigungen ein, denn er hat schnell festgestellt, dass er die Mutter des Jungen Julia Herzog kennt, da sie die Tochter eines alten, mittlerweile verstorbenen Freundes ist. Er trifft auf weitere alte Bekannte, die er in den letzten Jahren aus den Augen verloren hatte, so den Vater von Timmy und dessen Ehefrau. Julia Herzog gerät unter Verdacht, ihr Umfeld wird befragt und vor allem wird nach dem Verbleib des letzten, fünften Wohnungsschlüssel gesucht. Den hatte die Ehefrau des Vaters von Timmy, Annelie Reutter, die aus Eifersucht der früheren Geliebten ihres Mannes und Mutter von Timmy schaden wollte.

2.2.11 Frank Goyke: *Grüsse vom Boss* (1996)

Hauptkommissar Dietrich Kölling untersucht einen dreieinhalb Jahre zurückliegenden Mord an einem Obdachlosen. Der junge obdachlose Peter Schlegel wurde brutal zusammengeschlagen und stirbt an seinen Verletzungen. Ein Haus, in dem der Obdachlose ab und an schlief, brennt kurz darauf nieder. Ein weiterer Obdachloser wird erschlagen in einem Park gefunden. Kölling vermutet einen Zusammenhang zwischen den Morden. Es stellt sich allerdings heraus, dass zwei Rechtsradikale für den zweiten Mord verantwortlich waren. Peter Rutkowski, der „Boss“, beauftragt seine beiden Helfer, Dennhardt und Käsler, unliebsame Zeugen aus dem Umfeld Schlegels zu beseitigen. Nach dem Fund der Mordwaffe kann Kölling Dennhardt die Tötung Schlegels nachweisen. Als Motiv gibt dieser Eifersucht wegen eines Mädchens an, das zusammen mit Peter Schlegel aus der Drückerkolonne des „Bosses“ flüchten wollte. Dennhardt verfängt sich allerdings in Widersprüchen, bleibt aber bei seiner Aussage. Durch die Zeugenaussage eines Mitglieds der Drückerkolonne stellt sich schließlich heraus, dass Dennhardt und Käsler auf Anweisung Rutkowskis Peter Schlegel einschüchtern sollten, was außer Kontrolle geriet und mit dem Tod Schlegels endete. Rutkowski wollte nicht zulassen, dass jemand ohne seine Erlaubnis die Drückerkolonne verlässt.

2.2.12 Jörg Köhler: *Tötet Jack Daniels!* (1993)

Ein weiterer Fall des Privatermittlers Konstantin von Iven, der in der Kneipenszene rund um den Kollwitzplatz im Prenzlauer Berg spielt. Konstantin von

Iven, der sich wiederum nur kurz in Berlin aufhält, liest in der Zeitung von dem Tod seiner ehemaligen Schulfreundin Dorothee, die von einem roten Auto getötet wurde. In dem Kiez, in dem jeder jeden kennt, fährt nur der Haschischhändler Benny so ein rotes Auto. Er versucht nun den Tod Dorothees aufzuklären. Dietmar, der Wirt seiner Stammkneipe *Heavens Door*, bedient sich schon seit Längerem der abgestellten Autos seiner Stammgäste. Dies geht solange gut, bis ein Gast, Professor genannt, bemerkt, dass der zuvor von ihm geparkte Wagen an einer anderen Position steht. Von Iven erfährt von der Affäre Dorothees mit Benny. Von Iven besucht die Unfallstelle erneut und eine Zeugin berichtet ihm, dass Dorothee bereits auf der Straße lag, als das rote Auto sie überfuhr, wobei der Fahrer zunächst nur um sie herum, dann kurz um den Block fuhr und sie dann bewusst überfuhr. Von Iven erfährt, dass Benny sein Auto plötzlich verkauft hat, vermutlich um Spuren zu verwischen. Daraufhin konfrontiert er Benny mit seinen Vermutungen. Der jedoch behauptet, mit seinem Auto um Dorothee, die er auf der Straße liegen gesehen habe, herumgefahren zu sein. Von Iven entdeckt, dass es sich beim Professor um Dorothees ehemaligen Freund Bernd handelt. Es kämen also Eifersucht bzw. enttäuschte Liebe als Motiv in Frage. Auch Dietmar, der Wirt, hat ein Motiv: er hat die Auseinandersetzung zwischen Benny und Dorothee verfolgt und seine Chance erkannt, sich seiner Schulden bei Benny zu entledigen, indem er diesen als Mörder ins Gefängnis bringt. Von Iven gibt sich als Bennys Drogenlieferant aus und konfrontiert ihn mit seinem Wissen, so dass Dietmar gesteht. Allerdings hat auch Dietmar von Iven in der Hand. Er droht ihm, ihn wegen Drogenhandels anzuzeigen. Daher hat Konstantin von Iven zwar den Fall aufgeklärt, der Mörder wird aber nicht bestraft. Von Iven geht nicht zur Polizei und reist ab.

2.2.13 Tom Wittgen: *Tod im Regen* (1994)

Die Fernfahrerkneipe im brandenburgischen Ranau läuft nicht so, wie sich das der Wirt Willi Haller vorgestellt hat. Nachdem er sich durch die aufwendige Renovierung des „Blue dream“ hoch verschuldet hat, bekommt er unerwartet Konkurrenz durch eine nahe Autobahnraststätte. Gemeinsam mit dem ehemaligen NVA-Offizier Guido Welz organisiert er einen illegalen Waffenhandel. Natalie Schuster, Kellnerin im „Blue dream“ und früher Zivilangestellte in der NVA-Kaserne, kommt ihrem einstigen Chef Welz schnell auf die Schliche und versucht ihn zu erpressen. Da wird Natalie Schuster vor der Kneipe erschossen.

Die Potsdamer Kommissarin Tanja Voigt nimmt nun die Ermittlungen auf. Als sie feststellt, dass Natalie Schuster den gleichen Regenmantel trug wie ihre Kollegin und Freundin Rita Bellmann, kommt sie der Lösung näher. Der Verdacht, dass der Anschlag Rita Bellmann gegolten hat, bewahrheitet sich und damit wird auch schnell klar, dass Andreas Bellmann seine Frau töten wollte – aus Eifersucht.

2.2.14 Frank Goyke: *Ruf doch mal an* (1994)

Der Kriminalroman erzählt aus drei unterschiedlichen Perspektiven von Kindesmissbrauch und -mord im Berliner Stadtbezirk Hohenschönhausen. Ein junger Mann, Roger Brink, beobachtet Kinder und erregt sich dabei in Gewaltphantasien. Parallel dazu versucht ein anonymer Anrufer in derselben Gegend, Kinder zu Gewalttaten gegen ihre Geschwister oder sich selbst anzustiften. Harald Hagedorn ermordet nach sexuellem Missbrauch seinen Neffen, Paul Hagedorn. Dadurch ermittelt nun die Mordkommission, wodurch auch Brink ins Visier der Polizei gerät. Brink lebt seine Gewaltphantasien aus, indem er zwei Jungen auspeitscht, ohne sie aber zu töten. Kommissar Dietrich Kölling arbeitet bei der Aufklärung des Falls Hagedorn erneut mit seinem ostdeutschen Kollegen Becker und dem örtlich zuständigen ostdeutschen Kriminalisten Hauptkommissar Schuster sowie der westdeutschen Kollegin Blissow zusammen. In einem Gespräch mit Pauls Mutter erfährt Kölling, dass Brink zunehmend Interesse an Paul zeigte. Brink wird festgenommen. Er gesteht zunächst den Mord an Paul Hagedorn, widerruft ihn allerdings später und muss wieder freigelassen werden. Die Auspeitschung der beiden anderen Jungen in seinem Heimatort Prenzlau kann ihm aber nachgewiesen werden. Nach seiner Freilassung kidnappt Roger Brink einen Jungen, den er gefesselt an einen Baum misshandelt und schließlich tötet. Im Anschluss daran begeht er Suizid. Für den anonymen Anrufer wird nun der bereits zuvor des Mordes an Paul Hagedorn verdächtigte ehemalige Kinderschänder Andreas Wollweber gehalten, da viele Indizien gegen ihn sprechen. Wollweber aber identifiziert nach seiner Verhaftung anhand der Stimme den Täter. Es handelt sich um Daniel Orlowski, Schöffe bei Gericht, der die Verhandlung von Wollweber verfolgt hatte und daher belastende Indizien zur Befriedigung seiner eigenen Neigungen zum Anlass nahm, Wollweber für die Taten verantwortlich zu machen. Der Mord an Paul Hagedorn bleibt zunächst weiter unaufgeklärt. Eine wichtige Spur führt die Kommissare schließlich zu Harald Hagedorn. Bei diesem hielt sich Paul immer wieder auf und schien auch Vertrauen zu ihm gehabt zu haben.

2.2.15 Jörg Köhler: *Strassenschlachten*

Der Ich-Erzähler Konstantin von Iven, der seit mehreren Jahren als Rauschgifthändler und Privatermittler arbeitet, kehrt in seinen Heimatkiez, den Prenzlauer Berg, zurück, um seine Führerscheinprüfung abzulegen. Vor der Prüfung wird ein Mann mit gespaltenem Schädel im Auto gefunden. Bei dem Toten handelt es sich offenbar um den Fahrlehrer Schindelmayr. Von Iven muss nun der Polizei gegenüber eine glaubwürdige Geschichte über seine Anwesenheit am Tatort erfinden, was auch gelingt, da sein Freund Bernd-Uwe Heinrich alle Spuren am Tatort vernichtet hat. Von Iven steht unter Zeitdruck, da er in drei Wochen nach Peru zurückreisen will. Trotzdem will er den Fall aufklären. Von Iven stößt auf den Fahrschüler Kai Lindner, der bei Schindelmayr durch die Prüfung gefallen und dagegen gerichtlich vorgegangen war und somit ein Motiv für den Mord haben könnte. Es stellt sich heraus, dass der Westdeutsche Schindelmayr von den Ostdeutschen gehasst wird. Auch von Iven und sein Freund Bernd-Uwe Heinrich vermuten Hass als Motiv, wobei zunächst weitere durchgefallene Fahrschüler in Verdacht geraten. Von Iven ermittelt in den Kneipen des Prenzlauer Bergs und trifft bei seinen Nachforschungen auf Evelyn Weißhaupt, er findet über Lindner heraus, dass Heinrich ein Verhältnis mit Evelyn hatte und dass der Tote nicht Schindelmayr ist, sondern der Ehemann von Evelyn Weißhaupt, Peter Weißhaupt. Evelyn Weißhaupt hat ihren Mann erschlagen, da dieser sie vergewaltigen wollte.

2.2.16 Frank Goyke: *Knaben Liebe* (1995)

In einer schizophrenen Persönlichkeitsspaltung wird aus dem vorher braven, sowohl für die Berliner Tageszeitungen als auch für die bekanntesten Magazine der Republik schreibenden Journalisten Manfred Schäfer der Knabenlustmörder Johannes Wirth. Schäfer beobachtet einen Jungen von einer Parkbank aus, ohne in Kontakt mit ihm treten zu können. Auch in der Kneipe, die er danach am Abend aufsucht, gilt sein Interesse der jungen Aushilfskraft, Alexander, der aber kein Knabe mehr ist, also des wirklichen Reizes entbehrt. In einer anderen Kneipe lernt Schäfer zwei weitere jugendliche Skinheads kennen. Sie stellen sich ihm als Autodiebe vor und erhoffen sich einen Artikel über ihre Taten. Auf einer erneuten Kneipentour begegnet Schäfer einem vietnamesischen Jungen namens Michael und vergeht sich an ihm. Da Michael Andeutungen einer Erpressung macht, erwürgt er ihn schließlich. Nachdem sich Schäfer mehrfach an weiteren Jungen vergangen und diese ebenfalls umgebracht hat, gelingt es einem der Jungen zu fliehen. Aufgrund einer Personenbeschreibung kann Kommissar Matzack Manfred Schäfer stellen. Matzack versucht, Schäfer zum Suizid zu bewegen. Er legt ihm seinen Gürtel hin, damit er sich in seiner Zelle erhängen kann. Doch Schäfer geht nicht darauf ein. Matzack findet keine Ruhe mehr, solange Schäfer noch lebt. Kurz vor einem weiteren Verhör wird Matzack verständigt, dass Schäfer bei einem Fluchtversuch unglücklich gestürzt sei. Allerdings ist in diesem Gefängnistrakt eine Flucht völlig unmöglich und es erhärtet sich der Verdacht, dass Schäfer gestoßen worden sein muss.

2.2.17 Tom Wittgen: *Rotlicht* (1996)

Zu Beginn des Kriminalromans gibt es zwei Tote, die in direktem Zusammenhang mit dem Kampf um die Vorherrschaft im Leipziger Rotlichtmilieu stehen. Kommissar Simosch trifft auf die Brüder Lorenz und Jürgen Bastick, die den neuen Wohnwagenstrick kontrollieren, aber durch ein neues Eros-Center unter Konkurrenzdruck geraten sind. Die Investoren sind Frankfurter Zuhälter, mit denen sich die Leipziger einen erbitterten Kampf liefern.

2.2.18 Hartmut Mechtel: *Der unsichtbare Zweite* (1996)

Dieser Kriminalroman um das Schicksal des Ostdeutschen Martin Parr ist der erste Teil einer Trilogie. Es folgen 1996 *Das Netz der Schatten* und 1998 *Die Spitze des Kreises.*

Martin Parr wird während seines Frankreichurlaubs plötzlich von Einheimischen beschimpft und sogar verprügelt. Es stellt sich heraus, dass man ihn mit jemandem verwechselt, der ihm absolut ähnlich sieht. Parr beginnt nun, diesen Doppelgänger zu suchen. Dafür wendet er sich an den Privatdetektiv Falk Iwers, der bereits aus früheren Kriminalromanen Mechtels bekannt ist. Horst Gahler, ein Mitarbeiter Iwers‘ und bereits aus *Unter der Yacht* bekannt, übernimmt den Auftrag und recherchiert nach der Identität Parrs. Letztlich stoßen sie auf Holger Schüssler, der ganz offensichtlich der Zwillingsbruder Martin Parrs ist. Die beiden Brüder erzählen sich ihre Biographie, eine Ost- und eine Westbiographie. Schüssler ist durch seine Tätigkeiten in Geheimdienstaktivitäten verstrickt und sucht den Ausstieg. Durch die Mitnahme brisanter Papiere wird er zum Sicherheitsrisiko und von unterschiedlichen Geheimdienstgruppen gejagt. In der Schlussszene wird Schüssler erschossen, aber als Martin Parr identifiziert, so dass Parr in Sicherheit ist und untertauchen kann.

Im zweiten Teil, *Das Netz der Schatten,* gerät Parr wiederum in ein Komplott von Wirtschaft, Geheimdiensten und Politik. Die Brisanz des Falles entsteht vor allem durch die Tatsache, dass es um die Aufdeckung illegaler Nukleargeschäfte geht und um einen Atommüllskandal.

Der dritte Teil der Trilogie, *Die Spitze des Kreises,* führt wieder an Schauplätze in Frankreich und zu den Personen, die Parr im ersten Teil festgesetzt hatten. Neben den illegal operierenden Gruppen des BND und des französischen Geheimdienstes hat es Parr nun auch mit der russischen Mafia zu tun. Am Ende erhält er endlich eine neue Identität und beginnt als Agent für den BND zu arbeiten.

2.2.19 Frank Goyke: *Hexentanz* (1997)

Die Handlung spielt in der Ostberliner autonomen Hausbesetzerszene. Während des Walpurgisfestes auf dem Kollwitzplatz wird Michael Donath erstochen und Konstantin Hamann festgenommen. Hamanns Vater war in der DDR Baustadtrat, der Vater von Donath Abteilungsleiter im Außenhandelsministerium, beide also Führungskräfte in der DDR-Gesellschaft. Kommissar Dietrich Kölling und sein Kollege Becker nehmen die Ermittlungen auf. Hamann muss freigelassen werden und wird kurze Zeit später ebenfalls ermordet. Kölling konzentriert sich auf einen Bekannten der beiden Opfer, Alejandro Gonzales, Sohn kubanischer Eltern, der, wie sich später herausstellt, unter Multipler Persönlichkeitsstörung (MPS) leidet und nach weiteren Morden als der Täter überführt werden kann. Gegenüber Kölling enthüllt der ältere Bruder Juan, dass Alejandro nicht nur von seinem Vater missbraucht wurde, sondern auch zur Kinderprostitution gezwungen wurde. Kölling kann daraufhin einen Pornoring aufdecken, auf dessen Kundenliste sich auch der zuständige Arbeitsamtschef befindet.

3 Kriminalromane westdeutscher Autoren

3.1 Übersicht der untersuchten westdeutschen Kriminalromane n a c h der Wende

	Autor	Titel	Jahr	Zeitrahmen der Handlung	Ort der Handlung	Milieu / Bereich	Verbrechen	Personen	Besonderheiten
1	Horst Bosetzky	*Fendt hört mit*	1994	Gegenwart	Berlin	Baubranche, Theater, Fußball	Mord, organisierte Kriminalität	Kommissar Fendt	
2	Horst Bosetzky	*Ein Mann fürs Grobe*	1996	Gegenwart, die ersten Jahre nach der Wende	Berlin, Potsdam	Wirtschaft, Auftrags-morde an Topmanagern	Morde	Kommissar Mannhardt	Keine komplette Auflösung
3	Günter Kükenshöner	*Fenstersturz in Dresden*	1997	Gegenwart	Dresden, Köln	Pornographie	Mord	Privatdetektiv Queißer	

3.2 Inhaltsangaben

3.2.1 Host Bosetzky: *Fendt hört mit* (1991)

Neben dem Hauptkommissar Hans-Jürgen Mannhardt spielt der Polizeibeamte Dietmar Fendt in diesem Krimi eine tragende Rolle, da er durch gezieltes Lauschen an wichtige Informationen kommt. Auch hier entwickelt Bosetzky zwei Erzählstränge, die durch den auktorialen Erzähler so arrangiert werden, dass sie sich erst nach und nach miteinander verbinden. Der Senatsbaurat Lübz wird auf die S-Bahngleise gestoßen. Mannhardt nimmt die Ermittlungen in diesem Fall auf. Parallel dazu wird der erste große Lauschangriff des Landes Berlin gegen den vermeintlichen Mafioso Peccioli organisiert. In diesem Fall ist Fendt aktiv und verhindert die Befreiung eines Mafiabosses aus der JVA Tegel. Durch Belauschen erfährt Fendt auch, dass Lübz HIV-positiv war und von seinem Geliebten auf die Gleise gestoßen werden wollte, um einen schmerzlosen Tod zu haben. Peccioli ist letztlich ein harmloser US-Bürger, der von der Mafia benutzt wurde.

3.2.2 Horst Bosetzky: *Ein Mann fürs Grobe* (1996)

Die zwei Haupterzählstränge des Romans laufen lange Zeit parallel, ohne dass dem Leser der Zusammenhang deutlich wird. In Berlin verschwinden Topmanager spurlos und die Journalistin Heike Hunholz, die Lebensgefährtin des Kommissars Mannhardt, recherchiert in diesen mysteriösen Fällen. Mannhardt seinerseits muss den Mord an einem Taxifahrer aufklären. In ihren Recherchen gerät Hunholz an die Wachschutzfirma von Thomas Catzoa, ehemals Kriminalkommissar in Bramme mit einem sehr schlechten Ruf. Es stellt sich heraus, dass er den Taxifahrer Tscharntke als „Mann fürs Grobe“ engagiert hat, der bei Bedarf unliebsame Topmanager beseitigt. Durch den Mord an seinem Taxifahrerkollegen können die Ermittler Tscharntke und Catzoa letztlich überführen.

3.2.3 Günter Kükenshöner: *Fenstersturz in Dresden* (1997)

Der Privatdetektiv Steffen Queißer wird engagiert, um herauszufinden, warum die aus Köln stammende Studentin Nicole Weber in Dresden aus dem Fenster gestürzt ist. Ihre Mutter glaubt nicht an einen Suizid. Da Queißer aus Dresden stammt, aber in Köln lebt, sieht die Mutter des Opfers in ihm den für die Ermittlungen am besten Geeigneten. Durch einen hinterhältigen Überfall und dem Austausch einer Fotokamera gerät Queißer selbst in Verdacht, Nicole Weber ermordet zu haben. Er erfährt von Nicoles Mitbewohnerin, dass beide Studentinnen Pornofilme gedreht haben, um ihr Leben zu finanzieren. Seine Nachforschungen führen ihn zu dem Bruder Nicoles, Markus Weber, der, wie sich dann herausstellt, sowohl seine Schwester als auch den Pornofilm-Produzenten getötet hat, um die Familienehre wiederherzustellen.

4 Autorenbefragung

4.1 Helmut Eikermann (Pseudonym: Jan Eik)

Angaben zur Person

Alter:
67

Wohnort(e) vor der Vereinigung und nach der Vereinigung:
Immer Berlin-Ost

Angaben zum literarischen Schaffen

Anzahl der publizierten Werke:
ca. 22 Bücher, 25 Hörspiele, zahlreiche Erzählungen usw.

Ist Ihr Schaffen auf Krimis beschränkt oder sind Sie auch in anderen Genres tätig?
Auch Sachbücher, Berlin-Literatur u.a.

Waren Sie schon vor der Wende literarisch tätig?
Ja.

Wurden damals Ihre Texte auch veröffentlicht?
Ja.

Hat sich die Wende positiv auf Ihre Auflagenhöhen bzw. die Zahl der verkauften Exemplare ausgewirkt?
Natürlich nicht, in der DDR waren Krimi-TB-**Start**auflagen von 100 000 üblich.

Einfluss und Einschätzung der Wende

Hat sich Ihr Bild von den Deutschen des anderen Teils Deutschlands durch die Wiedervereinigung geändert? Wenn ja, inwiefern?

Es ist realistischer geworden; die Selbstüberschätzung mancher Alt-Bundesbürger ist beachtlich.

Wie ließe sich die Wirkung der Wende für Ihr Schaffen zusammenfassen?
Dramatisch, aber nicht negativ.

Was war für Sie das Wichtigste an der DDR und der BRD, was beherrscht Ihr Bild von diesen?
DDR – das Bild überwachter Abgeschlossenheit und abgeschotteter Information. Alleinherrschaft der Partei.
BRD – aufgeregte und nicht immer gut informierte Offenheit, dahinter Herrschaft von Kapital, Beamten und Politikern.

Wo sehen Sie die wichtigsten Parallelen zwischen der alten DDR und der alten BRD, wo die bedeutendsten Unterschiede?
Wir sind allzumal Deutsche und uns ähnlicher, als wir gerne wahr haben wollen. Der gravierende Unterschied war der ideologische und kulturelle Unterschied zwischen den jeweiligen Kolonialmächten.

Sind Sie der Ansicht, die Wiedervereinigung war wünschenswert? Was hätte besser oder anders laufen sollen?
Natürlich war sie wünschenswert und notwendig. Etwas mehr Rücksicht und weniger Hast wären vielleicht angebracht gewesen, aber dazu hatte man die so genannten Unterhändler nicht ausgewählt. Es sollte schnell und radikal gehen – nur nicht beim Einkommen …

Falls Sie bereits vor der Wende publizierten, sind Sie heute der Ansicht, damals die Verhältnisse in den beiden Teilen Deutschlands realistisch dargestellt zu haben? Wenn nein, warum nicht?
DDR-Verhältnisse sehr realistisch, soweit sie nicht eigene bzw. Tabus der Partei berührten. Ich bezeichne meine DDR-Krimis heute und nachträglich als „Endzeitkrimis“.

Ihr Werk und die Wende

Hat sich die Bedeutung des Kriminalromans für Sie durch die Wende verändert?
Ja. In der DDR hatte der Krimi neben dem Unterhaltungswert auch eine Bedeutung als kritischer (und oft ironischer) Ersatz für die nicht vorhandene Pressefreiheit.

Hat Sie die Wende als Thema fasziniert oder war dies eher lediglich ein veränderter Handlungshintergrund ohne größeres Gewicht?
„Wer nicht stirbt zur rechten Zeit" ist ein Wendekrimi, die darauf folgenden schließen immer Veränderungen durch die Wende ein.

War die Wende für Ihr Schaffen ein positives Ereignis?
Von der Auflagenhöhe einmal abgesehen – ja.

Welche Perspektive eröffnen Ihre Romane auf die alte DDR, auf die Wiedervereinigung und auf die Zukunft?
Eine hoffentlich realistische. Was die Zukunft angeht – ich bin kein SF-Autor.

Welche prekäre Rolle hatten Kriminalromane für die Ideologie der DDR?
Man musste widerwillig zugeben, dass es (noch) Verbrechen gab. Seit den 70er-Jahren enthielt schließlich sogar das Statistische Jahrbuch der DDR eine (sicherlich in mancherlei Hinsicht geschönte) Verbrechensstatistik. Die Zahl der Tötungsdelikte (jährlich zwischen 120 und 150) war korrekt und so niedrig, wie es sich für einen Polizeistaat gehört. Die Polizeiführung war stark an Krimis interessiert!

Wie haben Sie die Veränderungen nach der Wende sowohl bezüglich des Genres als auch Ihrer eigenen Schreibweise wahrgenommen? Bedeutete der Umbruch für Sie einen Zusammenbruch oder eher eine Befreiung?
Eher eine Befreiung. Der gute alte (etwas betuliche) DDR-Krimi war einfach tot.

Können Sie heute noch vom Schreiben leben?
Ich bin kein Hungerkünstler.

Ist der Druck für das Schreiben größer geworden, wenn man ständig Sorge um die Existenz haben muss?

Ja. Das hatte man uns in der DDR weitgehend abtrainiert.

Glauben Sie, dass sich die spezifisch ostdeutsche Schreibweise, besonders das gesellschaftsanalytische Potential, das den DDR-Krimi geprägt hat, halten wird?

Nein. An der Anzahl der Adressaten Ihres Fragebogens erkennen Sie, dass die wenigsten Autoren überlebt haben. Außerdem besaß und besitzt jeder bessere BRD-Krimi dieses Potenzial.

Wissen Sie, wer heute Ihre Bücher liest? Bekommen Sie beispielsweise Resonanz von westdeutschen Lesern?

Bei den geringen Auflagen handelt es sich immer um Einzelfälle und sofern man nicht bei den Großverlagen veröffentlicht, wird ohnehin nur regional verkauft.

Wie sehen Sie heute als ostdeutscher Kriminalroman-Autor die Betreuung durch die Verlage?

Bei den Krimis arbeite ich mit zwei Verlegern zusammen und fühle mich gut betreut, wenn auch längst nicht so gründlich lektoriert wie in der DDR.

Welche Bedeutung ordnen Sie Ihren Romanen im Bereich der Wendeliteratur zu?

Von Bedeutung kann nicht die Rede sein, zumal die Wende ja – bis auf geringe Ausnahmen – in der deutschen Literatur wenig Spuren hinterlassen hat.

4.2 Hartmut Mechtel

Angaben zur Person

Alter:
Geboren 1949

Wohnort(e) vor der Vereinigung und nach der Vereinigung:
Potsdam, seit 1992 Berlin.

Angaben zum literarischen Schaffen

Anzahl der publizierten Werke:
17 Romane, außerdem zahlreiche Erzählungen und Arbeiten in anderen Genres. Aufgeführt wurden 5 Theaterstücke.

Ist Ihr Schaffen auf Krimis beschränkt (nein) oder sind Sie auch in anderen Genres tätig?
Ja. Ich habe auch Dokumentarliteratur geschrieben, außerdem Rundfunkfeatures, einige Science-Fiction-Erzählungen, war als Herausgeber tätig und habe aus dem Englischen übersetzt. Ferner habe ich mehrere Theaterstücke geschrieben.

Waren Sie schon vor der Wende literarisch tätig?
Ja.

Wurden damals Ihre Texte auch veröffentlicht?
Einige ja, andere nicht. Nicht erschienen sind: Ein autobiografisch inspirierter Gegenwartsroman, ein Science-Fiction-Roman und ein Kriminalroman. Der SF-Roman war offenbar zu deutlich als Satire auf DDR-Realitäten zu erkennen, die beiden anderen waren ebenfalls zu wenig linienkonform.

Hat sich die Wende positiv auf Ihre Auflagenhöhen bzw. die Zahl der verkauften Exemplare ausgewirkt?
Ist das eine Scherzfrage? Zu DDR-Zeiten erschienen: 2 Kriminalromane, eine längere Kriminalerzählung, ein historischer Abenteuerroman; bei zwei Büchern mit Erzählungen der Weltliteratur war ich Herausgeber. Gesamtauflage:

750.000 Exemplare. Seit 1990 sind 14 Romane erschienen, außerdem Erzählungen in Anthologien und anderes. Selbst wenn ich die Anthologien mitzähle (in denen ich nur einer unter vielen Autoren war), erhöht sich die Gesamtauflage um gerade mal 100.000 Exemplare.

Einfluss und Einschätzung der Wende

Hat sich Ihr Bild von den Deutschen des anderen Teils Deutschlands durch die Wiedervereinigung geändert? Wenn ja, inwiefern?

Das Bild hat sich nicht geändert. Zum einen war es für mich bis zum 12. Lebensjahr normal, mich innerhalb von Deutschland zu bewegen, nicht nur in der DDR (z.B. war ich am 12. August 1961 in Westberlin im Kino; einen Tag später stand mir plötzlich eine Mauer im bisher normalen Weg). Zum anderen wohnte ich westlich von Westberlin, die Westsender zu sehen war normal, und als meinen Heimat-Rundfunksender empfand ich RIAS Berlin. Es ist mir auch oft gelungen, die im Westen für wichtig gehaltenen aktuellen Bücher zu bekommen und zu lesen. Zwar war ich auf dem Territorium des einen der beiden Staaten meines Landes eingesperrt, habe aber dennoch im Land gelebt und gleichzeitig eine Ost- und eine Westsozialisation erfahren.

Wie ließe sich die Wirkung der Wende für Ihr Schaffen zusammenfassen?

Verheerend. Zwar wurde mühelos alles gedruckt, aber nicht mehr ausreichend verkauft. Ein paar Jahre hielt ich es am Rande des Existenzminimums aus, dann nahm ich einen Lohnjob an, der mich derzeit so auffrisst, dass das Schreiben – hoffentlich nur zeitweilig – zur Nebensache geworden ist. Positiv war, dass ich den Teil der Welt, der mir bisher nur über Fernsehen, Film und Literatur zugänglich war, bereisen konnte, so dass mein Schreiben – wenn ich denn dazu komme – möglicherweise etwas welthaltiger geworden ist.

Was war für Sie das Wichtigste an der DDR und der BRD, was beherrscht Ihr Bild von diesen?

An der DDR war für mich vor allem wichtig, dass dort die Leute lebten, mit denen ich Umgang hatte. Und an der BRD (Westberlin, um genau zu sein) war wichtig, dass dort (anfangs, später starben sie) Verwandte von mir wohnten, die ich nie wieder besuchen durfte. Aber dort standen auch die Fernsehsender, die ich vorrangig sah, und die Radiostationen, deren Programme ich hörte. Politisch gesehen wurde das DDR-Bild durch Zwang und Eingesperrtsein bestimmt, das Westbild war das einer idealisierten Freiheit. Das bedeutet nicht, dass mir die Schattenseiten westlichen Lebens entgingen: Das Leben wird wesentlich durch

Besitz dominiert. In der DDR war die Freiheit größer, ohne (präziser: mit wenig) Geld auskömmlich zu leben. Und damit (so makaber es heute klingt angesichts dessen, was über Zensur und Stasi inzwischen bekannt ist und was ich damals sehr wohl gelegentlich zu spüren bekam) war auch die Freiheit größer, seiner Kunst zu leben (sie wurde bespitzelt und bedroht, dennoch konnte man seiner Kunst leben – und falls das gar nicht mehr ging, dann konnte man immer noch einen Ausreiseantrag stellen).

Wo sehen Sie die wichtigsten Parallelen zwischen der alten DDR und der alten BRD, wo die bedeutendsten Unterschiede?

Die wichtigste Parallele sind die Menschen (auch wenn sie das – in beiden vereinigten Teilen – heute oft nicht wahrhaben wollen). Wir sind Deutsche, ob wir wollen oder nicht. Ordentlich, gründlich, auf Gesetze versessen, auf Ordnung und Sauberkeit. Wir sind miteinander verwandt, es gibt viele Familien, die Mitglieder in Ost und West haben. Wie sollten wir anders sein? Der Unterschied lag im System begründet. Das beeinflusst Einstellungen und Verhaltensweisen, aber nicht das Wesen der Menschen.

Sind Sie der Ansicht, die Wiedervereinigung war wünschenswert? Was hätte besser oder anders laufen sollen?

Die Vereinigung war wünschenswert, weil es keinen vernünftigen Grund für die Trennung gegeben hatte. Ich habe mich (durch Schriften, Teilnahme an illegalen Versammlungen und Demonstrationen) aktiv für den Sturz des Systems eingesetzt und – im Unterschied zu vielen meiner damaligen Mitstreiter (zu allen mir persönlich bekannten) – vorausgesehen, dass eine DDR ohne führende Rolle der SED nicht weiterexistieren wird. Das heißt nicht, dass ich die Vereinigung ersehnt habe; ich habe sie vorhergesehen und billigend in Kauf genommen. Natürlich ging es bei unserer 89er Verschwörung vorrangig darum, die DDR zu demokratisieren. Das war eine Utopie, die mir als haltlos bereits bewusst war, als ich sie noch hatte. Die Vereinigung konnte nicht anders laufen. Der große Starke schluckte den kleinen Schwachen. Das Häuflein DDR-Utopisten wurde von den Westparteien aufgesogen; viele – darunter ich – zogen sich ins Privatleben zurück. Die Utopien hatten keinen Bestand. Die Vereinigung vollzog sich genauso, wie es zu erwarten gewesen war. Mit Einschätzungen wie richtig oder falsch, gut oder schlecht lässt sie sich nicht beschreiben.

Falls Sie bereits vor der Wende publizierten, sind Sie heute der Ansicht, damals die Verhältnisse in den beiden Teilen Deutschlands realistisch dargestellt zu haben? Wenn nein, warum nicht?

Vor 1993 habe ich kein Buch geschrieben, das in einem westlichen Land spielte, auch nicht in der BRD. Insofern habe ich westliche Verhältnisse weder richtig noch falsch beschrieben. Die DDR hingegen habe ich – in den im Krimi möglichen Ausschnitten – realistisch beschrieben. Wenn man wissen will, wie wir damals lebten, kann man (auch) zu meinen Büchern greifen. Was es in keinem Krimi gibt, war, das System prinzipiell infrage zu stellen. So etwas wäre nicht gedruckt worden. Insofern gibt es Defizite. Davon abgesehen jedoch stellt der DDR-Krimi gemeinhin das System kritischer dar als der genrefreie Gegenwartsroman.

Ihr Werk und die Wende

Hat sich die Bedeutung des Kriminalromans für Sie durch die Wende verändert?

Ja. Der Kriminalroman in der DDR war (selbst, wenn seine Autoren das gar nicht vordergründig beabsichtigten) stets gesellschaftskritisch. Er befasste sich mit dem Verstoß gegen Normen, mit den Schattenseiten des so genannten real existierenden Sozialismus. Einen Krimi zu schreiben, hieß immer auch, die Zensur herauszufordern oder auszutesten. Heute darf man (fast) alles straflos infrage stellen. Es hat keine Bedeutung mehr und ist auch nicht wirklich interessant. In der DDR ersetzte der Krimi partiell die fehlende Medienöffentlichkeit. Heute sind die Story und die Unterhaltung wichtiger. Insofern hat der Krimi überhaupt keine Bedeutung mehr. Zumindest keine, die ihn von jeder anderen Literatur unterscheidet.

Hat Sie die Wende als Thema fasziniert oder war dies eher lediglich ein veränderter Handlungshintergrund ohne größeres Gewicht?

Da ich zur Wende beigetragen habe, war sie für mich auch interessant. Ich habe eine Dokumentation veröffentlicht und für mehrere andere Dokumentationen Zuarbeiten geleistet. Ich habe einen Film geschrieben, der zwar angenommen, aber nach dem Untergang der DEFA nicht realisiert wurde, ferner Skizzen für weitere Filme geschrieben, die bezahlt, aber ebenfalls nicht realisiert wurden. Ich habe einen Krimi konzipiert, der meine DDR-Standardfiguren in die Wendesituation stellte, aber dann nicht geschrieben, weil sich schon niemand mehr dafür interessierte. In weiteren (erschienenen) Büchern ist die Situation nach der Wende Handlungshintergrund. In „Der unsichtbare Zweite" (1996) habe ich dem Ost-Helden einen West-Zwilling beigesellt; es stellt sich heraus, dass beide zwar in unterschiedlichen Systemen aufgewachsen, aber nicht wirklich unterschiedlich sind. Inzwischen spielt die Wende keine Rolle mehr für meine Krimis. „Die Gier-Community" (2001) kommt ohne Ost-Bezug aus; vermutlich (es spielt keine Rolle) kommen alle Hauptpersonen aus den alten Bundesländern.

War die Wende für Ihr Schaffen ein positives Ereignis?
Ja, denn ich habe erst einmal viele Bücher geschrieben. Nein, denn sie verkauften sich nicht, und seit nunmehr drei Jahren schreibe ich (so gut wie) gar nicht mehr. Insofern hat die Wende (falls es denn an ihr liegt) mein Schaffen erst beflügelt und dann beendet.

Welche Perspektive eröffnen Ihre Romane auf die alte DDR, auf die Wiedervereinigung und auf die Zukunft?
Ich befasse mich (derzeit) nicht mehr mit der DDR. Darüber habe ich – im Krimi (und in Dokumentationen) – alles gesagt, was zu sagen war (ob ich mich außerhalb des Genres damit befassen werde, steht auf einem anderen Blatt). In früheren Büchern kommt die DDR als ein kleinkarierter Staat vor, um den es nicht wirklich schade ist, wiewohl natürlich das Leben darin auch seine angenehmen Momente hatte. Die Wende kommt als das vor, was sie war: Anfangs das Aufbegehren einiger Utopisten, später das Verschlucken durch einen omnipotenten Giganten. Die Wende erzeugte Unsicherheit, weil Gewohntes nichts mehr galt oder nicht mehr existierte. Perspektiven auf die Zukunft eröffne ich nicht. Eine Utopie pro Leben reicht.

Welche prekäre Rolle hatten Kriminalromane für die Ideologie der DDR?
Die Frage verstehe ich nicht. Spielten Krimis eine missliche, bedenkliche Rolle für die Ideologie der DDR? Manche Ideologen nahmen sie misslich auf. Aber sofern die Bücher erschienen, änderten sie nichts am System (und wenn sie verboten wurden, erst recht nicht). Es war eher so, dass Krimis, da sie sich mit den (allen Lesern bekannten, aber niemals offiziell in Medien oder Verlautbarungen dargestellten) Schwächen des gesellschaftlichen Alltags beschäftigten, als eine Art Bildzeitungsersatz fungierten; sie unterhielten mit Negativem, stellten es groß heraus, änderten es aber nicht. Insofern waren sie (in ihren besseren Vertretern) eine Art Ventil. Da draußen gibt es jemanden, der auch mitbekommen hat, dass etwas nicht stimmt, und das ist gut so.

Wie haben Sie die Veränderungen nach der Wende sowohl bezüglich des Genres als auch auf Ihre eigene Schreibweise wahrgenommen? Bedeutete der Umbruch für Sie einen Zusammenbruch oder eher eine Befreiung?

Das ist, denke ich, beantwortet. Es war Befreiung und Zusammenbruch in einem. Die Befreiung erzeugte Bedeutungslosigkeit, also den Zusammenbruch. Falls überhaupt noch etwas Bedeutung hat, dann ist es der Zusammenbruch.

Können Sie heute noch vom Schreiben leben?
Nein und ja. Nicht vom Krimischreiben, aber in meinem Lohnjob (Redakteur) schreibe ich ja auch.

Ist der Druck für das Schreiben größer geworden, wenn man ständig Sorge um die Existenz haben muss?
Das mag bei jedem anders sein. Ich habe keinen (ökonomischen) Druck, Bücher zu schreiben, weil ich sehr wohl etwas anderes schreiben kann.

Glauben Sie, dass sich die spezifisch ostdeutsche Schreibweise, besonders das gesellschaftsanalytische Potential, das den DDR-Krimi geprägt hat, halten wird?
Nein. Es ist nicht mehr gefragt (falls es denn überhaupt je in dieser Form existiert haben sollte).

Wissen Sie, wer heute Ihre Bücher liest? Bekommen Sie beispielsweise Resonanz von westdeutschen Lesern?
Zu wenig, um etwas darüber sagen zu können. Bei Lesungen (egal wo) ist die Resonanz meist gut, was aber eher an meiner Vortragsweise liegen mag als am Inhalt (ich habe jahrelang in einem Off-Theater mitgewirkt, auch als Spieler, und bin meist gut im mündlichen Vortrag). Ich werde dann eher als Clown wahrgenommen denn als Schriftsteller.

Wie sehen Sie heute als ostdeutscher Kriminalroman-Autor die Betreuung durch die Verlage?
Die Betreuung hat sich nicht wesentlich geändert. Weggefallen ist das zensierende Lektorat, generell wird schneller und auch oberflächlicher lektoriert, und Autoren sind nicht wirklich interessant für Verlage, solange sie keine Bestseller liefern, aber ich bin von allen Verlagen meist gut behandelt worden, man hat mich nicht spüren lassen, dass ich nur für weitere rote Zahlen in der Buchhaltung sorge. Im Übrigen bin ich nicht sicher, dass ich wirklich ein ostdeutscher Kriminalroman-Autor bin. Mehr als drei Viertel aller Bücher, die ich geschrieben habe, sind in Deutschland erschienen, nicht in der DDR.

Welche Bedeutung ordnen Sie Ihren Romanen im Bereich der Wendeliteratur zu?
Keine.

Zeitfracht Medien GmbH
Ferdinand-Jühlke-Straße 7
99095 Erfurt, Deutschland
produktsicherheit@kolibri360.de